만나요약설교11

만나요약설교 11

초판 1쇄 발행 2019. 09. 05.

지은이   김명규
펴낸이   박성숙
펴낸곳   도서출판 예루살렘
주 소   10252 경기도 고양시 일산동구 고봉로 776-92
전 화   031-976-8972
팩 스   031-976-8974
이메일   jerusalem80@naver.com
창립일   1980년 5월 24일 (제16-75)
등 록   (제59호) 2010년 1월 18일

ISBN 978-89-7210-561-9 03230
책값은 뒤표지에 있습니다.

도서출판 예루살렘은 말씀과 성령 안에서 기도로 시작하며
영혼이 풍요로워지는 책을 만드는 데 힘쓰고 있으며,
문서선교 사역의 현장에서 세계화의 비전을 넓혀가겠습니다.

나의 힘이신 여호와여 내가 주를 사랑하나이다(시 18:1)

만나요약설교 11

김명규 지음

예루
살렘

머리말

　충청도 시골 농촌마을에서 태어나 성격상 수줍음을 많이 타서 앞에 잘 나서지도 못하고 언제나 뒷자리에만 있던 사람이었습니다. 지나고 보니 이러한 것도 모두 하나님의 인도하심에 뜻이 있었고 나를 향하신 하나님의 섭리였음을 세월이 많이 흐른 후에야 깨닫게 되었습니다. 하나님은 이렇게 부족한 나를 여기까지 만들어 오셨음을 이야기하지 않을 수 없습니다. 공부할 수 없는 중에 공부하게 하시고 목사가 될 수 없는 나약한 자가 목사가 되어 이제 교회개척 40년을 앞에 두고 있습니다. 모든 영광을 하나님께 드리며 하나님께서 여기까지 인도하셨음도 순간순간 깨닫게 됩니다.

　남들 앞에 부끄러워 말 한마디 못 했던 내가 어떻게 이 많은 청중 앞에서 그 많은 시간들을 설교할 수 있었던가 나 자신도 놀랄 일입니다. 감히 비유하지만 모세를 부르실 때에 입이 둔하다고 변명하자 말 잘하는 형 아론을 붙여 주셨지만(출 4:15), 설교는 누가 옆에서 도와준다고 되는 것도 아닌데, 오늘까지 설교한다는 것은 성령님께서 역사해 주셨기 때문이라고 믿습니다. 때로는 성경공부로 때로는 강해설교로 대로는 부흥회로 때로는 웅변 같은 설교로 외칠 수 있었던 것은 전적으로 하나님의 은혜였음을 고백합니다(고전 15:10). 나의 모든 설교는 전적으로 하나님의 은혜로 성령의 도우심 가운데 예수 그리스도의 십자가와 부활을 통한 구원의 복음을 전하는 일에 치중하였음을 설교노트를 볼 때마다 다시 한 번 확인하게 됩니다.

"모든 영광은 풀의 꽃과 같으니 풀은 마르고 꽃은 떨어지되 오직 주의 말씀은 세세토록 있도다"(벧전 1:24-25) 하셨던가요. 이제 시간적으로 볼 때에 성도들, 주님의 양떼들 앞에서 말씀을 전하는 시간도 그리 많지 않은 세대 가운데 있음을 문득문득 생각하며 인생을 돌아봅니다.

예수 그리스도의 십자가 대속적 죽으심과 생명의 부활 밖에는 죄에 빠진 인생을 구원할 다른 어떤 것도 없거늘(요 14:6; 행 14:12) 마지막으로 달리는 듯한 시대는 마치 다른 길로도 구원의 길이 있는 양 복음에 충실하지 못하고 교회의 강단에서도 성경의 핵심보다는 다른 일들이 있는 듯 함정에 빠지는 일들이 많은 시대에 처해 있습니다. 우리와 우리 교회는 깨어 있는 교회로서 성경으로 충실하게 돌아가야 합니다. 복음 전파에 대한 열정도 다시 찾아야 합니다. 그것만이 한국교회의 살 길이요 마지막까지 세계 선교에 쓰임 받는 교회로 살아남게 될 것입니다.

지금까지 사용해주신 하나님께서 남은 여정에도 함께해 주실 것을 믿으면서 오직 감사하며 설교준비에 언제나 만전을 기울이게 됩니다. 목회의 꽃은 설교이기에 최선을 다하여 전파했던 말씀들을 다시 모았습니다. 접하는 모든 분들에게 똑같은 성령의 영감으로 은혜주시기를 기도합니다. 같이 기도하며 열심히 이 땅의 교회가 세워지도록 돕는 장로님들, 안수집사님들, 권사님들을 비롯해서 모든 교회 가족들과 교역자들과 기쁨을 함께 하며, 특히 책이 발간될 수 있도록 해외 선교대회 찬조를 비롯해서 문서 선교차원에서 협조해주신 권사님, 집사님, 어느 여전도회 기관의 헌신은 사막의 오아시스와 같아서 하나님의 축복이 분명하게 임하리라 믿습니다. 바쁘신 중에도 추천사를 써주신 총회장 안태준 목사님(예장 대신)에게 감사드립니다. 또한 책이 나올 수 있도록 출판해주신 예루살렘출판사 방주석 대표님에게 감사를 표합니다.

형제들이 모두 흩어져 살지만 미국에 계신 형님 김인규 장로님을 비롯해서 김정규 집사, 김경숙 권사(경의성 집사), 그리고 막내인 김성규 목사(종암성결교회 시무)와 기쁨을 나눕니다. 결혼 41주년을 맞이하는 아내 유미자 사모에게 마음을 전하며 모든 영광을 하나님께 돌립니다.

2019년 5월
아파트 숲으로 둘러쌓인 은평교회 목양실에서
小石 金明圭 牧師

추천사

하나님 백성은 하나님의 인도와 다스림을 받는 백성입니다. 그러므로 하나님 백성은 하나님의 인도와 다스림을 받는 방법을 잘 알아야 합니다. 그렇다면 하나님은 하나님 백성인 우리를 어떻게 인도하실까요? 성령님께서 말씀으로 인도하십니다.

성령님의 인도하심을 받는 사람은 먼저 자신이 하나님과 등진 죄인임을 인식하고 하나님 없이 살다가 지옥형벌을 받을 수밖에 없는 비참한 존재임을 자각하게 됩니다. 그리고 이 비참함에서 구원 받고자 하는 간절함을 가지고 구원의 방법을 추구하다가 예수님이 나를 구원하실 수 있는 유일하신 분이심을 깨닫게 되고 예수님을 나의 구세주로 고백하고 영접하여 거듭난 사람이 됩니다.

예수님을 영접하고 거듭난 사람은 하나님 말씀을 알아듣습니다. 이런 사람에게는 하나님 말씀이 곧 생명입니다. 하나님을 모르고 거듭나지 못한 사람에게는 죄를 깨우치고 예수님이 구주이심을 깨닫도록 도와주는 것이 필요하지만, 거듭나서 하나님 백성이 된 사람에게는 하나님 말씀을 잘 분별하여 깨우쳐 주는 것이 매우 중요합니다.

이런 측면에서 하나님 말씀을 해석하고 설명하며 그 말씀을 삶에 적용하여 살도록 도와주는 설교를 정리해서 출판하는 것은 매우 큰 의미와 가치가 있습니다. 영혼의 만나는 하나님 말씀입니다. 그러므로 〈만나요약설교〉가 영혼의 만나를 찾아 갈급해하는 사람들에게 진정한 만나가 될 수 있을 것입니다.

김명규 목사님은 하나님 말씀을 주제, 삶의 분야, 다양한 삶의 경우를 따라 설교했던 것을 매년 이렇게 정리해서 더 많은 사람들에게 하나님 말씀을 전하고자 하는 일념으로 출판하고 있습니다. 그 열정에 찬사를 보내며 이 책을 통하여 많은 목사님들 그리고 성도들의 영혼을 깨울 수 있기를 기대하고 기도합니다.

소목(小木) 안태준 목사
(대신총회 제53회 총회장)

목 차

머리말 • 5
추천사 • 8

〈하나님〉
미래를 보장받고 사는 사람들(수 1:1-9) • 15
하나님이 사용하시는 사람들(딤후 2:20-26) • 20
하나님의 공법과 정의가 있는 사회(암 5:21-24) • 25
하나님의 뜻대로 창조한 인간(창 1:26-31) • 30
내가 반드시 너와 함께 있으리라(출 3:7-12) • 35

〈예수님〉
예수 생명 안에 내 생명(요일 5:11-13) • 40
삭개오가 체험한 예수그리스도(눅 19:1-10) • 45
예수그리스도 안에 있는 사람들(엡 1:3-14) • 50
예수의 이름으로 걷는 사람들(행 3:1-10) • 55
예수님을 만나세요(눅 5:1-11) • 60
주께 붙어 있는 사람들(행 11:22-26) • 66

〈성령〉
성령의 기름 준비된 사람들(마 25:1-13) • 71
불로 응답하시는 하나님을 체험하라(왕상 18:36-40) • 76
믿는 자들에게 주시는 성령의 표적들(막 16:14-20) • 81

〈믿음〉
- 마귀도 어찌할 수 없는 사람(행 19:20) • 86
- 의인된 사람(합 2:1-4) • 91
- 산을 옮길만한 믿음의 위력(마 17:14-20) • 96
- 예수님이 인정하시고 칭찬하시는 믿음(마 8:5-13) • 101

〈축복〉
- 벳새다 들녘에 내린 축복을 받으라(마 14:14-21) • 106
- 바디매오가 예수님 만나고 받은 축복(막 10:46-52) • 111
- 더 크게 축복 받고 성장하는 사람들(살후 1:3-12) • 116
- 하나님이 내 편이 되시는 축복(시 118:1-9) • 121
- 야곱이 받은 축복의 기업(사 58:13-14) • 126
- 주님의 일에 힘쓰는 사람이 받을 축복(고전 15:58) • 131

〈감사〉
- 맥추절에 배워야 할 감사(출 34:21-24) • 136
- 감사하는 신앙인이 되자(눅 17:11-21) • 141
- 야곱의 생애에서 보는 감사(창 28:10-22) • 146
- 모든 일에 감사하라(살전 5:18) • 151

〈십자가〉
- 예수님의 십자가를 지고 간 구레네 시몬(마 27:32) • 156
- 예수님이 지신 십자가에서 보는 비밀(눅 23:26-38) • 162

〈구원〉
- 구원 받은 때의 감격을 잊지 말아야 합니다(출 14:21-31) • 168
- 지옥의 올무에서 해방되라(눅 16:19-31) • 173
- 천국의 시민권자들(빌 3:20-21) • 178
- 인생의 분명한 사실(딤후 4:1-8) • 183

〈부활〉
　　예수님의 빈 무덤의 신비(요 20:1-10) • **188**

〈천국〉
　　우리에게는 더 나은 본향이 있습니다(히 11:13-16) • **193**
　　하나님 나라 의를 건설하는 사람들(마 6:24-34) • **198**

〈가정〉
　　자녀 양육에 왕도(王道)는 없습니다(눅 23:28-31) • **203**
　　부모 공경의 축복(엡 6:1-3) • **208**
　　어린이를 잘 키워야 합니다(신 6:4-9, 20-25) • **213**
　　부모님의 마음을 아십니까?(삼상 1:9-20) • **218**

〈기도〉
　　위기 때는 기도밖에 없습니다(왕하 19:14-19) • **223**

〈전도〉
　　복음의 산 증인들이 되라(마 28:18-20) • **228**

〈사명〉
　　일어나 빛을 발할 때입니다(사 60:1-2) • **233**
　　우리를 세상에서 살게 하시는 이유(사 6:9-13) • **238**

〈교회〉
　　부흥하는 초대교회의 모습(행 2:37-47) • **244**
　　알곡으로 가득한 교회(마 13:24-30) • **249**
　　빌라델비아교회 성도들이 받은 축복(계 3:7-8) • **254**

〈예배〉
　　예배의 성공자가 된 아벨처럼(창 4:1-8) • **260**

〈기쁨〉
　　주 안에서 항상 기뻐하는 사람들(빌 4:4-9) • **266**

〈치유〉
　우울증을 치료하는 길(빌 4:4-7) • 271

〈성경〉
　성경만이 살 길입니다(요 20:30-31) • 276
　성경은 나에게 무엇인가?(마 4:4-) •

〈고난〉
　고난 중에 고백한 욥의 신앙고백(욥 23:8-10) • 286
　육체의 남은 때를(벧전 4:1-11) • 291
　절망을 극복하는 것은 신앙입니다(욥 1:13-22) • 296

〈심판〉
　인생의 결산할 때가 옵니다(눅 19:16-27) • 302
　말세 때에 소돔성이 주는 교훈(창 19:1-11) • 307

〈위로〉
　영원히 위로 받을 사람들(눅 16:19-25) • 312

〈하나님〉
미래를 보장받고 사는 사람들 | 수 ˙:1-9

　세상을 살아가면서 지금은 예측시대라고 부르게 됩니다. 온갖 과학 장비와 시설을 갖추어 놓고 그 기계에 의한 통계와 자료들로 프로테이지를 따지고 예측하여 나오는 숫자에 의해서 예측의 결과를 말하게 됩니다. 날씨에서부터 미래 경제동향과 건강에까지 모두 수치가 나옵니다. 문제는 그 예측이 완벽할 수 없다는 것입니다. 인생을 살아가면서 그 모든 길은 여호와께 있기 때문입니다(잠 16:9; 시 127:1-). 사람이 하는 일에는 완벽한 것을 기대하기가 어렵습니다. 그러나 하나님께서 주신 말씀에 천국의 약속이 반드시 이루어지게 되고(요일 5:11; 요 3:16), 불신자에게는 심판이 기다리며(요 3:36), 축복(신 28:1-14)과 저주(신 28:15-68)는 반드시 이루어질 미래의 사건입니다. 분명한 것은 예수 믿는 성도에게는 영원한 천국이 확실하다는 것입니다.
　본문에서 우리에게 주시는 말씀은 장차 들어갈 가나안 땅의 확실성과 보장이요(3절), 둘째는 하나님께서 동행하여 주시는 보장이요(5절), 셋째는 형통함의 보장입니다(6-8절). 여호수아에게 주시는 이 축복은 신약시대에 성도들에게 주시는 미래에 대한 보장인바 여기에서 은혜의 시간이 되시기 바랍니다.

1. 하나님께서 미래를 보장해 주시는 사람은 긍정적인 믿음을 조건으로 하셨습니다.

사람의 생각과 사고가 다르기 때문입니다.

1) 우리의 생각과 사고가 언제나 긍정적이어야 합니다.

부정적이고 폐쇄된 생각 속에서는 절대 미래가 밝을 수가 없습니다.

① 성경에서 그 사람들을 보겠습니다.

민수기 13-14장에서 밝히 보여줍니다. 12지파에서 한 명씩 차출된 12지파의 대표성을 띤 사람들입니다. 가나안땅에 첩보원으로 보내심을 받아 똑같이 보고 왔지만 10명은 부정적이었고 그들을 따르는 무리는 가나안땅에 들어가지 못했지만, 여호수아와 갈렙은 가나안땅의 주인공이 되었습니다. 우리는 "할 수 없다가 아니라", "우리는 할 수 있다"입니다.

② 생각과 사고 자체가 긍정적이어야 합니다.

더욱이 일반적인 일도 그러하겠지만 영적인 일은 긍정적이어야 합니다. 노먼 빈센트 필(Norman Vincent Peale) 목사는 그의 책에서 "긍정적 사고를 가진 사람들이 일처리를 잘할 수 있다"고 했습니다. 세 가지 유형의 사람들을 보게 됩니다. 첫째, 해보지 않고 미리 겁부터 내고 부정적인 사람. 둘째, 어려움이 있지만 한 발자국 도전해보는 사람. 셋째, 무슨 일이든지 끝까지 관철하는 사람이 있습니다.

2) 하나님께서 여호수아에게 분명히 말씀하신 요점이 있습니다.

모세도 없고 여호수아가 이끌어야 할 이스라엘 백성의 지도자로서 여호수아에게 당부하신 것은 모세와 함께 했던 것 같이 함께 하실 것이니 강하고 담대하라는 것입니다.

① 성경은 우리에게 긍정적 신앙을 강조하였지 부정적인 마음을 강조하지 않았습니다.

사도 바울은 복음 선교에서 투옥과 온갖 고난 가운데에서도 "내게 능력 주시는 자 안에서 내가 모든 것을 할 수 있느니라"(I can do everything through him who gives me strength, 빌 4:13)라고 고백했습니다. 이것이 믿음이요 충성입니다.

② 당장에 어떤 일이 풀리지 아니해도 인내로써 믿고 기다려야 합니다.

요단강이 범람한 시기에 법궤를 맨 제사장을 중심으로 그 강을 밟았을 때에 갈라지게 되었고 육지처럼 건너게 되었습니다. 따라서 우리의 생각과 사고가 믿음 안에서 전환점이 필요합니다. 은평교회 모든 성도들은 모두 긍정적이기를 축복합니다.

2. 하나님 믿는 믿음 안에 있는 사람에게 미래가 보장되었습니다.

아무에게나가 아닙니다.

1) 하나님을 믿기 때문에 나오는 믿음의 역사입니다. 하나님을 믿는 믿음이 중요합니다.

① 창조주 하나님이시기 때문입니다.

무(無)에서 유(有)를 말씀으로 창조하고 창조주가 되십니다. 여호와의 손이 짧아지지 아니했습니다(민 11:23-). 메추라기를 오게 하셔서 역사하셨습니다(시 105:40). 믿는 자에게는 능치 못하심이 없음을(막 9:23-) 확인시켜 주셨습니다.

② 하나님은 여호수아에게 강하고 담대하라고 말씀하셨습니다.

본문에서 보면 '강하고 담대하라'는 말이 3번, '두려워하지 말고 놀라지 말라'는 말이 4번이나 나옵니다. '수사학'에서는 한 가지 내용을 네 번씩이나 강조하는 것을 '완전강조법'이라 합니다. 예를 들면 (요일 1:1)"태초부터 있는 생명의 말씀에 관하여는 우리가 들은 바요 눈으로 본 바요 자세히 보고 우리의 손으로 만진 바라"와 같은 용법입니다.

2) 하나님을 믿는 사람에게는 강하고 담대함이 중요합니다.

할 수 있기 때문입니다.

① 담대한 마음가짐과 심사가 중요합니다.

미국의 사업가로 성공한 스탠리 탐(Stanley Tam)은 앞서 4명이나 실패한 사업을 인수해서 어려움을 겪었지만 생각이 바뀌어 이 사업의 수입의 51%는 주님의 것이라고 기도하며 바치게 되었는데, 그 후로 사업이 잘되어서 성공한 사업가가 되었다고 합니다.

② 믿음 안에 인내가 중요합니다.

두려워하며 떨면 죽게 됩니다. 강하고 담대해야 합니다. 타워크레인 위에서 일하는 사람들보다 믿는 성도들의 마음이 더욱 담대해야 하겠습니다. 하나님을 믿기 때문입니다(마 28:20).

3. 하나님 안에서 좌로나 우로나 치우치지 않는 사람에게 미래가 보장됩니다.

하나님 말씀을 듣고 한 길만 가게 됩니다.

1) 말씀에서 치우치지 말고 벗어나지 말아야 합니다.

① 나의 종 모세에게 명한 율법에서 치우치지 말라고 하셨습니다.

"그리하면 형통하리라"(that you may be successful wherever you go)입니다. 메이어(D. J. Meyer)는 "지나치게 이성으로 나아가면 로뎅의 생각하는 사람이 되고 지나치게 감정에 치우치면 세르반테스의 돈키호테가 되고 만다"고 했습니다. 오직 우리는 말씀을 붙들어야 합니다.

② 말씀 밖을 벗어나지 말라 했습니다.

(고전 4:6)사람의 말이 아니라 하나님의 말씀입니다. 기차가 레일(Rail) 위로 가듯이 말씀 안에 있어야 합니다.

2) 말씀 안에 있을 때에 보장된 축복입니다.

아무도 내일을 알 수 없지만 말씀 안에 있을 때에 미래가 보장됩니다.

① 영생의 보장입니다.

영원한 천국이요 하나님 나라가 보장됩니다. 가나안땅 역시 약속 되었듯이 천국이 보장됩니다. 불신앙 가운데 있으면 가나안땅 역시 보장될 수 없듯이 천국 역시 보장될 수 없습니다. 이것을 사도 바울은 분명히 전하여 주었습니다(고전 10:1-11). 따라서 믿음을 확인해야 합니다(고후 13:5).

② 세상에서 사는 동안에도 하나님께서 함께 하십니다.

여호수아에게 함께 하실 것을 약속해 주셨듯이 믿는 하나님의 백성들은 천국에 갈 때까지 세상에서 함께 하시겠다고 약속해 주셨습니다. 세상사는 동안 언제나 하나님께서 함께 하시는 백성들이 다 되시기를 예수님의 이름으로 축복합니다.

결론 : 하나님 안에서 우리는 영원한 미래가 보장되었습니다.

〈하나님〉
하나님이 사용하시는 사람들 | 딤후 2:20-26

이 세상의 모든 피조물은 하나님이 창조하셨고 때때로 하나님께서 그의 뜻을 따라서 사용하십니다. 이는 하나님의 영광을 위한 일이기 때문입니다. 특히 구원 받은 백성들은 먹든지 마시든지 하나님의 영광을 위한 존재가 되어야 하고(고전 10:31), 하나님께 찬송을 위한 삶이 되어야 합니다(시 43:21). 구약에서나 신약에서나 역사는 인물사(人物史)인데, 그 인물 중에는 좋고 선하고 아름답게 쓰임 받은 인물도 있지만 악하고 어둡게 쓰임 받은 인물도 많이 있습니다. (잠 16:4)"여호와께서 온갖 것을 그 쓰임에 적당하게 지으셨나니 악인도 악한 날에 적당하게 하셨느니라"(even the wicked for a day of disaster) 했습니다. 구약의 열왕기시대라든지(왕상 17-18장), 소돔과 고모라 시대나 노아시대에서도 볼 수 있는데(창 6:7-), 이것은 말세 때의 그림자로 말씀해 주시기도 했습니다(마 24:37; 눅 17:27-33). 어느 시대든지 하나님께서 사용하시는 그릇들이 있는데 이 일꾼들을 지금도 찾아서 부르시고 계십니다(마 9:37-38).

본문에서 사도 바울은 큰 집에는 금 은 그릇들이 있는데 주인의 쓰임에 합당한 그릇들이 있다고 했습니다. 예수님께서 아나니아에게 사울을 소개시키면서 "이 사람은 내 이름을 이방인과 임금들과 이스라엘 자손들에게 전하기 위하여 택한 나의 그릇이라"(행 9:15)고 하셨고 그대로 사용하셨습니다. 이 세대 가운데서 우리 성도들은 주님께 쓰임 받는 그릇이 되어야 합니다.

1. 하나님은 깨끗한 그릇을 사용하십니다.

(21절) "그러므로 누구든지 이런 것에서 자기를 깨끗하게 하면 귀히 쓰는 그릇이 되어 거룩하고 주인의 쓰심에 합당하며 모든 선한 일에 준비함이 되리라" 했습니다.

1) 예비 된 그릇은 깨끗한 그릇입니다.

모든 사람은 죄 아래 있고 죄 값은 사망이지만 깨끗하다는 것은 이유가 있습니다(롬 6:23).

① 물과 성령으로 깨끗하게 거듭나게 되었고 주의 피로 씻음 받게 되었습니다.

교부 크리소스톰(Chrysostom)은 "바울은 질그릇이었으나 금 그릇이 되었고 가룟 유다는 금 그릇이었으나 질그릇이 되었다"고 했습니다. 깨끗한 그릇이 될 때에 하나님께서 쓰시는 그릇이 됩니다.

② 젊었을 때 더욱 조심해야 합니다.

"청년의 정욕을 피하고" 했습니다. 사도 바울은 디모데에게도 "오직 말과 행실과 사랑과 믿음과 정절에 있어서 믿는 자에게 본이 되어"(딤전 4:12)라고 했습니다. 청년 요셉의 경우를 보면 우리가 큰 교훈을 얻게 됩니다(창 39:9-).

2) 자신을 깨끗하기 위해서는 늘 기억해야 할 것이 있습니다.

자신의 힘으로는 한계가 있기 때문에 늘 준비하고 영적으로 정신을 차려야 합니다.

① 말씀 위에 굳게 서야 합니다.

하나님 말씀 앞에 굳게 서 있을 때에 죄악을 이길 수 있기 때문입니다. (시 119:9-) "청년이 무엇으로 그의 행실을 깨끗하게 하리이까 주의 말씀만 지킬 따름이니이다 내가 전심으로 주를 찾았사오니 주의 계명에서 떠나지 말게 하소서 내가 주께 범죄하지 아니하려 하여 주의 말씀을 내 마음에 두었나이다" 했습니다. 말씀에 서 있어야 합니다(시 37:71; 엡 6:17; 마 4:11).

② 성령으로 충만해야 합니다.

성령으로 하지 아니하면 귀하게 쓰임 받을 수 없습니다. 사람의 마음은 '작심삼일'(作心三日)이 되기 쉽습니다. 베드로의 좋은 결심도 무너지게 되었지만(마 26:34-), 성령 받은 베드로의 모습은 달랐습니다(행 4:19). 보혜사 성령을 받은 때에 능력이 있게 되고 일꾼으로 일할 수 있습니다. 그래서 그분이 오실 때까지 가다리고 있다가 성령이 오시면 권능을 받으라고 하셨습니다(행 1:4-8).

2. 하나님은 겸손한 사람을 사용하십니다.

예수님은 겸손의 모델이 되셨습니다. 그분은 나귀를 타셨습니다(마 21:15-). 그리고 겸손의 본이 되셨습니다. (마 11:29)"나는 마음이 온유하고 겸손하니"(for I am gentle and humble in heart)라고 했습니다.

1) 겸손한 자에게 은혜를 주시나 교만한 자는 대적하신다고 했습니다. 겸손한 사람을 사용하십니다.

① 성령께서 분명하게 말씀해 주셨습니다.

베드로, 야고보도 분명히 전해 주고 있습니다(벧전 5:5; 약 4:6-). 잠언 3장 34절의 인용구가 되었습니다. 겸손은 신구약의 중요한 강조점입니다.

② 신앙의 제일 되는 미덕은 겸손입니다.

예수 믿고 하나님을 경외하는 성령의 사람으로서 겸손은 신앙의 제일 가는 미덕이 됩니다. 사도 바울은 3층천까지 갔다 온 신비의 체험자요(고후 12:1-), 손수건만 지나가도 병자가 낫는 일이 있었지만(행 19:11), 자랑할 것은 십자가와 약한 것 밖에는 없다고 고백할 정도로 겸손했습니다(갈

6:14).

   2) 겸손하게 쓰임 받은 인물들을 보시기 바랍니다.
   ① 어거스틴의 신학에서 보게 됩니다.
   그의 제자들이 신앙의 제일 되는 미덕이 무엇이냐고 질문할 때에 어거스틴은 "첫째도, 둘째도, 셋째도 겸손이다"고 했습니다. 왜냐하면 교만하면 망하기 때문입니다.
   ② 하나님이 사용하시는 사람은 따로 있습니다.
   탕자였던 어거스틴(Augustine), 아시시의 성자였던 프란체스코(Francesco), 미국의 부흥사였던 드와이트 무디(D. Moody), 대통령이었던 아브라함 링컨(A. Lincoln), 이들은 모두 겸손하게 일했던 기도의 사람들로 알려져 있습니다. 따라서 이 시대 우리도 하나님 앞에 겸손하게 쓰임 받는 그릇들이 다 되시기 바랍니다.

3. 하나님이 쓰시는 인물은 하나님만 신뢰하고 믿고 의지하는 사람입니다.

   하나님께서 사용하시는 그릇은 철저하게 하나님만 믿고 신뢰하는 사람입니다.
   1) 믿음이 없이는 하나님을 기쁘시게 해 드릴 수가 없기 때문입니다.
   (히 11:6) "믿음이 없이는 하나님을 기쁘시게 하지 못하나니 하나님께 나아가는 자는 반드시 그가 계신 것과 또한 그가 자기를 찾는 자들에게 상 주시는 이심을 믿어야 할지니라" 했습니다.
   ① 우리는 하나님을 기쁘시게 해 드리기 위해 지음 받은 존재들입니다.
   따라서 우리의 존재 목적은 하나님을 믿고 기쁘게 해드리는 데 사용해야 합니다. 이런 믿음의 사람들이 또한 교회에서 진짜 일꾼이요 그릇입니다. 이런 영적 신뢰가 없을 때에 문제가 생깁니다.
   ② 여러 가지 기적들은 믿는 자에게서 나타나게 됩니다.

(막 9:23)"믿는 자에게는 능히 하지 못할 일이 없느니라" 했습니다. (시 118:8)"여호와께 피하는 것이 사람을 신뢰하는 것보다 나으며 여호와께 피하는 것이 고관들을 신뢰하는 것보다 낫도다" 했습니다. 그러므로 평생 하나님을 신뢰하는 사람이 진짜 그릇으로 쓰임 받을 수 있습니다.

2) 믿음의 역사가 곧 성경의 기록역사입니다.

구약이든 신약이든 성경의 역사는 믿음의 역사입니다.

① 구약에서 보겠습니다.

아브라함, 이삭, 야곱, 요셉, 모세, 여호수아, 엘리야, 엘리사, 다니엘, 사드락과 메삭과 아벳느고, 모든 선지자들, 이들은 모두 믿음의 그릇이었고 하나님 앞에 귀하게 사용되었던 구약의 역사입니다. 지금도 계속하여 믿음의 역사는 진행됩니다.

② 하나님께서 지금도 일꾼을 부르시는데 믿음의 사람들을 부르시어 사용하십니다.

신약에서 수많은 인물들과 교회사에서도 셀 수 없는 인물들이 등장하게 되지만 현재 우리가 살고 있는 이 세대에서도 하나님은 계속하여 믿음의 사람들을 통하여 하나님의 일을 해나가십니다. 이사야의 부르심 같이 (사 6:7), 하나님은 지금도 찾고 계시는데(시 101:6), 은평교회 모든 성도들은 하나님께서 부르실 때에 그릇으로 발탁되어 복음을 위하여 어떤 모습으로든지 귀하게 쓰임 받게 되시기를 예수님의 이름으로 축복합니다.

결론 : 하나님께서 쓰시는 사람이 되어야 합니다.

〈하나님〉
하나님의 공법과 정의가 있는 사회 | 암 5:21-24

창세기 1장 1절에 "태초에 하나님이 천지를 창조하시니라" 하였는데, 2절에는 "땅이 혼돈하고 공허하며 흑암이 깊음 위에 있고 하나님의 영은 수면 위에 운행하시니라" 했습니다. 왜 혼돈하고 공허하며 흑암이 깊음 위에 있느냐는 신학적인 질문에 수많은 학자들의 대답은 이때는 천사 타락의 때였다고 해석했습니다. 하나님의 형상대로 지으심을 받은 인간이 범죄하게 되었고 급기야는 자기 동생을 때려서 죽이는 최초의 살인사건이 벌어지게 됩니다. 하나님께서 살인자 가인에게 "네 아우 아벨이 어디 있느냐"(창 4:9) 하실 때에 "내가 내 아우를 지키는 자니이까?"(Am I my brother's keeper?)라고 대답하는 비양심적인 존재가 되었습니다.

현대사회는 과학적 지식으로 무장된 곳이지만 더욱 지능적인 범죄가 득실거리는 세상이 되었습니다. 옛날 헬라 철학자 디오게네스는 "대낮에 등불을 켜 들고 다니면서 왜 이렇게 세상이 어두우냐?"고 하였다는데, 세상이 죄악으로 가득한 결과입니다. 그리고 종말적 현실임을 깨닫게 됩니다(계 12:12). 폭력집단주의자들로 인해서 청소년들이 보고 배우게 되고 또 수많은 일들이 세상을 뒤흔들고 있는 무서운 현실입니다.

본문에서 아모스 시대의 현실을 보여주는데 "오직 정의를 물 같이, 공의를 마르지 않는 강 같이 흐르게 할지어다" 했는바 '공법' 혹은 '공의'는 '재판'을 뜻하는 히브리어 '쉐파트'에서 나온 '미쉬파트'라는 단어로서 '하나님의 의로우신'으로 행동하기를 원한다는 말씀입니다. '공평'(justice), '정의'(Righteousness)를 "마르지 않는 강 같이 흐르게 할지어다" 했습니다. 그렇게 해야 번제나 예물을 받으시겠다고 했습니다. 예수 그리스도 안에서 구속받아 하나님의 백성 된 성도들은 세상의 악을 버리고 주님 말씀에 귀를 기울일 때입니다.

1. 하나님은 그의 백성들이 공평하고 바르게 살기를 원하십니다.

급기야는 노아 때의 홍수 심판과 같이 이제 세상에 하나님의 심판이 내리게 될 것이기 때문입니다(창 6:5; 마 24:37-).

1) 죄악이 심하고 불공정할 때에 하나님의 심판을 받게 됩니다.

성경은 하나님의 심판을 예고해 주셨습니다.

① 노아의 때 홍수 심판도 죄악 때문이었습니다.

이제 말세 때에도 하나님은 노아 때와 같이 심판하실 것입니다(마 24:37-). 문제는 홍수가 나서 그들을 다 멸하기까지 깨닫지 못하였듯이 말세 때에도 사람들이 깨닫지 못할 것입니다. 그러므로 성도들은 깨달아서 세상을 본받지 말아야 합니다(롬 12:2).

② 남쪽 유다가 바벨론에서 70년 동안 포로생활을 하게 될 때에도 불공정과 죄악으로 가득해 있었습니다. 주전 586년 바벨론 왕 느부갓네살 왕에게 정복당하던 그때도 예루살렘에 '공의'(honestly)를 행하며 '진리'(truth)를 행하는 자가 한 사람도 없었음을 한탄하셨습니다. 이는 이사야 선지자를 통해서도 말씀해 주셨습니다(사 5:1-7).

③ 하나님은 공평과 정직을 원하십니다.

정직한 기도 역시 하나님이 들으십니다(시 17:1-2). 공평히 판단하십니다

(시 96:10). 공평과 정직의 하나님이십니다(신 32:4). 의와 공평이 그의 보좌의 기초입니다(시 97:2). 제사보다 의와 공평을 기뻐하십니다(잠 21:3).

2) 공평과 정의를 예를 든다면 이런 것들입니다. 무엇이 공의이고 정의입니까?

① 생활 속에서 이루어지는 일 중에 정직하고 깨끗한 도량형이 중요합니다.

속이는 저울이나 도량형은 하나님이 기뻐하시지 않고 공평한 저울추를 기뻐하십니다(겔 45:10; 신 25:15).

② 법관들의 판결이 공평하고 공정하게 이루어져야 합니다.

그래서 한 사건 한 사람이라도 억울한 일이 없어야 합니다. 하루살이는 걸러 내고 낙타는 삼키는 사람은 맹인 된 인도자들이라고 책망하셨습니다(마 23:24). 공평한 판결을 하나님께서 명하신 것입니다.

③ 국가의 정치도 마찬가지로 공의롭게 해야 합니다.

국가의 정치가 정의롭지 못하면 국민들이 고통을 당하게 됩니다. 공평으로 그 백성을 판단하십니다(시 98:9). "정의를 구하며 공의를 신속히 행하리라"(사 16:5) 했습니다. 정의로운 정치가 성경의 요구입니다(사 32:1, 33:5, 32:16, 5:9-11; 잠 31:9; 사 16:18). 예수님의 재림은 모든 거짓을 파하고 이한 검으로 심판하실 것입니다. 심판의 때를 두려워해야 합니다(계 2:27).

2. 이 세상은 진정한 공평과 정의가 빈약합니다.

아무리 선군정치인이라 해도 바르게 못하는 것이 세상의 일입니다.

1) 사람들 또한 정의와 공평을 따라서 살지 못하는 현실입니다.

과거 칼 마르크스, 스탈린 같은 사람들은 정의를 외치면서 약한 자들을 억압하고 수천 만 명을 죽였지만, 그 공산주의는 발원국인 소련에 의해서 무너졌습니다. 독일 철학자 헤겔(Hegel)의 관념과 철학적인 이론에 유물사관을 대입시킨 사상이었는데 그 이데올로기로 수천만이 죽었고,

지금도 북한에서는 죽어가고 있습니다.

① 인간의 욕심이 진정한 공평과 정의를 모방하고 나서지만 공평과 정의로 실현할 수 없게 만들었습니다. 욕심 때문입니다. 욕심이 사망을 낳게 됩니다(약 1:15). 정치인들도 초심을 잃고 욕심에 빠지면 망하게 됩니다.

② 자기중심적 사고방식에 빠져 있기 때문입니다.

지도자는 넓게 국가와 백성을 생각해야 합니다. 그러나 그릇된 욕심에 빠지게 되면 그 욕심 때문에 망하게 됩니다. 공평과 정의를 가볍게 여기면 문제가 됩니다. 이스라엘 역대 왕들에게서도 보이는 현상인데 대표적으로 사울 왕을 들 수 있습니다(삼상 13:9-, 15:22).

2) 그리스도인들은 넓고 큰마음을 가져야 합니다.

더욱 지도층에 있는 그리스도인일수록 이 마음을 가지게 될 때에 국가와 사회가 희망적으로 변할 것입니다.

① 마음을 넓혀야 합니다.

그리스도인 정치인들은 정적이 아니라 국가에 배려하는 일에 힘써야 합니다. 성경은 우리에게 마음을 넓히라고 했습니다(고후 6:13-). 그래야 교회가 평안하듯이 국가도 평안하기 때문입니다.

② 그리스도인들은 항상 나보다 교회, 나보다 다른 사람이나 국가를 생각해야 합니다.

가정 국가 교회에 유익을 주는 생활로 나아가야 합니다. "예수의 마음을 품으라"(빌 2:5)고 했습니다. 결국 예수님은 세상의 구세주로서 영광의 자리에 앉아계십니다. 우리 모두 예수님의 마음을 닮아가야 하겠습니다.

3. 하나님을 두려워해야 합니다.

부모 밑에서 교육 받고 자란 아이들이 정상적으로 자라나듯이 언제나 주님의 교육 아래서 살아가야 합니다.

1) 역사적으로 이스라엘 백성들은 자비와 긍휼의 하나님만 생각했습니다.

그러나 심판과 책망의 역사도 잊으면 안 됩니다.

① 하나님은 자비가 풍성합니다.

"나는 자비한 자임이니라"(출 22:27) 하였고, 자비롭고 은혜롭고 노하기를 더디 하시지만(출 34:6), 그릇가게 될 때에는 3-4대를 망하게 하십니다(출 20:6; 대하 30:9; 느 9:17; 시 89:15, 103:8).

② 구약이든 신약이든 하나님은 긍휼과 사랑의 하나님이십니다.

그래서 사람들이 두려워하지 않습니다. 그러나 사랑의 하나님은 심판과 채찍을 드실 때도 있음을 잊지 말아야 합니다. 사랑과 긍휼은 채찍도 포함되기 때문입니다.

2) 그리스도인들은 하나님을 두려워해야 합니다.

"경외"라는 용어 속에는 하나님을 두려워한다는 뜻이 강하게 포함되어 있습니다.

① 자비의 하나님이시지만 심판의 하나님으로도 생각하라는 것입니다.

노아 때의 심판이나(창 7장-), 바벨탑의 무너짐이나(창 11장), 소돔성의 심판(창 19장)이나 유다의 몰락은(BC 586) 역사적 심판이 있음을 경고합니다.

② 이 시대는 장차 나타날 그리스도의 재림과 심판을 준비하고 살아야 할 때입니다.

그리스도는 철장권세자로서 질그릇을 깨뜨려 부수게 될 것입니다(계 2:25-26). 참된 그리스도인들은 어떤 일에 종사하며 살든지 하나님을 두려워하며 공의와 정의 편에 서서 살아야 합니다. 이 세대에 모든 은평교회 성도들은 이런 신앙 위에 세워지게 되시기를 예수님의 이름으로 축원합니다.

결론 : 지금은 정신을 차리고 믿음 위에 서야 할 때입니다.

〈하나님〉
하나님의 뜻대로 창조한 인간 | 창 1:26-31

　일상생활에서 사용되고 있는 모든 것들은 누군가에 의해 디자인되고 크기와 색깔과 사용하는 용도에 맞게 제작되었기 때문에 우리가 편리하게 사용합니다. 의류, 가방, 모자, 신발, 피아노, 의자 등 모든 것이 제작된 것입니다. 이 모든 것이 우연히 생겼다고 할 사람은 없을 것입니다. 자연만물을 비롯하여 사람을 만드신 분은 하나님이십니다. (히 3:4)"집마다 지은 이가 있으니 만물을 지으신 이는 하나님이시라"(For every house is built by someone, but God is the builder of everything) 했습니다. 16세기에 마틴 루터(Martin Luther)를 중심으로 종교개혁을 단행하여 영적으로 큰 부흥의 계기가 되었다면, 19세기에는 찰스 다윈(Charles Darwin)을 중심한 반성경 반기독교로 접어들면서 신본주의가 아니라 하나님 없는 인본주의로 빠지게 되는데 진화론 사건이 그 대표적인 예라 할 것입니다. 그러나 분명한 것은 원숭이가 털이 빠지고 꼬리가 떨어져나가도 원숭이는 원숭이지 사람이 될 수 없다는 사실입니다.

　가나안 농군학교 고 김용기 장로님이 대학생들과 한 대화는 유명합니다. "학생들은 누구를 닮았는가?" 질문하자 아버지 할아버지 계속 올라가다가 "누군가는 닮았겠지요."라고 대답할 때에, 김 장로님은 이야기했습니다. "누군가를 닮은 것이 아니고 하나님께서 하나님의 형상대로 지으신 인간"이라고 설명했습니다. 만물의 영장이라고 하는 인간이 원숭이

후손이 아니라 하나님께서 하나님의 뜻대로 창조하셨다는 것을 본문에서 배우게 됩니다.

1. 우리 인간은 하나님의 형상대로 지으셨습니다.

하나님의 형상대로 창조하신 것이지 원숭이 족속이 아닙니다.

1) 첫 사람 아담을 하나님께서 창조하셨습니다.

분명히 첫 사람 아담입니다. 어떤 사람들이 말하듯이 아담 이전에 인종은 없습니다.

① 하나님의 형상대로 창조하신 것입니다.

하나님의 형상대로(in the image of God)입니다. (26절)"하나님이 이르시되 우리의 형상을 따라 우리의 모양대로 우리가 사람을 만들고" 하셨습니다. 진화론이 절대 아닙니다. 속지 말아야 합니다. 짐승들은 주인을 아는데 사람은 주인 되시는 하나님을 등지고 살아가는 불쌍한 존재가 되면 곤란합니다(사 1:2).

② 하나님이 창조하셨습니다.

여기에서 강조한 부분이 "하나님"이라는 용어입니다. 히브리어로 '엘로힘'(אֱלֹהִים) 전지전능하신 하나님이시며, 여기에서 복수형으로 말씀하신 것은 성부, 성자, 성령 삼위일체 하나님을 표현하신 것입니다. 이사야를 부르실 때에도 '우리'라고 말씀해주셨는데, 삼위일체 하나님이십니다(사 6:8).

2) 삼위일체 하나님께서 인간을 창조하셨습니다.

하나님의 형상이라는 말은 문자적이 아니고 상징적입니다. 육체적 하나님으로 생각하면 곤란합니다.

① 성경에는 영적이고 상징적으로 해석할 부분이 많습니다.

요한계시록에서 보겠습니다. (계 1:13)예수님께 대하여 말씀하실 때에 촛대 사이에 다니시는 예수님을 말씀하셨는데 이 모두는 상징적 의미이지 문자적 의미가 아닙니다. 아가서 역시 상징적 의미이지 문자적으로 해석하면 곤란한 문제가 생기는 것과 같습니다.

② 하나님의 형상이라는 이 말은 상징적 해석이지 문자적 해석은 곤란합니다.

영적인 뜻으로 하나님의 거룩하심, 의로우심, 사랑, 자비, 긍휼, 거룩 등 하나의 그 모습으로 창조하였다는 의미로 받아들여지게 됩니다. 살인, 탐욕 등 죄의 요소들은 마귀의 상징적 요소라 할 것과 같은 원리입니다. 사도 바울은 (골 3:10)"새 사람을 입었으니 이는 자기를 창조하신 이의 형상을 따라 지식에까지 새롭게 하심을 입은 자니라" 했습니다. 예수 그리스도 안에서 우리는 하나님의 형상을 회복한 하나님의 자녀들이요(요 1:12), 천국의 시민권자(빌 3:20)들로 살아야 할 줄 믿습니다.

2. 하나님은 남자를 먼저 만드시고 후에 여자를 만드셨습니다.

혼자 사는 것이 좋지 않게 보이셨기 때문입니다(창 2:18).

1) 그래서 돕는 배필을 만드셨습니다.

"혼자 사는 것이 좋지 아니하니"(It is not good for the man to be alone)라고 하셨습니다.

① 돕는 배필을 만드셨습니다.

그래서 여자를 '배필'(I will make a helper suitable for him)이라고 말합니다. 지금 시대는 여성 상위시대라고 하지만 그래도 성경은 분명히 여자는 배필이라고 말합니다. 천국시민권자로서 동일하게 천국에 입성해서 영원히 살아갈 주님의 백성이지만 지상에서는 이와 같은 관계를 잊지 말아야 합니다.

② 아담을 잠들게 하시고 갈빗대 하나를 취해서 만드셨습니다.

농담(Joke)으로 그래서 남자는 갈빗대 하나가 모자란 장애자라고 이야기 합니다. 하와를 보고 아담은 "이는 내 뼈 중의 뼈요 살 중의 살이라"(창

2:23) 했습니다. 이것이 가정의 질서이기도 합니다.

2) 창조 섭리로 부부는 한 몸입니다.

시대의 흐름이 비성경적 원리로 흐른다고 해도 성경을 믿는 우리는 성경에서 배우고 따라가야 합니다.

① 그리스도인들의 부부생활입니다.

하나님의 창조하심에서 배우게 됩니다. 남녀 상호 협동의 관계요, 필요성과 질서의 조화관계라는 것을 확인해야 합니다. 부부는 하나의 몸이요 가정의 축복성의 관계입니다. 인격적으로는 동등의 관계로 살아야 하는 것이 그리스도인의 생활입니다.

② 하나님은 예수 그리스도를 희생하시어 지상교회를 탄생시켰습니다.

아담은 오실 예수 그리스도의 표상입니다. 따라서 예수님의 십자가 희생으로 교회가 탄생했습니다. 아담의 갈비뼈가 하와의 본질이라면 예수 그리스도의 희생의 피 값으로 세운 것이 교회요, 주님의 신부들입니다. (엡 5:30)"우리는 그 몸의 지체임이라" 했습니다. 이런 영적 관계를 확인하며 예수님 안에 승리해야 하겠습니다.

3. 하나님은 인간을 흙으로 만드셨습니다.

(창 2:7)"여호와 하나님이 땅의 흙으로 사람을 지으시고 생기를 그 코에 불어 넣으시니 사람이 생령이 되니라" 했습니다.

1) 사람의 육체는 흙으로 지으셨습니다(the Lord God formed a man from the dust).

① 육체는 흙이기 때문에 결국 흙으로 돌아가게 됩니다.

"너는 흙이니 흙으로 돌아갈 것이니라" 했습니다. 육체는 자랑할 수 없는 존재입니다. 세상에서 부귀영화와 온갖 높은 자리에 앉아있다 하여도 하나님께서 영혼을 취해 가시면 결국 흙으로 돌아가게 됩니다. (시 103:14)"이는 그가 우리의 체질을 아시며 우리가 단지 먼지뿐임을 기억하심이로다" 했습니다.

② 여기에서 흙이라는 뜻을 바로 알아야 합니다.

흙은 땅 먼지, 땅의 자갈과 같은 뜻을 가지게 됩니다. 그래서 육체가 무너지게 되면 흙으로 돌아가게 됩니다. (고후 5:1) "우리의 장막 집이 무너지면"이라고 전해주고 있습니다. 여기에서 올바른 신앙관을 숙지해야 할 것입니다. 영원한 세계에 가기까지는 육체의 지배하에 살아가게 됩니다.

2) 질그릇 속에 보배가 담긴 것과 같은 비교입니다.

(고후 4:7) "우리가 이 보배를 질 그릇에 가졌으니" 했습니다.

① 진흙으로 만든 질그릇입니다.

귀하게 쓰실 그릇들로 만드셨으니 귀하게 사용해야 하겠습니다. (딤후 2:20) "큰 집에는 금 그릇과 은 그릇뿐 아니라 나무 그릇과 질그릇도 있어 귀하게 쓰는 것도 있고 천하게 쓰는 것도 있나니" 했습니다. 사도 바울은 복음을 전하기 위한 택한 그릇이었습니다(행 9:15). 이방이었던 우리도 이 그릇에 합류했습니다(롬 9:24). 이 모두가 하나님의 창조 섭리에 속하게 됩니다.

② 이제 예수 그리스도 안에서 성령의 전이 되었습니다.

타락되어서 깨어져 나갈 그릇처럼 버리는 존재가 아닙니다. 성령의 전입니다(고전 3:16). 영광의 몸입니다 (빌 3:21). 신령한 몸입니다(고전 15:44). 에덴동산에서 죄로 말미암아 추방되었지만 예수 그리스도 안에서 구원 받은 하나님의 자녀로 승리하게 되는 몸이 되었습니다. 그러므로 우리는 하나님의 창조의 섭리를 따라서 하나님께 영광을 돌리는 존재들이 다 되시기를 예수님의 이름으로 축원합니다.

결론: 하나님을 찬송케 하시려 우리 인간을 창조하셨습니다(사 43:21).

〈하나님〉
내가 반드시 너와 함께 있으리라 | 출 3:7-12

　세상을 살아가면서 누구와 함께 하느냐가 중요한 것은 내 곁에 누가 있느냐에 따라서 삶의 모습이 달라지기 때문입니다. 세계 2차 대전의 주동자인 히틀러는 어릴 때에 유대인 계부로부터 학대 받으며 성장했다고 하는데 그 결과로 그렇게 폭군이 되었다는 것입니다. 사람들이 마귀를 만나서 마귀와 함께 살면 결국 마귀를 따라서 지옥에까지 가게 됩니다(마 25:41). 그러나 하나님을 만나서 예수 그리스도 안에 살면 하나님의 인도 따라서 하나님의 자녀가 되는데(요 1:22; 롬 8:15-16), 결국 영원한 천국에까지 갑니다(빌 3:20). 오늘 본문은 이스라엘 백성들이 요셉을 선두로 애굽에 내려 간지 430년 만에 다시 가나안 땅으로 올라가기 위해서 나오게 되는데, 이때에 모세를 통해서 주신 말씀인바 여기에서 은혜를 받습니다.

1. 하나님은 우리가 어려울 때에 어려움을 먼저 알고 계십니다.

　하나님 백성이 되었다고 하는데, 우리가 때때로 어렵고 힘든 문제가 있을 때 왜 하나님은 침묵하고 계시냐고 하는 질문을 받을 때가 있습니다. 여기에 대한 답변입니다.

　1) 하나님은 더 자세하게 이 어려움을 먼저 알고 계십니다.
　모세를 부르시면서 해주신 말씀을 봅니다. (출 3:7) "애굽에 있는 내 백성의 고통을 분명히 보고 그들이 그들의 감독자로 말미암아 부르짖음을 들고 그 근심을 알고"라고 모세에게 말씀해 주셨습니다.

① 이스라엘의 고통을 알고 계셨고, 보고 계셨습니다.

나보다 더 잘 아시고 먼저 아시고 모두 보고 계십니다. 이스라엘 백성을 모른 척 하지 아니하셨다는 말씀입니다. 이런 말씀은 예레미야에서도(렘 12:1-), 하박국에서도(합 1:13-), 시편에서도(시 37:1-5) 읽을 수 있습니다.

② 이는 이스라엘 백성을 구원하시기 위한 하나님의 섭리였습니다.

요셉을 선두로 해서 애굽으로 내려가게 된 배경과 430년 동안 애굽에서 지내온 모든 과정이 하나님의 섭리 중에 있다는 사실입니다. 예수 믿는데 왜 고난이 오느냐고 질문을 받게 되는데, 이 또한 우리가 하나님 나라에 돌아가기까지의 과정이요 하나님의 섭리 중에 있음을 알아야 하겠습니다. 때로는 고난 받는 것이 더 유익할 때가 있다는 사실을 알아야 합니다(시 119:67, 71). 이것이 고난 중에 하나님을 더욱 찾고 부르짖게 되는 영적 역사입니다.

2) 왜 이스라엘 역사뿐이겠습니까.

모든 인간에게 고난이 있는데 믿음의 성도라고 예외는 아닙니다.

① 이렇게 고통 중에 있는 것은 하나님을 찾으라는 하나님의 신호입니다.

이스라엘 백성들이 애굽에서 옛날 요셉 시대와 같이 평탄했다면 하나님을 찾는 일도, 가나안땅을 향한 소망도 있지 않았을 것입니다. 그러나 고통 중에 처하므로 하나님을 찾게 되고 약속의 땅을 생각하게 되었다는 것입니다. 성도 역시 같은 원리로 어려울 때 주님을 찾고 천국에 소망을 가지게 됩니다. 그런 중에도 하나님은 함께 하신다고 했습니다(사 43:1-). "너는 내 것이라"(you are mine)는 것입니다. 그래서 가까이 계실 때에 하나님을 찾아야 합니다(사 55:6).

② 하나님 손에 달려있음을 알아야 합니다.

하나님은 모두 알고 계십니다. (렘 1:5-)예레미야를 부르실 때에 하신 말씀입니다. 모태에 짓기 전에 너를 알았고 네가 배에서 나오기 전에 선지자로 세우시는 하나님이십니다. 나다나엘은 무화과나무 아래 있을 때에 예수님이 이미 아셨다고 하셨습니다(요 1:48; 창 3:7). 예레미야는 국가적 대재난에 앞서 세우시고 외치게 하셨습니다. 하나님은 오늘도 우리의 고난을 보고 계십니다. 이때에 필요한 것은 하나님 앞에 부르짖는 일입니다. 이스라엘 백성들은 부르짖었습니다(출 3:7; 렘 33:1-3).

2. 하나님 백성을 향하신 하나님의 사랑과 선포를 보게 됩니다.
그 고통을 알고 보면서 그 고통에서 건져 내시겠다고 하셨습니다.
1) 하나님은 모든 부르짖음과 고통을 보시고 들으십니다.
따라서 낙심하고 주저앉지 말아야 합니다.
① 하나님은 보시고 계십니다.
"분명히 보고"라고 했습니다. (시 94:9)귀를 지으신 이가 다 듣고 계십니다. 그리고 구원자를 보내시사 모두 구원해 내시겠다고 하신 것을 읽게 됩니다. 하나님 백성인 성도들의 부르짖음을 하나님은 외면하시지 않습니다. 든든한 배경이 되어 주십니다.
② 하나님 백성은 어디에서 무슨 일을 하든지 하나님께서 함께 하심을 믿어야 합니다.

모세 시대의 사건은 오래전의 일 같지만, 어제의 일처럼 역사하시고 함께 하셨듯이 지금도 우리 하나님은 우리에게 이렇게 역사하십니다. 손바닥에 기록해 놓으시고 함께 계시는 하나님이심을 잊지 말아야 합니다(사 49:15-). 따라서 원망과 불평과 불만 대신에 믿음을 더욱 굳게 가져야 할 것입니다.
2) 그 선포의 중심에 모세가 있었습니다.
40년 동안 애굽의 모든 학문과 문화를 배우고 습득한 준비된 하나님의 일꾼이었습니다. 그리고 40년간 미디안 광야에서 이드로의 양떼를 치며 지도자의 수업을 받아온 준비된 지도자였습니다.

① 학문적으로나 생활적인 모든 일에서 준비된 모세였습니다.

마치 감추어진 진주와 같이 쥐 죽은 듯이 양 치던 모세를 부르시는 하나님의 역사하심을 보게 됩니다. 이때에 모세의 나이는 80세요 형 아론은 83세였습니다. 가지 않으려는 모세였으나 하나님의 명령은 모세를 가게 하셨습니다(출 4:10). 하나님은 지금도 준비된 일꾼을 부르시고 사용하십니다.

② 그냥 보내시는 것이 아니라 하나님의 능력의 지팡이를 들려 보내셨습니다.

막강한 군사력이나 특별한 무기가 아니라 하나님이 함께 하시는 상징인 지팡이 하나 들려 보내셨는데, 이 지팡이를 내밀 때마다 역사가 나타났습니다. (출 4:16-17)아론을 대변자로 세우셨고, "너는 이 지팡이를 손에 잡고 이것으로 이적을 행할지니라" 하셨는데, 기적의 지팡이요 함께 하심의 지팡이가 되었음을 여러 가지 기적의 현장에서 입증되었습니다(출 14:16, 26-27; 마 14:11-). 하나님은 지금도 우리를 떠나지 아니하시고 같이 계심을 믿어야 합니다.

3. 하나님은 이스라엘 역사 속에 계셨습니다.

하나님은 멀리서 그냥 보고만 계시거나 방관하지 않으시고 그들의 생활 속에 같이 계셨습니다. 내 인생 역사 앞에 계시지 않고 내 인생 역사 안에서 인도하십니다.

1) 애굽의 고통 속에서도 함께 계셨고 역사하셨습니다.

혼자 두고 보고만 계시지 않으셨다는 뜻입니다.

① 방치하거나 버려두지 않으시고 늘 함께 하셨습니다.

이스라엘 백성들 앞서 행하셨습니다(신 1:30-). 아이를 안고 가듯 하셨고, 장막을 칠 곳까지도 물색하시며 인도해 주셨던 광야생활이었음을 보게 됩니다. 자연 상태계의 거북이는 알을 낳아서 땅속에 묻어놓고 부화하든지 말든지 한번 떠나면 끝이지만, 하나님은 늘 그 백성 옆에 계십니다.

② 이런 사실을 모르는 이스라엘 백성들은 때를 따라 원망했습니다.

불신앙 가운데 빠지곤 했습니다. 광야 40년 동안 불신앙으로 망한 사람이 한두 명이 아니었습니다(고전 10:10; 히 3:11-4:2).

2) 고난의 훈련 속에 성숙해 가는 주님의 백성들이 되어야 하겠습니다.

고난 받는 것은 성숙으로 인도해가는 축복의 통로임을 잊지 말아야 합니다. 훈련은 헛된 것이 아닙니다.

① 독수리 어미가 새끼를 훈련시키듯이 훈련하셨습니다.

(신 32:9-)모세를 통해서 이끌어 낸 이스라엘 백성의 광야 40년을 한마디로 말씀하신 것입니다. "함께 한 다른 신이 없었도다"라는 것은 하나님만이 이스라엘 백성을 이끌어 오셨음을 강하게 말씀하신 것입니다.

② 하나님의 손길이 지금도 우리를 인도하심을 믿어야 합니다.

성경 속에서 모세를 부르시고 이스라엘 백성들을 인도하신 것을 믿는 우리는 지금도 역사하시는 하나님을 믿고 의지해야 합니다. 이것이 하나님을 향한 믿음입니다. 지금도 함께 하시는 하나님을 굳게 믿고 의지하고 승리하시는 성도들이 모두 되시기를 예수님의 이름으로 축원합니다.

결론 : 하나님은 지금도 함께 하십니다(마 28:20).

〈예수님〉
예수 생명 안에 내 생명 | 요일 5:11-13

하나님이 창조하신 모든 세계를 보면 두 가지로 분류할 수 있는데 하나는 생명이 있는 것과 또 하나는 생명이 없는 것입니다. 그래서 생물과 무생물로 나누어지게 됩니다. 생물은 서로가 먹고 먹히는 생존 경쟁 속에 살아가게 되는데, 그 먹이사슬 제일 꼭대기에는 인간이 포진하고 있습니다. 하나님은 인간을 하나님의 형상대로 창조하셨고 하나님 말씀 안에 살도록 하셨습니다(창 1:26-28). 그러나 인간은 범죄한 죄의 결과로 에덴동산에서 추방되었고 하나님의 형상도 상실한 채 영적 생명이 사라지게 되었습니다. 그리고 죄를 짓고 살다가 죽어 육신은 흙으로 돌아가게 되었습니다(창 3:19). 예수님이 이 땅에 오신 것은 이와 같은 영적 생명이 죽은 인간을 죄에서 해방하시고 구원하시고 생명을 주시기 위함입니다. 십자가에서 죽으실 때에 이를 완성하셨고 구원 받게 하시며 생명이 없는 자가 영생을 얻게 되었습니다(요일 19:30; 롬 4:25; 고전 15:22; 엡 2:1; 롬 8:1).

본문에서 예수님이 안에 있는 사람은 생명이 있지만 예수님이 안에 계시지 않는 사람은 생명이 없고 영생도 없다고 하시며 예수 믿는 자에게는 영적 생명과 함께 영생이 있다고 선언하고 있습니다. 여기에 은혜의 시간이 되시기를 바랍니다.

1. 예수 생명이 내 안에 있어야 합니다.

무엇보다 내 안에 예수 생명이 역사하느냐가 중요합니다.

1) 아담 안에서는 모두 죄 값으로 죽었고 상실되었습니다. (창 2:17)"반드시 죽으리라"(for when you eat of it you will surely die) 하셨습니다.

① 여기에는 예외가 없습니다.

모든 인간은 아담 안에서 죽었습니다. 영적으로 죽은 존재에 불과합니다. 성경은 모든 인간이 죄 아래 있음을 말하고 이를 부정하면 거짓말이라고 선언합니다(롬 3:10, 23; 요일 1:8-9). 그리고 죄 값은 사망이라고 선포했습니다(롬 6:23).

② 모든 인류는 아담 안에서 죽었습니다.

원죄와 자범죄가 도사리고 삶의 현장을 지배합니다. 어린아이들이 태어나서 말을 배울 때 보면 누가 가르쳐 주지 않았는데 나쁜 말이나 욕을 먼저 배우고 그릇된 욕심 가운데 성장하는 모습을 보게 됩니다. (창 1:31)"하나님 보시기에 심히 좋았더라"(it was very good)는 모습이 모두 사라진 범죄투성이가 되었습니다. 여기에서부터 자유하는 것이 곧 예수 믿는 일이기 때문에 중요합니다(요 8:31).

2) 이제는 아담 안에 있을 이유가 없습니다.

예수 복음이 우리에게 오신 이후에는 아담 안에서가 아니라 예수 안에 있어야 합니다.

① 아담 안에서는 저주요 멸망이지만 예수 안에는 생명이요 축복입니다.

따라서 철저하게 이제부터는 예수 안에 살기로 힘써야 합니다. 여기에 생명과 축복이 약속되어 있습니다.

② 아담 안에서 죽어가는 인생과 예수 안에서 생명 있는 인생은 비교가 됩니다.

확연한 비교입니다. (렘 17:1-9)이하에서 두 가지 종류가 있습니다. (시 1:1-

6)축복 받은 백성과 저주 받은 인간의 모습이 있습니다. 따라서 우리는 철저하게 예수 안에서 믿음으로 구원 받고, 축복 받는 백성이 되어야 합니다.

2. 예수 안에 있다는 것은 하나님의 은혜로 예수 생명이 내 안에 있다는 말입니다.

자연 상태로는 아담 안에 있다는 것입니다. 이것을 조직신학에서는 행위 언약 아래 있는 인간과 은혜 언약아래에 있는 인간이라고 합니다.

1) 행위 계약 아래에서는 살 수 없습니다.

모든 인간의 행위가 죄 아래에 있기 때문입니다.

① 행위로는 그 어떤 사람도 구원 받을 수 없습니다.

(롬 2:13)율법을 지킴으로써 구원 받은 사람은 율법을 완전히 지켜야 하는데 그럴 사람이 세상에 없기 때문입니다.

② 아담의 행위에서는 망하게 됩니다.

마귀가 주는 유혹에 넘어가서 하나님께서 금하신 선악과를 따먹고 하나님께는 불순종이요, 마귀에게는 순종자가 되었습니다. 그래서 마귀에게 속한 자는 구원이 없게 됩니다. 곤고한 소리 밖에 나오지 않게 되어있습니다(롬 7:24).

2) 예수 안에는 생명입니다.

아담 안에서는 죽었고 저주요 사망이 되었습니다(고전 15:22).

① 내가 저주 받아 죽을 수밖에 없었지만 대신 예수님이 죽으셨습니다.

생명의 피 값을 대신 지불해 주셨습니다. (엡 2:1)죽었다 다시 살리셨습니다. (엡 2:14)중간에 막힌 담을 자기 육체로 허시고 평화를 주셨습니다. 이제 예수 그리스도 안에 있는 자는 정죄함이 없게 되었습니다(롬 8:1-)

② 이제는 예수 이름으로 하나님께 당당히 나아가게 되었습니다.

(히 4:15-16)"죄 없으신 예수님이 대신 죽으셨기 때문에 그러므로 우리는 긍휼하심을 받고 때를 따라 돕는 은혜를 얻기 위하여 은혜의 보좌 앞에 담대히 나아갈 것이니라" 했습니다. 믿음 안에서 담대히 나아갈 자격이 주어졌습니다.

3. 예수 생명 안에 있다는 것은 예수 피 안에 있다는 진리입니다.

구약시대의 모든 제사는 피 흘리는 희생의 제사였습니다. 그래서 소, 양, 염소, 비둘기가 죽었습니다. 이는 오실 메시야이신 예수 그리스도의 예표요 그림자입니다.

1) 예수님이 나 때문에 피(血)를 흘리시고 십자가에서 죽으셨습니다. (요 19:24)"그 중에 한 군인이 창으로 옆구리를 찌르니 곧 피와 물이 나오니라" 하였는데 나의 죄를 씻기 위해서요, 내게 생명을 주시기 위해서였습니다.

① 이 피 흘림이 없다면 죄 사함도 없고 내게 영적 생명도 주어지지 못했을 것입니다. (히 9:13-22)피 흘림이 없은즉 사함도 없다고 단언했습니다. 그리고 그 피 값으로 내게 영원한 생명을 주셨습니다.

② 이 언약은 새 언약입니다.

이때부터 새 언약(New covenant)이라는 용어가 생기게 되었습니다. 예수님이 피 흘리시고 생명을 주시는 일이 새 언약이 되었습니다. 따라서 예수 믿는 모든 사람들은 이 언약에 속하게 되었고 구원을 받게 되었습니다. 이 축복에 감사 감격하며 믿음을 지켜야 하겠습니다. 주님의 몸 된 교회라는 말은 이 피 값으로 세우셨다는 뜻이기도 합니다(행 20:28).

2) 예수 안에 있다는 것은 예수의 피가 마음속에 흐른다는 의미입니다. 영적인 의미에서 보아야 합니다.

① 구약의 제물에서는 피를 먹지 아니하였고 버렸습니다.

피는 생명이고 생명이 피에 있기 때문입니다(레 17:10-11). 따라서 "생명이 피에 있으므로 피가 죄를 속하느니라" 했습니다. 우리는 예수 안에서 생명과 피의 원리에서 살아갑니다.

② 내 속에 예수의 생명이 있느냐 하는 것입니다.

교회에 나와 앉아 있어도 믿음으로 말미암아 예수 생명의 피가 내 속에 없다면 영생과는 관계가 없고 예수님과도 관계가 없어지게 됩니다. 그러나 믿음으로 말미암아 예수의 피가 내 마음속에 믿어지며 죄 속함을 받았다면 예수의 이름으로 구원 받아서 생명이 보장된 사람입니다.

은평교회 모든 성도들은 이 진리를 확인하고 모두 예수 피 안에서 승리하게 되시기를 예수님의 이름으로 축복합니다.

결론 : 예수님의 피 안에서 구원받았습니다.

〈예수님〉
삭개오가 체험한 예수 그리스도 | 눅 19:1-10

어떤 중요한 일에 대한 체험은 인생에서 좋은 가르침이 되기 때문에 그런 체험은 선호하는 편이 되어야 합니다. 동물들도 어려서부터 무엇을 억제해야 하는지, 위기 때에 어떻게 해야 하는지, 나를 해치려는 적이 누구인지를 자세히 배우고 독립하게 된다고 합니다. 그래서 동물세계에서는 부모 잃고 타 동물에게 먹이사슬이 되는 경우를 종종 보게 됩니다.

헬렌 켈러는 청각, 시각, 언어 3중고의 장애가 있었으나 설리번이라는 훌륭한 선생을 만나서 이를 극복하고 이름이 알려지게 되었습니다. 우리들은 여기에 비하면 하나님께 감사해야 할 일들이 너무 많습니다(살전 5:16-18). 소아시아 일곱 교회 중 라오디게아교회는 영적으로 눈이 멀고 가난했으며 벌거벗은 상태였으며 자기 자신을 깨닫지 못하는 가련한 영적 모습을 보이므로 예수님이 책망하셨습니다(계 3:14-18).

파스칼(Pascal)은 사람에게는 두 가지 종류가 있는데 "자기를 죄인 시 하는 의인과 의인 시 하는 죄인이다"라고 했습니다. 예컨대 예수님은 성전에 들어가서 기도할 때에 이 두 종류의 모습이 그대로 나타나 있음을 말씀해 주셨습니다(눅 18:10-).

본문은 예수님이 여리고 성을 지나실 때에 일어난 사건입니다. 여리고의 세리장이었던 삭개오가 예수님을 만나는 모습을 통해 오고가는 모든 시대, 모든 이들에게 은혜를 주시는 말씀이요 교훈인바 여기에서 은혜의 시간이 되시기를 바랍니다.

1. 삭개오를 통해서 볼 때에 세상 것으로는 영적 만족을 채울 수 없다는 것을 배우게 됩니다.

성 어거스틴(St. Augustine)은 "하나님께서 창조하실 때에 마음 한 구석에 하나님만이 채우실 수 있는 한 홀 공간(hall)을 만드셨기 때문에 인간은 하나님께 돌아올 때만이 그 마음이 채워진다"고 했습니다.

1) 삭개오에게서 배우게 됩니다.

삭개오가 당시에 처한 생활입니다.

① 세리장이었습니다.

요즘에 세무서장 쯤 되는 관리입니다. 그런 직위와 경제력이 있었지만 외롭고 고독한 그의 처지를 볼 수 있습니다. 세상에서 직위도 있고 경제력도 있었지만 외롭고 쓸쓸한 인생의 모습을 삭개오를 통해서 보게 됩니다.

② 다행히도 예수님이 여리고로 지나가게 되었습니다.

공허하고 외로운 삭개오에게는 기회였고 축복이었습니다. 삭개오는 이 기회를 잃지 않고 예수님을 모시게 되었습니다. 예수님을 만나는 기회는 언제나 있는 것이 아닙니다. 지금도 영적 기회를 지나치는 사람들이 많습니다. 예수님을 만나는 기회가 성경에 기록되어 있는데 그냥 흘러 보내지 말아야 합니다. 기회를 사야합니다(엡 5:16). 헛되이 은혜를 받지 말라고 했습니다(고후 6:1-3).

2) 예수님을 만나기 위해서는 마음을 비우고 예수님을 만날 생각만 해야 합니다.

물리학(物理學)에서 '같은 공간에 동시에 다른 것이 있을 수 없다'는 원리가 있습니다. 내 마음속에 오직 예수님만 모실 생각으로 가득해야 합니다.

① 삭개오는 예수님을 만나려 했지만 키가 작아서 볼 수 없었습니다.

수많은 무리라는 장애물이 있었습니다. 뛰어 넘을 수도 없었습니다. 그러나 포기하지 않고 돌무화과나무 위에 올라갔습니다. 사람들의 야유와 비웃음과 조롱을 두려워할 시간도 없이 그 나무로 올라갔습니다. 은혜 받고 예수님 만나는 일에는 이런 열성과 사모함이 있어야 합니다.

② 이것저것 생각하고 계산하면 예수님을 만날 수 없습니다.

사모하는 영혼을 만족케 하시는 하나님이십니다(시 107:9). 세무서장의 직위나 자기 사적인 위치를 생각했다면 그 나무에 올라갈 수 없었을 것이고 예수님을 만날 수도 없었을 것입니다. 이것이 우리가 삭개오에게서 배우는 좋은 면들입니다.

2. 예수님 만나기 위한 자세를 배우게 됩니다.

돌무화과나무에 올라가는 것에서 배우는 자세입니다.

1) 예수님을 만나기 위한 일이었습니다.

이 자세가 우리에게 있어야 합니다.

① 예수님을 만나고자 하는 열심이라는 믿음입니다.

예수님이 가시는 곳마다 역사가 나타났습니다. 절망 있는 자가 소망을 가지게 되고, 상한 자가 치료되고, 기적의 현장이 되는 것을 삭개오도 들었을 것입니다. 이와 같은 예수님을 만나고자 하는 열심이 뜨거웠습니다.

② 인생에서 예수님을 만나는 것이 최고 최대의 축복이지만 시련이기도 합니다.

예수 믿는 것이 더 큰 축복이지만, 이제 예수 믿는 믿음으로 살아가는 것은 시련도 있을 수 있기 때문에 그것도 이겨야 합니다. 예수님은 생명을 주시는 분이시기에 염려 없습니다(요 10:10).

2) 예수님은 어떤 사람도 만나주십니다.

구별하고 선별해서 만나주시는 분이 아닙니다. "수고하고 무거운 짐 진 자들아 다 내게로 오라 내가 너희를 쉬게 하리라"(마 11:28) 하셨습니다.

① 죄인들도 만나주십니다.

(행 9:1-)박해하는 사울도 만나주셨고 사도가 되게 하셨습니다.

(눅 15:1-)죄인과 세리들에게 친구가 되어주셨습니다.

(마 4:18-)어부들을 부르시고 제자가 되게 하시고 사용하셨습니다.

(눅 23:43)평생 죄 짓고 죽어가던 한편 강도를 만나주셨고 낙원의 축복을 주셨습니다.

(요 8:1-)간음하다 현장에서 잡혀 끌려온 여인도 구원해주셨습니다.

(롬 5:8)사랑하시기 때문입니다.

② 예수님을 만나면 변화되고 바뀌게 됩니다.

예수님을 만나서 변화되고 바뀐 사람들이 수없이 많이 있습니다. 비난받던 사람에서 칭찬받는 사람이 되었습니다(골 4:9). 무익한 사람에서 유익한 사람이 되었습니다(몬 11). 가정에서나 사회에서 외면당한 사람도 새사람이 되어 훌륭하게 살아가는 사람들이 많습니다. 예수님을 만나게 해야 합니다. 예수님을 만나면 아름답고 좋게 변화되기 때문입니다.

3. 기독교는 예수님을 만나는 체험의 종교입니다.

삭개오는 예수님을 만나고 완전히 변화되었습니다.

1) 예수님을 믿는 변화입니다.

인생에서 제일 큰 변화는 예수님을 믿고 영접하는 것입니다.

① 자기 집에 예수님을 모셨습니다.

우리는 언제나 내 마음과 내 가정에 예수님을 모시는 체험이 있어야 하겠습니다. 이것이 가장 **빠른** 변화요 축복입니다. 삭개오는 이제까지 받지 못했던 축복을 받게 되었습니다. 예수님을 모신 축복입니다.

② 예수님을 모시니 회개의 역사가 일어났습니다.

그동안 높은 지위를 이용해서 물질을 모으고 부자 되는 것이 목적이었지만 이제 회개하여 새사람이 되었습니다. 회개는 예수님 만나는 길이요 축복의 복음입니다(마 4:17).

2) 예수님이 선포하신 축복을 받았습니다.

예수님을 만나면 이 축복이 임하게 됩니다.

① 구원 받은 축복의 선포입니다.

세상에서 그 무엇과 비교할 수 없는 큰 변화와 죄 사함의 축복을 받게 되었습니다. 인생의 마지막에 이 축복 외에는 더 큰 축복이 없습니다. 천하를 얻었다고 해도 죄 사함과 구원 받은 축복과는 비교할 수 없습니다.

② 아브라함의 자손이라고 선포해 주셨습니다.

믿음의 조상이요 구원 받은 대표성을 띠는 축복입니다. 예수님께서 세상에 오신 목적이기도 합니다. 은평교회가 세상에 존재하는 목적이기도 합니다. 이 자리에 앉아계신 모든 성도들의 가정이 하나 같이 예수님을 모신 가정이 되고 구원 받는 축복의 가정이 되시기를 예수님의 이름으로 축복합니다.

결론 : 예수님을 만나셨나요?

〈예수님〉
예수 그리스도 안에 있는 사람들 | 엡 1:3-14

 세상에 태어나 살아가면서 어디엔가 소속되어 살아가는 것이 사람의 생존하는 모습이요 정경입니다. 어느 국가, 어느 가문, 어느 가족에 속하였느냐를 비롯해서 학교, 회사, 군대 등, 수많은 소속들이 있게 됩니다. 그러나 이와 같은 육체적이고 세상에 대한 소속보다 더 중요한 것은 영적 소속에 대한 본질적이고 근본적인 문제입니다. 예수님은 바리새인들에게 "너희는 너희 아비 마귀에게서 났다"(요 8:44)고 하셨고, "왼편에 있는 자들에게 이르시되 저주를 받은 자들아 나를 떠나 마귀와 그 사자들을 위하여 예비된 영원한 불에 들어가라"(마 25:41) 하셨습니다. 내가 영적으로 어디에 소속되어 있는지를 확인하는 것은 영원한 세계에 관한 문제이기 때문에 무엇보다 중요합니다. 예수 안에 내가 소속되어 있다는 것은 영원히 흥하는 길이 됩니다.
 기독교 신앙의 중심은 천국입니다. 그런데 이 천국은 그리스도 안에 있는 사람만이 들어가는 곳이기 때문에 성경에는 '그리스도 안에'(ἐν τὸ Χριστός)라는 용어가 많이 나옵니다. 이와 연관된 말씀이 19회씩이나 강조된 것만 보아도 그 중요성을 알 수 있습니다. '그리스도 안에' 있다는 표현은 물고기가 물 밖에 나오면 죽듯이 예수님 이외는 전혀 구원의 길이 없다는 사실을 말해줍니다(요 14:6; 행 4:12). 본문에서 은혜를 받게 됩니다.

1. 예수 그리스도 안에서만 하나님과 화평하게 됩니다.

죄인 된 개인 스스로가 하나님께 나아갈 수 없습니다.

장로교 칼빈주의(Calvinism)의 5대 교리를 말하게 될 때에 전적 무능력(Total Inability), 무조건적 선택(Unconditional Election), 제한적 선택(Limited Atonement), 효력 있는 은혜(Irresistible Grace), 성도의 긍정적 견인(Perseverance of the saints)인데, 그 안에서의 구원입니다.

1) 전적인 하나님의 은혜로 된 것입니다(고전 15:10).

① 모든 인간은 아담 안에서 죽었습니다(롬 3:10, 23; 요일 1:8-9).

그리고 그 죄 값은 사망입니다(롬 6:23). 원죄와 자범죄로 죽었습니다. 여기에서 다른 길로는 구원의 방법이 전혀 없습니다. 존 번연(John Bunyan)의 《천로역정》에서 밝히듯이 등짐이 십자가 밑에서만 해결되어 풀어지게 되었는데 이것은 은혜입니다.

② 아담이 범죄 한 것이 계속해서 내려오는 죄의 업입니다.

(창 2:17)아담 안에서 모두가 죽게 된 것입니다. (고전 15:22)그리고 그리스도 안에서는 살게 됩니다. 행위언약이 아니라 이제는 은혜 언약 안에 있게 되었습니다. 우리 하나님은 소망의 하나님이 되셨습니다(롬 15:13).

③ 그리스도 안에서 이제는 하나님과 화목하게 되었습니다.

그리스도 밖에서는 하나님과 담이 쳐 있기 때문에 멸망의 대상입니다. (엡 2:14-)하나님과 화평케 하셨으며, (고후 5:18-)"그리스도로 말미암아 우리를 자기와 화목하게 하시고" 했습니다. 이것이 바로 그리스도 안에 있느냐, 없느냐의 중요한 일이요 영원한 일이 됨을 깨닫게 되시기를 축복합니다.

2) 그리스도 외의 어떤 길로도 하나님과의 화목이 없습니다.

오직 그리스도의 이름으로만 하나님과 화목관계가 있습니다.

① 예수님이 십자가에서 흘린 피(血)로써만 죄 문제가 본질적으로 해결

됩니다.

구약에서는 예표요, 그림자로써 짐승이 피 흘려 죽음으로써 속죄제물이 되었습니다(레위기 1~10장). 이는 개혁할 때까지였으니(히 9:10), 예수님이 피 흘림의 본체가 되시어 십자가에서 죽으셨습니다(히 9:13). "피흘림이 없은 즉 사함이 없느니라"(히 9:22) 했습니다.

② 예수님이 십자가에서 이를 완성하셨습니다.

(요 19:30)"다 이루었다 하시고 머리를 숙이니 영혼이 떠나가시니라"(It is finished) 했습니다. 모두 끝내셨고, 완성하셨고, 갚아주셨습니다. 다 "이루었다"는 헬라어로 '테테레스타이'(Τετέλεσται)인데, 주석학자 렌스키(Lenski)는 "다윗에게 예언된 구속의 역사가 모두 이루어지게 되었다"고 하였고, 매튜 헨리(Matthew Henry)는 "아버지의 뜻을 다 이루었다"라고 주석했습니다.

2. 예수 그리스도 안에서만 성령의 인도하심이 약속되었습니다.

예수 그리스도 안에서 평강이 약속되었거니와 성령의 인도하심이 약속되었습니다. 왜냐하면 성령은 예수 그리스도의 영이시며, 예수 그리스도의 십자가와 부활을 비롯한 예수님을 증언하러 오셨기 때문입니다.

1) 성령은 예수님이 하신 일을 증언하십니다.

따라서 성령의 인도를 받을 수 있는 약속은 예수 그리스도 안에서만 가능합니다.

① 성령을 떠나서는 불쌍한 인생입니다.

(창 6:3)하나님의 영이 인간에게서 떠날 때에 불쌍한 존재가 되었습니다. (시 51:11)다윗도 회개하면서 성령을 내게서 거두지 말라고 간구했습니다. (갈 5:17)"육체의 소욕은 성령을 거스르고 성령은 육체를 거스르나니" 했습니다. 우리는 그리스도 안에서 성령의 인도를 받아야 합니다.

② 성령으로 살지 아니하면 모두 죄에 끌려가게 됩니다.

마귀가 쳐놓은 덫에 걸리게 되고 죄에 빠져 죄의 종으로 살다가 멸망하게 되는 존재가 됩니다. 그리스도 안에 있으면 성령께서 인도해 주십니다. 성령을 받았는지 확인하고(행 19:1-) 믿음에 서있는지도 확인해야 하겠습니다(고후 13:5). 그리스도 안에서 성령의 인도를 받는 것이 복중의 복이 됩니다.

2) 범죄했을 때 떠나신 성령께서 예수 그리스도 안에서 인간에게 다시 오시게 되었습니다.

불순종의 죄 때문에 하나님의 형상을 상실했고, 축복도 잃어버려서 농사도 어렵게 되었습니다(창 3:17).

① 예수 그리스도의 이름으로 우리는 다시 성령을 모시게 되었습니다.

십자가와 부활 이후에 예수님은 승천하셨는데 이것이 유익한 것은 성령께서 보혜사로 오셨기 때문입니다. (요 16:7)'보혜사'($παράκλητος$) '파라크레토스'(도와주시는 분)로 오셨습니다. (롬 8:16)우리가 하나님의 자녀인 것을 우리 영으로 더불어 증언해 주십니다.

② 예수 그리스도 이름으로 오신 성령의 역사 앞에 귀신 마귀 역사가 어떻게 할 수 없게 됩니다.

(마 12:28)"그러나 내가 하나님의 성령을 힘입어 귀신을 쫓아내는 것이면 하나님의 나라가 이미 너희에게 임하였느니라" 했습니다. (막 16:17)그리고 믿는 자들이 행하는 표적 가운데 귀신을 쫓아내며 새 방언을 말하게 됩니다. 예수 그리스도 안에 있는 이 특권이 늘 활성화되기를 축복합니다.

3. 예수 그리스도 안에서만 영원한 생명의 부활이 약속되어 있습니다.

사람의 육체는 죽음이 끝이 아니고 부활의 때가 반드시 옵니다.

1) 부활은 2가지 형태가 있습니다.

계시록에서 설명해 주고 있습니다(계 20: 6-).

① 예수 그리스도 안에서 부활할 사람들입니다.

첫째 부활이요, 생명의 부활입니다(the first resurrection). 그리스도 예수 안에서 살다가 소천하신 분들이 여기에 속하게 됩니다. 믿는 자의 축복입니다(요 11:25). 그리고 예수님이 그 첫 번째 열매로 증명해 보이셨습니다. 첫 열매입니다(the firstfruits, 고전 15:20)

② 육체에 속한 사람들, 예수 그리스도 밖에 있는 사람들은 여기에 속할 수 없습니다.

두 번째 부활입니다. 지옥심판을 받기 위한 부활로서 영원히 심판받기 위한 부활이요 영과 육이 합해서 지옥형벌에 들어가게 됩니다.

2) 이미 예수 믿는 사람들은 예수 그리스도의 생명을 받아 영생이 약속되었습니다.

이 구원은 완료형입니다.

① 이 구원은 이미 완성되었습니다.

그리스 안에서의 큰 축복이요, 특권입니다(요 1:12, 5:24; 롬 8:1-2). 이 구원은 예수 그리스도 안에서 완료형입니다. 미래가 아니라 이미 구원 받은 것입니다.

② 그리스도 안에서의 영원한 천국의 시민권자들입니다(빌 3:20).

자녀이기 때문에 그와 함께 영광을 받게 되는데 그러기 위해서는 십자가를 지고 고난도 함께 받아야 하는 것이 그리스도인입니다(마 16:24; 롬 8:17). 현재의 고난은 장차 우리에게 나타날 영광과 비교할 수 없습니다.

은평교회 모든 성도들이 예수 그리스도 안에 누릴 영광과 축복이 현재와 미래에 있게 되시기를 축원합니다.

결론 : 그리스도 안에 살아야 합니다.

〈예수님〉
예수의 이름으로 걷는 사람들 | 행 3:1-10

　세상을 살아가면서 가장 어려운 일 중의 하나는 지체장애를 가지고 살아가는 일이라고 봅니다. 태어나서 한 번도 걸어본 적이 없는 장애자라면 얼마나 힘들까 생각해 보게 됩니다. 그런데 육체적 장애도 불쌍하지만, 영적 장애는 훨씬 더 불쌍합니다. 성경은 라오디게아 교회를 통하여 이런 사실을 보여주는데(계 3:17), 육신적 조건에는 부족한 것이 없다고 하지만 그들은 가난하였고 헐벗으며 눈먼 인격 장애자였습니다. 그러므로 회개(repent)하여 회복하라고 권면했습니다. 많은 신학자들은 이것이 말세 때에 교회의 모습이라고 지적했습니다. "회개하라"(metanoevw)고 명령하셨는데, 마펫(Maffatt)은 "회개의 불꽃을 모아 무관심과 부조화를 태워버려라"고 주석하기도 했습니다. 본문에 성전 미문에 앉아서 구걸하는 사람은 나면서부터 앉은뱅이 장애를 가지고 있던 40세쯤 되는 남자였다고 학자들은 주석하고 있습니다. 그가 제구시 기도 시간에 성전에 기도하러 올라가던 베드로와 요한을 만나 예수님의 이름으로 일어나게 되는데, 발과 발목이 힘을 얻어 걷고 뛰어서 걸으며 성전까지 들어가 하나님을 찬송하게 되는 기적이 일어나게 됩니다. 여기에서 은혜의 시간이 되시기를 바랍니다.

1. 장애신앙은 남에게 의존할 때만 움직이는 사람입니다.

성전 미문에 데려다가 앉혀 놓는 것도 누군가에게 의존했을 것입니다.

1) 옆에 도우미(helper)가 없으면 능동적으로는 움직일 수 없다는 것입니다.

더욱이 이 사람은 나면서부터 장애자가 된 사람입니다.

① 옆에 도우미가 없으면 움직일 수 없는 상태의 장애자이니 심각한 것입니다.

혼자서는 절대 움직일 수 없는 장애에 속한 사람입니다. 무엇을 하든지 스스로는 할 수 없는 능동적이지 못한 사람이요, 피동적인 사람입니다. 주일 성수를 지키는 것부터 시작해서 헌신, 봉사, 전도, 기도생활, 십일조 생활(막 3:6) 등에 문제가 있는 사람입니다. (롬 12:11)부지런하여 게으르지 말고 열심을 품고 주를 섬겨야 할 때입니다. 여기에 은혜와 기쁨이 있게 됩니다.

② 이런 피동적인 신앙의 장애를 가지고 있는 사람은 그 신앙이 주체적이지 못합니다.

누군가에 의한 신앙이 되어 버립니다. 우리는 스스로 움직이는 신앙이 되어야 합니다. 본문에 나오는 이 남자는 걷지 못하는 장애자로서 영적으로 우리에게 교훈을 주고 있습니다. (롬 12:6-)각각 받은 은혜와 은사에 따라서 일하고 스스로 움직이는 능동적 신앙인이 되어야 하겠습니다.

2) 이 장애자는 물질에만 빠져있는 물질노예 생활자였음을 봅니다.

누구를 만나든지 구걸에만 집착하여 있는 모습입니다.

① 물질이 필요하지만 물질 제일주의는 영적으로 위험합니다.

돈만 많으면 된다는 식의 물질제일주의 시대입니다. 그러나 성경은 하나님이 없는 물질제일주의에 대하여 경고를 하고 있습니다. (눅 12:12-)어리석은 부자의 이야기, (눅 16:19-)지옥에 간 부자의 이야기를 통해 물질이 필요하지만 어리석은 부자가 되면 영적으로 장애자가 되기 쉽다는 교훈입니다.

② 모든 장애자 신앙에서 벗어나야 합니다.

영혼을 생각하며 영적 세계를 생각해야 합니다. "오직 너 하나님의 사람아 이것들을 피하고 의와 경건과 믿음과 사랑과 인내와 온유를 따르며 믿음의 선한 싸움을 싸우라 영생을 취하라 이를 위하여 네가 부르심을 받았고 많은 증인 앞에서 선한 증언을 하였도다"(딤전 6:7-12).

2. 오늘 말씀은 성전에 걸어서 들어가고 있는 사람들을 보여줍니다.

장애자로서 앉아 구걸하는 그 시간에도 성전에 걸어서 들어가는 사람들이 많음을 보여줍니다.

1) 건강한 신앙의 사람들을 상징적으로 보여주는 말씀입니다.

알포드(Alford)는 유대인들은 제3시, 6시, 9시(오전 9시, 정오, 오후 3시)에 기도를 드렸다고 했습니다.

① 유대인들은 기도시간에 성전이나 회당에 찾아가서 기도를 드렸습니다.

건강한 신앙생활 속에 영적으로 기도생활 하는 모습을 보여줍니다. 구약시대부터 전통적으로 내려오는 일이었습니다. (1절 "올라갈새"는 헬라어로 '아네바이논'(ἀνέβαινον)인데, 이 단어는 미완료 과거형으로 계속 습관적으로 해온 것을 뜻합니다. 말세 때에는 습관적으로 모이기를 폐하는 때임을 깨달아야 합니다(히 10:25).

② 베드로와 요한은 성전에 올라가고 있었습니다.

이 두 사도는 초대교회의 기둥으로서(갈 2:9) 언제나 같이 나타났습니다(행 8:14). 이 두 사도는 부르심을 받을 때부터(마 4:18-21; 눅 5:10), 살아있는 신앙의 동역자들이었습니다(막 5:37, 9:2, 14:33). 은평교회에 이런 기둥들과 일꾼들이 많아야 하겠습니다. 건강한 신앙인들이 있는 곳에 건강한 교회가 세워지기 때문입니다. 본문에서도 두 사람이 함께 기도하러 올라가고 있습니다.

2) 이 무리에 합류하는 신앙인이 되어야 합니다.

이 무리는 성전에 올라가는 신앙이었고 기도하는 신앙이었으며, 앉은뱅이 장애자에게 예수님의 이름을 전해 주며 전도하는 건강한 신앙을 보여주고 있습니다.

① 정기적인 시간에 기도하는 무리였습니다.

역사학자들에 의하면 때는 오전 9시와 오후 3시였다고 합니다. 정오에는 많지 않았다는 것입니다. 기도하는 시간은 하나님과 교통하는 시간이요, 응답의 시간이기도 한 귀중한 시간입니다. (창 5:21)에녹 같이 삼백년을 하나님과 동행하는 신앙입니다.

② 하나님의 교회에서 베드로와 요한은 상징적으로 기둥 같은 인물인데 이들의 모습에서 초대교회를 보게 됩니다.

서로가 내세우지 않고 동시에 성전에 올라가고 있었습니다. 상대방을 비방하고 무시해버리는 오늘의 시대에 우리는 겸손한 형제우애의 모습을 보게 됩니다. (롬 12:4-)같은 교회 안에서 각 직분을 따라서 한 몸이라는 사실을 잊지 말아야 할 부분입니다. (벧전 4:8)"사랑은 허다한 죄를 덮느니라" 했습니다.

3. 앉은뱅이 장애자가 예수의 이름으로 일어나 걷기도 하며 뛰기도 하고 성전에서 하나님을 찬송했습니다.

예수의 이름으로 모든 영적, 육적 장애가 본질적으로 낫게 된 것입니다. 하나님의 교회는 영적 장애를 치료하는 곳입니다.

1) 이 모습이 참 교회의 모습이요 이런 교회가 되어야 합니다.

초대교회가 보여주는 모습입니다.

① 교회는 예수의 이름으로 기적의 현장이 되어야 합니다.

베드로와 요한은 전했습니다. "은과 금은 내게 없거니와 내게 있는 이것을 네게 주노니 나사렛 예수 그리스도의 이름으로 일어나 걸으라" 할 때에 기적이 나타나게 된 것입니다. 교회가 줄 것은 은과 금이 아니라 '예수 그리스도의 이름'입니다. 예수님이 우리의 생명이 되십니다(요 14:6).

② 내가 이제 영적으로 건강해야 가능합니다.

주변에 있는 영적 장애자에게 내가 줄 수 있는 것은 은과 금이 아니라 예수의 이름입니다. 인터프리터스(Interpreter's Bible Commentary) 성서 주석에서 "사랑도 간직하기만 하면 정욕으로 변합니다. 평화도 간직하기만 하면 비활동으로 변합니다. 돈도 간직하기만 하면 수전노로 변합니다. 환상도 간직하기만 하면 공상가로 변합니다. 물도 간직하기만 하면 썩은 물로 변합니다. 예수 그리스도도 간직하기만 하면 미신가로 변합니다." 라고 했습니다. 따라서 예수의 이름 역시 간직하지 말고 전해야 합니다.

2) 예수의 이름으로 주게 될 때에 역사가 일어납니다.

예수 이름으로 주세요. 거기에 역사가 일어납니다. (눅 6:38)주는 자에게 넘치도록 주신다고 하셨습니다.

① 베드로와 요한은 예수의 이름으로 주었습니다.

예수의 이름으로 주게 될 때에 앉은뱅이 장애자에게 기적이 일어나게 되었습니다. 은과 금의 문제가 아니라 본질적인 해결책이 예수님이 되시기 때문입니다. 영구적인 해결책이 예수의 이름입니다.

② 주게 될 때에 예수의 이름으로 걷게 되었고 뛰게 되었고, 성전에 스스로 가서 찬송하게 되었습니다.

구걸만 하던 장애자가 40년 만에 처음으로 수동적이 아니라, 능동적으로 스스로 걸으며 뛰고 찬송하는 생애로 바뀌게 되었습니다. 이것이 건강한 교회의 신앙이요, 가정과 사회를 살리는 예수 이름의 신앙입니다. 예수님은 소망(hope)이 되십니다. 이런 기적의 역사가 우리 주변에서 일어나게 되기를 축원합니다.

결론 : 예수의 이름으로 주어야 합니다.

〈예수님〉
예수님을 만나세요 | 눅 5:1-11

　이 세상은 만남의 연속입니다. 태어나면서부터 부모와 만나고 형제와 만나며 친척과 이웃과 친구들을 만나게 됩니다. 살아가면서 누구를 만나느냐에 따라서 인생의 결과가 달라집니다. 인간은 종교성이 많도록 창조되었는데(행 17:22; 롬 1:19), 문제는 어떤 종교를 만나느냐에 따라서 천국이냐, 지옥이냐 분리되는바 예수 믿는 기독교를 통해서 예수님을 만나는 것은 축복 중의 축복입니다. 교회를 통하여 예수님을 만나는 것은 일생일대에 다른 어떤 것과도 비교할 수 없는 으뜸 되는 축복이요, 하나님의 은혜입니다.
　살아가면서 남녀가 만남을 통해 가정이 형성되는데 누구를 만나느냐에 따라 인생이 달라지는 경우도 보게 됩니다. (잠 19:14)"슬기로운 아내는 여호와께로서 말미암느니라" 했습니다. (마 4:18-)갈릴리 호수의 어부들인 베드로, 요한, 야고보, 안드레, 이들은 어느 날 예수님을 만나서 인생일대기가 바뀌게 되었습니다. 오늘 본문에서 베드로는 밤이 새도록 고기를 잡았으나 잡은 것이 없었지만, 다행히 예수님을 만나서 다시 한 번 기적을 체험하게 되고 본격적으로 예수님을 따르는 제자가 됩니다. 여기에서 은혜의 시간이 되시기를 바랍니다.

1. 베드로는 예수님을 만나서 인생의 주인이 바뀌게 되었습니다.

예수 믿기 전에는 다른 것이 주인이었다면, 예수님 믿은 후에는 누가 나의 주인입니까?

1) 베드로는 인생의 주인이 예수님으로 바뀌게 되었습니다.

전에는 세상 정욕과 돈과 재물이 주인이었을 베드로였습니다. 물질이 주인이 되고, 배가 주인이 되었습니다. 이것이 사람들이 살아가는 생활이기 때문입니다.

① 이제는 예수님을 만나서 예수님이 주인이 되었습니다.

(빌 3:18-)세상 사람들은 십자가의 원수로 살아가며 그들의 마침은 멸망이요 그들의 신(神)은 배요 그 영광은 그들의 부끄러움에 있고 땅의 일을 생각하며 살아가지만 우리의 시민권은 하늘에 있습니다. (빌 4:4)그리고 예수 그리스도로 말미암아 기쁨이 넘치게 살아가는 것이 주인이 바뀐 성도들의 생활입니다. 그러므로 성도는 직장을 다니든, 사업을 하든, 공부를 하든, 주인이 주님이심을 늘 잊지 말아야 합니다.

② 왜냐하면 이제 주인이 분명하기 때문입니다.

베드로가 예수님을 만나기 전에는 자신이 자기 인생의 주인처럼 생각되었고 그렇게 살았습니다. 그러나 하룻밤 고기잡이의 실패의 쓴 잔을 통하여 자기 무력감도 알게 되었고 찾아오신 예수님을 영접하여 주인이 바뀌게 되었습니다. 내 능력에 한계가 있지만 주인 되시는 주님이 역사하실 때에는 능력이 있게 됩니다. (시 37:4-)"여호와를 기뻐하라 그가 네 마음의 소원을 네게 이루어 주시리로다 네 길을 여호와께 맡기라 그를 의지하면 그가 이루시고 네 의를 빛 같이 나타내시며 네 공의를 정오의 빛 같이 하시리로다" 했습니다.

2) 예수님을 만나고 따라 갈 때에 인생이 바뀌게 되고 새로워졌습니다.

주인이 달라지고 바뀌게 된 것입니다.

① 주의 말씀을 따라가세요.

손해가 없습니다. 왜냐하면 모든 일의 주인이 책임져 주실 것이기 때문입니다. 그렇지 않으면 모든 일이 불안해 집니다. 술 주인, 담배 주인 따라가다가 몸까지 병들고 망가진 사람들이 많습니다. 그러나 예수님은 우리에게 평안을 주시는 주인이 되십니다. (요 14:27)세상에서 주는 것과 같지 아니한 평안을 주시는 분이십니다.

② 예수님을 만나서 달라지게 됩니다.

갈릴리 호수의 어부였던 베드로가 예수님을 만나서 주인이 바뀌게 되었을 때에 그의 생애가 바뀌게 되었습니다. 사도 바울은 초대교회 기둥같이 여기는 베드로, 요한, 야고보를 이야기 하면서 초대교회의 기둥이었음을 분명하게 했습니다(갈 2:9). 선지생도의 아내는 엘리야를 만나서 그의 문제가 해결되었습니다(왕하 4:1-).

2. 베드로는 예수님을 만나서 삶의 뿌리가 바뀌게 되었습니다.

베드로가 태어난 환경은 어릴 때부터 고기 잡는 것이 일이었기 때문에 배운 것은 고기 잡는 것뿐이었습니다. 유일하게 어릴 때부터 보고 배운 것이었습니다.

1) 베드로에게는 보고 배운 삶의 뿌리가 고기 잡는 어부의 일이었습니다.

고기 잡는 것 외에는 없었습니다.

① 그러나 고기 잡는 실력은 하루 밤에 실패로 모두 무너지게 되었습니다.

실력과 기술을 모두 동원하여 보았지만 모두 통하지 아니한 실패작이었습니다. 이것이 이른바 내가 할 수 있는 한계 상황이 되어버렸습니다. 현대인은 이와 같은 한계 상황 가운데 빠질 때가 많습니다. 여기에서 낙심과 실망과 좌절이 옵니다. 이때가 예수님을 만나는 아주 좋은 기회입니다.

② 실력과 능력은 끝이 올 때가 있음을 알아야 합니다.

돌로 그릇을 만들어 사는 석기시대에서 원자력발전이며 핵무기며 온갖 지식이 발달된 마지막 시대(단 12:4)까지 지식이 더해가는 시대이지만 그 끝은 한계가 올 것이며 인생의 주인이 본질적으로 하나님이심을 알 때가 올 것입니다. 사람의 걸음은 하나님께 있기 때문입니다(잠 16:9). 예수님을 만나는 것이 인생의 급선무입니다.

2) 말씀에 의지하여 그물을 내리는 길이 살 길입니다.

밤이 새도록 수고를 많이 하였으나 실패했습니다. 이제는 예수님 외에 다른 길이 없습니다.

① 진정한 행복과 평화는 예수님을 만날 때에 주어지게 됩니다.

베드로는 예수님을 만났고, 예수님이 주시는 말씀을 따르게 되었고, 변화가 오게 되었습니다. 지금까지 피곤한 모든 것을 뒤로 하고 예수님이 주시는 새로운 길을 따르게 되었을 때에 상황이 변하게 되었습니다. "여호와께서 자기 백성에게 힘을 주심이여 여호와께서 자기 백성에게 평강의 복을 주시리로다"(시 29:11) 하였으니 말씀을 따라 갈 때에 살 길이 열리게 됩니다.

② 예수님 말씀을 따라감으로 두 배에 물고기로 가득 채우게 되었습니다.

자기의 노력과 연구가 아니라 주님 말씀에 순종하여 행하였을 뿐입니다. 그 결과 두 배에 물고기가 가득 잡히게 되었습니다. 그리스도인들은 잘 되어서 옆 사람에게 덕을 세울 수 있어야 합니다. 예수 믿는 사람의 직장이 잘되고 사업장이 잘 될 때에 역사가 바뀌게 됩니다. 물질 문제만 아니라 영적인 세계에 이르기까지 내가 먼저 잘되게 해야 합니다. (요 2:5-)"너희에게 무슨 말씀을 하시든지 그대로 하라 하니라" 했는데, 이 말씀에 순종했더니 기적이 일어나 물이 최고 좋은 포도주로 바뀌게 되었습니다. 예수님을 만나면 달라지게 됩니다.

3. 베드로는 예수님을 만나서 삶의 목적과 사명이 변하게 되었습니다.

예수님을 만나면 바뀌고 달라지며 변화됩니다.

1) 고기잡이 어부가 아니라 사람 낚는 어부로 바뀌었습니다.

세상을 위한 삶에서 영혼을 구원하는 예수님의 사도('아포스톨로스' ἀπόστολος)로 바뀌게 되었습니다.

① 사람을 낚는 영적인 어부가 된 것입니다.

(10절)"무서워하지 말라 이제 후로는 네가 사람을 취하리라" 하셨습니다. 베드로가 전도자로서 영혼구원 하는 일에 헌신할 것을 말씀하신 것입니다. 베드로는 주의 말씀을 전하다가 순교의 길을 걷게 됩니다.

② 사람들은 누구나 자기 이익만을 추구하여 살아가는 것을 봅니다.

라인홀드 니버(Reinhold Niebuhr)는 《도덕적인 인간과 비도덕적인 사회》라는 자신의 책에서, "도덕은 양심이 있는 인간에게만 있다."고 했습니다. 지금 세상은 '양심과 도덕'과는 관계가 없는 곳으로 타락되었지만 예수님 만난 사람들은 자기 이익만 아니라 영혼구원 하는 일에 쓰임 받게 됩니다.

2) 우리는 예수 그리스도로 말미암아 구원 받은 백성들입니다.

이제 살아가는 목적과 방법이 달라져야 합니다. 이것이 예수님 만난 사람들의 삶입니다.

① 세상만을 위한 존재에서 천국 건설에 쓰임 받는 존재가 되어야 합니다.

이웃집 관계 전도부터 세계 곳곳에 선교하는 손길들이 많이 있습니다. 화려한 학벌이나 유명한 길을 마다하고 세계 속에 뛰어든 선교사들이 많이 있음을 보게 됩니다. 모두 그렇게 떠나라는 것이 아니라 삶의 현장에서 예수님 믿고 바뀐 생활이 중요하다는 것을 말하는 것입니다. 삶의 목적과 방법이 분명하기 때문입니다.

② 변화된 생활은 그리스도인의 사명입니다.

부르심을 받고 주님을 위해서 사는 것은 그리스도인의 '사명'(mission)입니다. 은평교회에 나와서 예수님 만난 모든 분들은 한 사람의 참된 성도로서 생활과 생애가 바뀌고 주님께 크게 쓰임 받게 되시기를 예수님의 이름으로 축원합니다.

결론 : 예수님을 만나셨나요?

〈예수님〉
주께 붙어 있는 사람들 | 행 11:22-26

   세상을 살아가면서 어디에서 누구와 짝이 되어서 살아가느냐에 따라서 운명이 달라지는 것을 보게 됩니다. 정치, 경제, 사회 모든 부분에 걸쳐 살아가는 길목에서 일어나는 일입니다. 한국 전쟁 때에 미군부대에서 구두를 닦아 주던 소년을 어느 미군이 미국으로 데려가서 공부시켰는데, 그가 성장하여 신학공부를 하고 대한민국으로 돌아와 교계에서 크게 일하시는 목사님이 계십니다. 예수님을 만나서 그분께 붙어 있으면 영원한 생명과 천국이 주어지게 됩니다. 온 천하를 얻고도 자기 생명을 잃으면 소용이 없습니다(마 16:25). 반대로 예수님 안에 있을 때에는 영원한 생명입니다.

   그러나 세속적인 것과 짝하게 되면 멸망합니다. 가룟 유다와(행 1:18), 후메내오와 알렉산더에게서(딤전 1:18-20), 데마에게서(딤후 4:10) 보게 됩니다. 그러므로 우리는 예수님 안에 있어서 마귀의 역사를 대적하여야 하는 바 마귀는 대적하면 피하고 도망합니다(약 4:7).

   본문에서 초대교회 모습을 보게 됩니다. 바나바는 박해자였던 사울을 데리고 수리아 안디옥에 가서 박해와 환란 중에 있는 그들에게 "굳건한 마음으로 주께 머물러 있으라"(he was glad and encouraged them all to remain true to the Lord with all their hearts) 권하였는바 여기에서 이 세대에 우리에게 주시는 뜻을 깨닫게 되는 은혜의 시간이 되시기를 바랍니다.

1. 주께 머물러 있다는 것은 예수님께 밀착된 생활의 뜻으로 믿습니다.

믿는다는 이름을 가지고 있는데 예수님과 멀어진 생활은 곤란합니다. 대충 대충이 아닙니다.

1) 예수님과 밀착되어 있어야 합니다.

예수님과 멀어지면 틈이 생기게 되고 틈이 생기면 이물질이 들어가게 됩니다.

① 예수님과 밀접하게 밀착된 생활을 해야 합니다.

여기에서 이방지역에 안디옥교회가 세워진 배경을 보게 됩니다. 예루살렘 교회에 스데반 집사의 박해와 순교로 인해서 안디옥까지 피난하게 되었는데, 그들이 주축이 되어서 안디옥교회가 세워졌다는 소식을 듣고 그곳에 예루살렘 교회가 바나바와 사울을 파송하게 되었습니다. 이방지역에 최초로 교회가 세워지고 이방선교의 교도부가 되고 바나바와 사울이라는 바울이 최초로 선교사로 파송 받게 되었던 사건이 교회의 큰 부흥을 가져왔습니다. 그들은 박해 중에도 예수님께 밀착했습니다.

② 붙어 있으라는 말씀은 성경의 개념으로 보게 됩니다.

예수님은 비유로 말씀해 주셨습니다. (요 15:1-)포도나무 비유에서 "나를 떠나서는 너희가 아무 것도 할 수 없음이라" 하셨습니다. 요한복음 10장에서는 양은 우리 안에 있어야 하고 목자의 음성을 들어야 한다고 했습니다.

2) 예수님을 떠난다든지 예수님과 멀리하면 문제가 됩니다. 성경에서 예를 보게 됩니다.

① 베드로의 예를 보겠습니다.

마태복음 26장에 보면, 예수님이 겟세마네 동산에서 밤이 새도록 기도

하시다가 잡혀가시는 현장에서, 예수님을 위해서 죽을지언정 배신하지 않겠다던 베드로는 예수님을 따라가기는 하는데 '멀찍이'(But Peter followed him at a distance) 따라가다가 주님을 부인하게 됩니다.

② 남쪽 유다백성들에게서 보게 됩니다.

선민이 된 유다백성들은 하나님 말씀을 따르지 않고, 주님이 보내신 선지자들의 전하는 말씀을 멀리하고 듣지 않다가 바벨론에 70년간 포로되어 생활하게 되었습니다(렘 25:3, 11). 그래서 이사야 선지자는 가까이 계실 때에 그를 부르라고 했습니다(사 55:6). 성도는 예수님께 밀착해서 살아가야 합니다.

2. 주께 머물러 있다는 뜻은 그리스도 안에 산다는 것입니다.

예수님 안에서 말씀을 붙들고 나아가야 한다는 뜻입니다.

1) 바울신학에서 보겠습니다.

바울서신의 중심 사상입니다.

① '그리스도 안에'(ἐν τὸ Χριστός)입니다.

박해가 와도 어려움이 있어도 예수님 안에 있으면 온갖 풍파에도 원줄기에 안전하게 붙어 있는 포도나무와 같습니다(요 15:1-7). 이것이 신앙이요, 믿음입니다.

② '예수 믿는다는 것'은 주께 붙어 있다는 뜻입니다.

세상에 환난과 박해의 모진 바람 속에서도 분명하게 강조한 부분의 배경을 읽게 됩니다. "예수 믿습니까?" "아멘"입니다. 할렐루야!! 그런데 문제가 오면 예수님과 거리가 생기는 것은 바른 신앙이 아닙니다.

2) 예수님 안에 붙어 있는 사람과 예수님 밖의 사람은 구별이 분명히 있습니다.

예수님이 그 차이를 설명해 주셨습니다.

① 예수님 안에 있는 사람은 목자 되신 그 분의 말씀을 듣고 따릅니다.

(요 10:27-)목자와 양의 관계를 말씀하신 후에 "내 양은 내 음성을 들으며 나는 그들을 알며 그들은 나를 따르느니라 내가 그들에게 영생을 주노니 영원히 멸망하지 아니할 것이요 또 그들을 내 손에서 빼앗을 자가 없느니라" 하셨습니다. 영원히 보장 받게 됩니다.

② 주께 붙어 있지 아니하고 그리스도 안에 있지 않는 백성은 주의 음성을 듣지도 않고 따르지도 아니합니다. (요 10:26)"너희가 내 양이 아니므로 믿지 아니하는도다"(but you do not believe because you are not my sheep) 했습니다. 복음이 전해져도 주님의 양이 아니기 때문에 불신하게 됩니다. 영생을 주기로 작정된 자는 다 믿게 됩니다(행 13:48). 주께 붙어 있는 양이 되시기 바랍니다.

3. 주께 머물러 있다는 것은 계속하여 예수님과 동거 동락하는 삶입니다.

한 번 구원 받은 것은 영원히 간직하는 축복입니다.

1) 예수님과 결혼하였기 때문입니다.

성도는 주님의 신부들입니다. 호세아서의 고백과 같이 되면 곤란합니다.

① 성경에서 예수님과 믿는 성도들 사이에 비유를 봅니다.

(마 25:1-)열 처녀의 비유에서 보여주십니다. (고후 11:21)바울은 정결한 처녀로 예수님께 중매함이라고 했습니다. (엡 5:22-23)교회론적인 입장에서 남편과 아내 사이를 예수님과 교회로 비유했는데, 여기에서 더욱 예수님과의 밀접한 관계를 보여주고 있습니다. 여기에서 중요한 것은 한 번 결혼했으면 끝까지 잘 살아야 한다는 것입니다.

② 이스라엘 백성에게서 보게 됩니다.

구약에서 대표적으로 호세아서에서 보게 되는 바, 하나님께서 부르실수록 이스라엘은 점점 더 멀리 떠나게 되었습니다(호 11:2). 하나님 백성은 하나님과 밀접하게 붙어 있어야 합니다.

 2) 계속적으로 동거한다는 것은 함께 살아가는 상태를 뜻합니다.

 이것이 붙어 있다는 의미입니다.

 ① 말로만이 아니라 행동이요 삶입니다.

 그래서 부부는 '일심동체'(一心同體)라고 말합니다. 언제나 주님을 모시고 영원히 살아가는 것입니다. 예수님은 세상 끝 날까지 항상 함께 하겠다고 하셨습니다(마 28:20).

 ② 주께 붙어 있을 때에 기쁨이 충만합니다.

 예수님 안에 있을 때에 기쁨과 평안이 찾아옵니다(요 15:11, 14:27; 롬 15:13). "내가 이것을 너희에게 이름은 내 기쁨이 너희 안에 있어 너희 기쁨을 충만하게 하려 함이니라" 했습니다. 이 종말을 치닫는 시대 가운데 언제나 예수님께 붙어 있는 성도들이 모두 되시기를 예수님의 이름으로 축복합니다.

결론 : 예수님께 붙어 있어야 합니다.

〈성령〉
성령의 기름 준비된 사람들 | 마 25:1-13

　세상에서 살아가는 생활 가운데 기름(oil)은 중요합니다. 왜냐하면 그것은 에너지(Energy)이기 때문입니다. 이 에너지가 고갈된다면 자동차를 비롯해서 모든 것이 멈추게 됩니다(all stop). 그래서 미국이 시도하고자 하는 북한의 기름 중단 문제도 이 때문입니다. 정치, 경제, 사회, 문화 모든 분야에서 기름으로 인해서 큰 관심과 관건이 되는 세상입니다. 문제는 사람들이 보이는 가시적 물질에는 관심이 높지만 정신적이고 영적인 일에는 관심이 약하다는 것입니다. 그래서 석학 아놀드 토인비 박사(Dr. Arnold Toynbee)의 말처럼 '물질문명은 토끼처럼 빨리 발달하는데, 정신문명은 거북이처럼 느림으로 인해서 생기는 갈등'들이 심합니다.

　예수님을 믿는 그리스도인들은 영적 일에 더욱 관심을 가져야 하고 힘을 모아야 합니다. 예수님이 재림하실 때가 가까이 왔기 때문입니다. 우리 성도는 세상의 에너지로 사는 것이 아니고 성령으로 살아가야 하기 때문입니다. (계 1:7)"볼지어다 그가 구름을 타고 오시리라 각 사람의 눈이 그를 보겠고 그를 찌른 자들도 볼 것이요 땅에 있는 모든 족속이 그로 말미암아 애곡하리니 그러하리라 아멘" 했습니다.

　본문에서 우리는 예수님께서 오실 때에 빈 등잔을 가진 어리석은 신부가 아니라 성령충만한 그리스도인이 되어야 하겠습니다. 오늘 본문에 등장하는 달란트 비유와 양과 염소의 비유와 함께, 열 처녀의 비유를 통해서 예수님이 재림하실 때에 어떤 심령이 되어야 할지를 깨닫게 하시는 바 은혜의 시간이 되시기를 바랍니다.

1. 슬기로운 다섯 처녀는 기름 있는 등을 들고 있었습니다.

기름이 없는 빈 등이 아니었습니다. 이것이 중요한 것은 기름 없이는 등불을 밝힐 수 없기 때문입니다.

1) 기름은 성령을 상징합니다.

따라서 교회에 나왔으면 물과 성령으로 거듭난 심령이 되어야 합니다.

① 성령을 받아야 합니다.

성령 받은 성도가 되어야 합니다. 주석학자들은 여기에서 기름을 '성령'이라고 주석했습니다(이상근 박사). 기름을 성령으로 상징하는 성경구절을 보겠습니다(사 61:1-3; 히 1:9; 욜 2:20, 27). '보혜사'(παράκλητος) 성령을 바람, 불(행 2:1), 인(도장-엡 1:13)으로 상징하기도 했습니다. (행 19:1-) "믿을 때에 성령을 받았느냐"고 질문했습니다. 왜냐하면 성령이 없이는 그리스도의 사람이 아니기 때문입니다(롬 8:9-).

② 그릇과 등은 사람의 마음이요 심령 상태입니다.

신앙생활 하면서 예수님의 재림을 기다리게 되는데 어떤 심령으로 있느냐가 문제입니다. 벵겔(Bengel)은 "그릇은 사람의 마음이요 불타는 등은 풍성한 신앙이다" 했습니다. 브루스(Bruce)는 여기에 "미련한 자의 기름은 전혀 없었느냐의 논리는 무용지물이다. 성령이 엄격히 말해서 있을 수 없기 때문이다. 이 처녀들은 형식적인 교인중심의 신자로서 성령 받지 못한 자들"이라고 했습니다. (행 2:38)회개할 기회가 있을 때에 회개하고 성령을 선물로 받아야 합니다. 기회는 지나가게 됩니다.

2) 예수님은 다시 재림하게 될 것이고 반드시 두 종류의 사람들로 나뉘게 될 것입니다.

예수님을 맞이할 수 있는 사람과 맞이할 수 없는 사람의 모습입니다. 학력유무, 재산유무, 세상에서 어떤 위치에 대한 유무가 아닙니다. 성령의 사람이냐 아니냐가 그 기준이 될 것입니다. 유비무환(有備無患)이라 했습니다.

① 언제든지 그 날이 올 것인데 준비되었는지 준비되어 있지 않은지 확인해야 합니다.

종말은 두 가지인데 개인적인 종말이 있고 전체적인 세상 종말이 있습니다. 원하든 원치 않던 간에 반드시 이 종말은 오게 되어 있습니다. 다음으로 미루지 말고 지금 기회가 있을 때에 성령 받고 준비된 성도가 되어야 합니다.

② 예수님을 모시는 일에는 준비해야 할 일이 있습니다.

물과 성령으로 거듭나서 성령 받은 그리스도인은 믿음으로 준비하고 믿음 가운데 바르게 서 있어야 합니다. 믿음이 없는 시대이기 때문입니다 (눅 18:8). 모이기를 폐하는 습관들이 많습니다(히 10:24). 그러나 준비된 성도는 그날이 가까이 올수록 힘써 모여 예배하게 됩니다. 언제든지 믿음으로 서 있게 되시기를 축복합니다.

2. 열 처녀에 대한 진리의 교훈입니다.

왜 처녀라고 했을까 라는 물음입니다. 그냥 여자가 아니고 열 처녀들(virgins)이라고 했습니다.

1) 유대식 결혼 예식을 알아야 합니다.

유대인들은 밤에 결혼식을 하는데 신랑이 신부 집으로 가면 신부가 신랑을 맞이하는 풍습이 있습니다.

① 처녀는 정결한 여인을 상징합니다.

처녀는 남자를 알지 못한 여인을 말합니다. 그리하듯이 준비된 주님의 신부들은 세상적인 것에 물들지 말아야 합니다. (고후 11:2)"정결한 처녀로

한 남편인 그리스도께 드리려고 중매함이로다" 했습니다. (약 4:4)"간음한 여인들아 세상과 벗된 것이"라 했습니다.

② 처녀의 생명은 정절에 있다는 사실입니다.

성도는 영적으로 예수님의 신앙 안에서 정절을 지켜야 합니다. 간음하듯이 세상에 마음을 빼앗기면 곤란합니다. 그것은 우상이 될 수 있습니다. 오직 예수 그리스도에게 온 마음과 정성을 드려야 합니다. 세상에 마음을 빼앗기지 말고 예수님만 사랑해야 합니다. 찬송가 94장에서 밀러(R. F. Miller)는 고백합니다. "주예수보다 더 귀한 것 없네. 이 세상 부귀와 바꿀 수 없네. 영 죽은 내 대신 돌아가신 그 놀라운 사랑 잊지 못해"

2) 자칫 잘못하면 마음과 생활이 세상에 빼앗기고 살기 쉽습니다.

다른 곳에 마음을 빼앗기고 살면 곤란합니다.

① 예수님을 신랑으로 모시는 성도는 예수님의 신부들이기 때문입니다.

예수님보다 더 사랑하는 것이 있으면 곤란합니다. (신 6:5)"너는 마음을 다하고 뜻을 다하고 힘을 다하여 네 하나님 여호와를 사랑하라" 했습니다.

② 철저하게 신랑만 사랑하는 신부가 되어야 합니다.

인간적인 결혼에도 서로의 사랑이 첫 번째 조건이듯이, 영적으로 성도들은 신랑 되시는 예수님만 사랑해야 합니다. 주님은 우리를 아가페(ajgaph) 사랑으로 사랑해 주셨기 때문에 그 사랑 안에서 살아야 합니다. 주님만 변함없이 사랑하시기를 축복합니다(엡 6:24).

3. 예수님과 성도는 신랑과 신부로 계약되었습니다(은혜 계약 아래 있습니다).

보통 관계가 아니라 신랑과 신부의 관계이기 때문에 중요합니다.

1) 신랑 되시는 예수님을 만나기 위해서는 거듭나야 합니다.

죄와 허물이 많지만 예수님의 피로 씻음 받게 되었습니다. 정결케 되었고 구원을 받게 되었습니다.

① 여기에 조건이 물과 성령으로 거듭나는 것입니다.

옛날 종 된 생활을 버리고 깨끗하게 약속을 맺는 관계입니다. (요 3:1-)니고데모를 통해서 주시는 말씀인데 물과 성령으로 나지 아니하면 천국에 들어갈 수 없다고 하셨습니다. 거듭난 심령이 되어야 합니다. 이는 성령께서 오셔서 역사해 주십니다.

② 예수님과 나의 관계는 약혼관계로 비유됩니다.

예수님이 이 땅에 재림하실 때에 맞이하는 관계입니다. 심판의 도리깨(타작하는 도구)로 후려쳐서 알곡과 쭉정이로 갈라놓을 때가 올 것입니다. 우리는 알곡으로 분리되어서 남아야 합니다.

2) 예수님과 약혼관계인 신부들은 신랑의 마음과 신랑의 심장을 가지고 살아야 합니다.

예수님의 마음을 가지고 있어야 합니다.

① 사도 바울이 전하는 복음에서 보겠습니다.

빌립보교회에 전하는 복음입니다. (빌 1:8)"예수 그리스도의 심장으로"(God can testify how I long for all of you with the affection of Christ Jesus.)이라고 하였고, (빌 2:5-)"너희 안에 이 마음을 품으라 곧 그리스도 예수의 마음이니"라고 했습니다. 예수님의 신부들이 가져야할 믿음들입니다.

② 예수님의 마음은 성령께서 역사해 주십니다.

연약한 우리의 마음에 예수님의 마음을 갖게 되는 것은 성령의 역사로만 가능합니다. 이를 가리켜서 성령의 기름 준비하는 것으로 비유된 줄 믿습니다. 지금이 어떤 시대인지를 깨달아야 하겠습니다. 은평교회 성도들은 준비되지 못한 어리석은 자가 아니라 준비된 참된 그리스도인들이 다 되시기를 축복합니다.

결론 : 준비된 신부가 되어야 합니다.

〈성령〉

불로 응답하시는 하나님을 체험하라
| 왕상 18:36-40

오늘은 성령강림주일입니다. 마가의 다락방에 임하셨던 성령께서 지금도 계속해서 임재하시어 역사하시는 모습들을 보면서 은혜의 시간이 되었으면 합니다. 세상에는 신들(gods)이라는 것이 많이 있는데 모두가 종교성을 가지고 만들어서 섬기는 것들입니다. 이것들로 인해서 하나님의 진노가 임하게 되었고 심판의 날이 올 것입니다(시 115:4-; 롬 1:18-). 예수님도 말세 때에 세상에 거짓 선지자들을 조심하라고 경고해 주셨습니다(마 24:4-). 세상에서 믿고 따르라는 말씀은 하나님 말씀인 성경 밖에 없다는 사실을 깨달아야 합니다.

본문을 보면, 북쪽 이스라엘은 아합과 이세벨을 중심으로 온 땅에 온갖 우상들로 득실거렸고, 이로 인한 하나님의 진노하심으로 3년 6개월 동안 땅에 비가 내리지 않을 때에 하나님의 선지자 엘리야가 갈멜 산에서 바알과 아세라 선지자 850명과 이스라엘의 모든 지도자들 앞에서 누가 참 신인가를 걸고 제안을 합니다. 그 방법은 제물에 불을 내리게 하자는 것인데, 우상 제물에 불 응답이 임하지 아니하면 죽은 신이기 때문입니다. 먼저 바알과 아세라 선지자들이 그렇게 열심히 구하였어도 불 응답이 없었지만 엘리야가 무너진 제단을 다시 수축하고 제물 옆에 도랑을 만들고 열두 통의 물을 붓고 아브라함과 이삭과 야곱의 하나님의 이름으로 기도하게 될 때에 여호와의 불이 내려와 제물과 부었던 물까지 모두 태우는 불의 응답을 통해서 하나님께서 살아계심을 보여준 대승리의 사건이 되었습니다. 또 다시 기도해서 3년 6개월 만에 큰 비가 내렸는데, 이 사건을 통해서 우리가 어떤 신앙으로 믿음생활을 해야 할 것인가에 대하여 분명히 배우게 됩니다.

1. 살아계신 하나님께서 불로 응답하셨습니다.

기독교에 대해 여러 가지 별칭들이 있는데 생명의 종교, 사랑의 종교, 십자가의 종교, 부활의 종교, 또 불의 종교라고도 합니다. 불의 종교라는 것은 성령께서 임하신 때부터 교회가 활발하게 세상에 전파되고 온갖 이념 속에서도 여기까지 오게 되었기 때문입니다.

1) 기독교 신앙은 불과 밀접한 관계에 있습니다.

불은 발견한 때부터 지금까지 사람에게는 결코 뗄 수 없는 관계이지만 기독교 신앙에서도 역시 성령 불은 중요합니다.

① 모든 생활 전체가 불 속에 있습니다.

밥 짓는 것부터 시작해서 모든 기계작동, 전기 등 모두가 불이 없으면 안 되듯이, 기독교 신앙도 성령의 역사 없이는 신앙 유지 자체가 불가능합니다. 그래서 예수님은 성령 불을 약속하셨고, 그 불이 오실 때까지 기다리게 하셨고 불같은 성령을 보내주셨습니다. 이것이 오순절 성령강림의 사건입니다(행 2:1-).

② 구약에서도 예언적으로 성령의 불을 강조해 주셨습니다.

특히 광야 성막생활을 할 때에도 하나님이 한 번 즉신 불을 꺼뜨리지 말고 계속해서 이어갈 것을 강조해 주셨는데, 제단에 제물을 드릴 때에는 그 불로만 사용해야만 하기 때문에 꺼뜨리지 말라고 하셨습니다(레 6:9, 12, 9:24). '다른 불'로 드리면 큰일 납니다(레 10:1). 하나님께서 역사하시는 성령 불로만 모든 것이 가능합니다(벧후 2:1).

2) 하나님은 불로서 역사하십니다.

구약에서도 신약에서도 이 불은 중요한 뜻이 있습니다.

① 구약에서 불로 역사하시는 현장을 보겠습니다.

하나님은 불 가운데 역사하였고, 임재했습니다. 호렙산에서 모세를 부르실 때에도 불 가운데였습니다(출 3:1). 이스라엘을 인도하실 때에도 '불기둥'(a pillar of fire)으로 하셨습니다. 제사를 드릴 때에도 화제(LORD by fire)가 있습니다(출 29:25). 응답하실 때에도 불로 응답하셨습니다(삿 13:20). 엘리야의 제단에 불로 응답하시는 현장을 모든 백성이 보고 엎드려 말하되 여호와는 하나님이시라고 고백하게 되었습니다(왕상 18:39).

② 신약시대에도 교회는 불로 시작되었습니다.

인위적이고 일반적인 불이 아니라 성령 불입니다. 초대교회의 오순절에 오셨던 성령 불을 비롯해서(행 2:3), 예수님은 이 불을 붙이시려고 오셨다고 했습니다(눅 12:49). 지금은 성령 불로써 신앙생활을 해야 할 때입니다. 이 불이 꺼지지 않도록 열심히 신앙생활을 해야 하겠습니다.

2. 불로 응답하시는 의미가 있습니다.

1) 불의 기능부터 보겠습니다.

불에서 느껴지는 의미와 뜻이 분명하게 나타나게 됩니다.

① 불은 태우는 기능이 있습니다.

모든 것을 태우는데, 대개는 지저분하고 더러운 것을 태웁니다. 북쪽 이스라엘의 우상과 그릇된 모든 것을 버리고 태우라는 뜻입니다. 성령은 오셔서 우리 마음의 그릇된 것을 태우십니다. (행 19:2)"너희가 믿을 때에 성령을 받았느냐" 하셨는데 다시 한 번 뒤돌아보아야 하겠습니다.

② 불은 심판한다는 뜻이 있습니다.

(창 19:24)소돔성에 불과 유황불로 죄악을 심판하셨습니다. (계 20:15)"사망과 음부도 불못에 던져지니 이것은 둘째 사망 곧 불못이라 누구든지

생명책에 기록되지 못한 자는 불못에 던져지더라" 했습니다. (막 9:48)구더기도 죽지 않는 심판의 지옥불입니다. (히 12:29)"우리 하나님은 소멸하는 불이심이라"(for our God is a consuming fire) 했습니다. (행 5:1-)성령을 속인 아나니아와 삽비라를 심판하셨습니다.

2) 불은 긍정적인 의미가 있습니다.

불은 심판의 뜻도 있지만 의롭고 하나님을 섬기는 성도들에게는 긍정적이고 축복의 뜻이 강합니다.

① 참과 거짓을 분리해 주셨습니다.

아합과 이세벨의 거짓과 유혹에 빠져있던 이스라엘 백성에게 엘리야는 불로 응답을 받음으로써 진정으로 섬겨야 할 대상은 하나님이심을 보여주었습니다. 참기름도 가짜가 있고, 신앙도 가짜 신앙이 있고, 가짜가 많은 때에 성령 불로 우리에게 바른 신앙을 분별하게 하십니다.

② 응답의 불로 역사하셨습니다.

(24절)"나는 여호와의 이름을 부르리니 이에 불로 응답하는 신 그가 하나님이니라" 했습니다. 그리스도인은 성령 불을 받아서 이 세대에 참 하나님이 계신 것과 우리가 믿는 신앙이 바른 신앙임을 만천하 사람들에게 보여줘야 할 것입니다. 성령 불로 무장해야 합니다.

3. 성령 불은 축복해 주시고 승리하게 하십니다.

심판의 불이요, 저주의 불이 되는 것은 그들이 하나님을 떠나 살고 우상 가운데 있기 때문이지만, 하나님을 믿고 예배하는 사람들에게는 축복해 주시고 승리하게 하시는 분임을 알아야 합니다.

1) 승리의 현장을 보시기 바랍니다.

아합과 이세벨과 우상주의자들에게서 승리하게 하셨습니다. 거짓을 추종하는 850명을 모두 죽였습니다.

① 낙심의 현장에도 승리를 주시는 하나님의 불의 역사입니다.

우상과 거짓을 섬기는 자들이 득실거리는데 엘리야 혼자서 외롭게 버티고 서있을 때에 낙심과 실망할 처지에서 승리의 개선가를 부르게 하셨습니다. 성령님이 오시면 이렇게 승리하게 하십니다.

② 예수님의 제자들에게서 보게 됩니다.

엠마오로 내려가는 두 제자(눅 23:32)와 낙심되었던 제자들에게 주님은 오셔서 "성령을 받으라" 하셨습니다(요 20:22). 말씀을 들을 때에 심령이 뜨겁게 되었습니다. 이것이 성령의 역사인데, 지금 시대에 우리가 받아야할 성령 불입니다. 성령 불로써 세상을 이길 수 있습니다.

2) 그 불은 능력과 역사입니다.

하나님 나라는 능력에 있습니다(고전 4:20).

① 그러므로 믿음의 현장에는 성령의 능력이 나타나게 됩니다,

성령의 불로 신앙생활하는 사람들은 능력이 나타나서 시험을 이기고 불신앙을 이기며 기도하는 곳에 응답이 나타나고 무기력한 신앙이 아니라 기적을 보는 신앙인이 됩니다(막 16:16-18).

② 엘리야의 하나님은 지금도 살아서 역사하시는 하나님이십니다.

(히 13:8) "예수 그리스도는 어제나 오늘이나 영원토록 동일하시니라" 했습니다. 성령강림주일에 다시 한 번 성령의 역사를 체험하는 은평교회 모든 성도가 되시기를 예수님의 이름으로 축원합니다.

결론 : 성령을 체험해야 합니다.

〈성령〉
믿는 자들에게 주시는 성령의 표적들 | 막 16:14-20

　기독교는 체험의 종교라고 합니다. 예수님이 십자가에서 흘리신 그 희생의 피로 영원한 죄에서 사함 받게 되었는데, 이로 인해 새롭게 살아가는 사람들을 수도없이 많이 보게 됩니다(계 7:9).
　오늘 본문에서 예수님은 우리의 구속을 십자가와 부활을 통하여 완성하시고 40일 동안 무리와 같이 계셨고 승천하시기 전에 믿는 백성들이 체험한 기적들을 말씀하여 주셨는 바 예수 믿고 하나님의 자녀들이 된 사람들(요 1:2; 롬 8:15-)에게는 특권과 권세를 주셨습니다. 여기에서 은혜의 시간들이 되시기를 바랍니다.

1. 예수님 이름으로 귀신이 굴복되고 쫓겨 가게 됩니다.
　귀신에게 사로잡혀 살기 때문에 추한 인생을 살던 사람들이 귀신이 추방되는 현장을 보게 됩니다. 창세기 3장의 타락 이전의 영적 환경으로 바뀌게 됩니다.
　1) 서열상으로 볼 때 천사는 사람들 밑에 있습니다(히 1:14).
　그런데 타락한 사탄 마귀의 말에 순종하게 되고 하나님 말씀을 불순종함으로 인해서 문제가 발생하게 되는 것이 타락사건입니다.
　① 이제는 마귀의 하는 일들이 성도 앞에 굴복 당하게 됩니다.

예수님의 종으로 구원 받아 하나님의 백성이 되었습니다. 이제 신분이 변화되었고 자유의 사람이 된 것입니다(요 8:32; 갈 5:1). 성경은 분명히 이것을 예언하였고, 말씀해 주셨습니다(사 61:1-2; 눅 4:18; 요 15:7).

② 마귀 귀신은 거짓의 아비이기 때문에 계속해서 거짓말하고 속이게 됩니다.

(요 8:44)그러나 그 마귀 사탄 귀신에게 예수님의 이름을 가지고 나아갈 때에 예수님의 이름으로 축출 되게 됩니다. (막 3:11)"더러운 귀신들도 어느 때든지 예수를 보면 그 앞에 엎드려 부르짖어 이르되 당신은 하나님의 아들이니이다" 한다고 했습니다. 그리고 그 귀신은 예수님의 이름으로 추방 당하게 됩니다.

2) 귀신의 종류도 많이 있습니다.

성경에 나타난 바에 의해 분석해 보면, 마귀 사탄의 졸개들과 귀신, 악귀, 악령들로 분류하게 됩니다.

① 악한 귀신입니다.

그 귀신에게 사로잡히게 되면 그의 행위가 악하게 됩니다. 세상이 악한 이유는 악한 귀신에게 조종당하고 있기 때문입니다. (눅 11:26)악한 귀신의 역사는 악하게 역사하게 되어 있습니다. 예수님 이름으로 저들을 담대하게 물리치고 추방시켜 나가게 될 때에 귀신은 물러가게 됩니다.

② 더러운 귀신이 있습니다.

음란과 호색과 온갖 더러운 것을 하게 만들고 추하게 하며 모든 것을 더럽고 악취가 나게 하는 영입니다(막 1:23; 눅 4:36; 행 5:16). 이것 역시 예수님의 이름으로 추방해야 합니다.

③ 거짓말 하는 귀신입니다.

거짓말을 귀신이 하게 하는데(요 8:44; 행 5:1), 마귀 따라서 거짓말 하는 자는 천국에 들어갈 수 없습니다(계 22:15).

④ 미혹케 하는 귀신입니다.

(계 16:13)말세 때에 나타날 미혹의 영, 이단의 영, 진리를 거짓으로 미혹케 하는 역사 등으로 결국 망하게 됩니다(벧후 2:1).

⑤ 점을 치며 사람을 속입니다.

(행 16:16)이는 온 세상에 가득 차 있는 악한 영에 속합니다. 이를 추방시켜야 합니다.

⑥ 질병을 오게 합니다.

(눅 13:10; 히 2:14-15; 요일 3:8; 마 10:1). 예수님의 이름으로 기도할 때에 추방됩니다(막 9:29).

2. 악한 마귀 귀신의 역사를 예수님의 피 값으로 꺾으셨습니다.

다른 이름으로는 구원이 없거니와(요 14:6; 행 4:12) 예수 그리스도의 이름으로 명하게 될 때에 악한 귀신도 도망하게 된다고 약속하셨습니다.

1) 예수님은 나 때문에 피 흘려 죽으셨기 때문입니다.

죄를 지어서 죄 값으로 왔던 모든 악한 것들이 죄 문제가 해결되므로 이제는 자유와 평화를 누리게 됩니다.

① 예수님의 피 흘리심을 믿어야 합니다.

나 때문에 흘리신 예수님의 피 값입니다. (출 12:13)유월절 어린양의 피입니다. (요 19:30)우리의 모든 것을 모두 갚으시고 이루셨습니다. (히 9:14)양심으로 죽은 행실에서 깨끗게 하셨습니다. (엡 2:3)본질상 죽었던 자가 이제 다시 살게 된 것입니다. 이제 마귀 권세는 그 힘을 상실하게 되었습니다.

② 예수님은 새로운 언약을 주셨습니다.

믿음의 언약이요 약속입니다. (요 3:14)모세의 놋 뱀의 약속입니다. (히 9:15)새 언약의 중심입니다. 예수님 안에서 맺어진 새로운 살 길이요, 새 언약의 길입니다. 마귀 권세를 물러가게 하는 약속입니다.

2) 성령의 역사로써 이루어지는 새 언약입니다.

(롬 6:6)이제는 죄의 종이 아니며 마귀가 역사하는 대로 끌려가는 마귀와 죄의 종이 아닙니다. 십자가와 부활을 믿는 자에게 주시는 자유의 선포식입니다.

① 성령께서 오셔서 내 안에서 역사하십니다.

이제는 하나님의 자녀가 된 것을 증언하십니다. (요 1:12)하나님의 자녀요, (롬 8:15)하나님을 아버지라 부르게 됩니다. (롬 8:16)성령이 친히 우리의 영과 더불어 우리가 하나님의 자녀임을 증언하십니다. 성령께서 역사하시는 확실한 증거입니다.

② 이제는 성령 안에서 밝음입니다.

전에는 어두움에 살았고 어두움이 지배했습니다. 마귀가 주는 생활이었습니다. (엡 5:8)"너희가 전에는 어둠이더니 이제는 주 안에서 빛이라 빛의 자녀들처럼 행하라" 했습니다. (엡 5:19)시와 찬송과 신령한 노래를 부르게 되었습니다. 성령 안에서 이 역사가 충만하시기를 기도합니다.

3. 마귀에게 벗어나 새로운 역사가 체험됩니다.

예수님의 이름으로 마귀의 역사가 물러가게 되고 이제는 성령의 바람이 마음에 가득 불어오게 되었습니다.

1) 성령으로 말미암아 이루어지는 새로운 역사들입니다.

그 역사는 지금도 개인마다 다르게 형편에 따라서 일어나고 체험되는 일입니다.

① 성령으로 말미암아 새로운 은사들이 임하게 됩니다.

새 방언을 말하며 귀신을 추방하며 말씀에 순종하는 생활입니다. (행 2:4)오순절에도 그랬습니다. (롬 8:26)성령께서 지금도 계속 기도하시며 역사하십니다. (잠 18:2)죽고 사는 모든 문제가 하나님께 있기 때문입니다.

② 뱀을 집는 권세가 있습니다.

이 뱀은 상징적으로 마귀 사탄입니다. (창 2:16-17; 계 12:9)이제는 뱀을 잡게 되었습니다. 육신의 정욕대로 따라가는 생활에서 마귀를 물리치고 추방시키는 권세가 주어지게 되었습니다.

③ 무슨 일이 일어날지라도 해를 받지 않게 됩니다.

세상에 온갖 더럽고 악한 것과 정신적인 것까지 모두 이기게 됩니다. 분노의 마음에 독까지라도 이기게 됩니다. (행 28:4)독사가 바울을 물었지만 상함이 없었습니다.

2) 예수님의 이름으로 병든 자가 치료되고 낫게 되는 권세입니다.

"병든 사람에게 손을 얹은즉 나으리라" 했습니다.

① 성경에서 보겠습니다.

(왕하 5:1)나아만의 나병이 낫게 되었습니다. (왕하 20:5)히스기야 왕의 죽을병이 낫게 되었습니다. 예수님도 수많은 병자들을 치료하셨습니다. 수많은 불치병들이 낫게 되었습니다.

② 성경은 약속되었습니다.

성경에서나 교회시대 그리고 현대의 불치병까지도 때때로 낫게 되는 역사입니다. (출 15:26)치료하시는 하나님이십니다. (말 4:2)송아지가 뛰듯이 뛰는 역사가 있을 것이라 했습니다. (약 5:15)"믿음의 기도는 병든 자를 구원하리니 주께서 그를 일으키시리라" 했습니다. 이제 예수님 이름으로 귀신이 추방되고 죄에서 해방되며 자유케 되시기를 예수님의 이름으로 축원합니다.

결론 : 믿는 자에게 주시는 표적들입니다.

〈믿음〉
마귀도 어찌할 수없는 사람 | 행 19:20

대적 마귀는 할 수만 있으면 하나님께서 택하시고 구원해주신 하나님의 백성이요 자녀들인 성도들에게도 달려들어서 유혹하고 죄의 덫을 놓고 걸려들게 하고 그 죄 값을 뒤집어 씌워서 진통을 겪게 합니다. 그래서 성경은 마귀의 존재를 밝히 알리고 그가 하는 일을 조심하라고 경고해 주고 있습니다(계 9:11; 마 12:24; 계 12:1; 요 6:7-11; 고후 6:15; 창 3:1; 요 8:44, 12:31, 14:30, 16:11; 고후 4:4; 엡 2:2, 6:12; 벧전 5:8; 요일 3:8; 계 12:9, 20:2; 마 4:3; 살전 3:5; 사 14:12; 민 9:33, 12:22; 눅 9:37-42; 요일 3:8; 히 2:14; 마 10:33, 13:19, 36-39; 요 13:2; 딤전 3:7; 계 12:10 등). 이는 마귀에 대한 신상명세서와 같은 성경구절입니다. 이 마귀를 이기는 길은 말씀과 성령입니다(엡 6:17).

본문은 마귀도 어쩔 수 없는 바울의 성령 역사에 대한 말씀입니다. AD 53-57년 사이에 바울이 제3차 전도 여행 시에 일어난 사건입니다. 바울이 전도하는 당시에 희한한 현상이 일어나게 됩니다. 바울의 앞치마와 손수건만 지나쳐도 병이 낫게 되고 귀신이 떠나게 되자 스게와의 아들들이 귀신 들린 자에게 "주 예수의 이름을 불러 말하되 내가 바울이 전하는 예수의 이름을 의지하여 너희에게 명하노라 하더라" 할 때에 귀신이 말했습니다. "내가 예수도 알고 바울도 알거니와 너희는 누구냐" 하면서 그에게 덤벼들게 되었습니다. 귀신에게는 바울이 유명했지만 스게와의 아들들은 아니었습니다. 악한 영 마귀도 어찌할 수 없던 바울의 모습을 보면서 은혜의 시간이 되시기를 바랍니다.

1. 마귀가 어찌 할 수 없는 사람은 하나님 말씀을 가진 사람입니다.

말씀 충만한 사람은 마귀도 어찌할 수 없게 됩니다.

1) 예수님은 말씀으로 사탄을 물리치셨습니다.

40일 금식 후에 찾아온 마귀를 말씀으로 물리치셨습니다.

① 사탄이 금식하시고 배고프신 예수님에게 걸어온 시험입니다.

첫째 시험은 돌을 떡덩이가 되게 해보라는 시험입니다. 예수님은 "사람이 떡으로만 사는 것이 아니요 하나님 입에서 나오는 모든 말씀으로 사는 것이니라"(신 8:3)는 말씀으로 물리치셨습니다. 둘째 시험은 성전 꼭대기에서 뛰어내리라는 시험이었는데 이 역시 말씀으로 이기셨습니다(신 12:2). 셋째 시험은 천하 모든 것을 보여주면서 내게 절하면 이 영광을 모두 주겠다는 시험이었는데 이 역시 말씀으로 물리치셨습니다(신 6:13). 이에 마귀는 떠나고 천사들이 와서 수종들게 되었습니다(마 4:11).

② 예수님도 가시는 곳마다 천국말씀을 전하셨고 바울도 천국복음을 전했습니다.

(마 5:1)예수께서 무리를 보시고 산에 올라가 앉으시니 제자들이 나오게 되었습니다. (행 19:8)바울도 두란노서원에서 2년간 하나님 말씀을 전하였고 신약의 13서신을 기록했습니다.

2) 이 말씀이 전해지는 곳마다 역사가 나타나게 되었습니다.

이것이 말씀의 위력입니다.

① 죽은 자가 살아나게 되고 기적이 일어나게 되었습니다(요 5:25; 겔 37:1-14).

하나님의 말씀은 살았고 운동력이 있어 좌우에 날선 어떤 검보다도 예리하여 혼과 영과 및 관절과 골수를 찔러 쪼개기까지 한다고 했습니다(히 4:12). 불같고 방망이 같은 말씀입니다(렘 23:29).

② 마귀에게 승리한 유명한 사람을 소개합니다.

고아의 아버지 죠지 뮬러(George Müller)는 수많은 응답을 받게 되었는데 하나님 말씀을 믿었기 때문이라고 했습니다(마 7:7). 6.25 한국전쟁 때 인천 상륙작전을 성공한 맥아더 장군에게 많은 사람들은 이 작전이 실패할 것이라고 했지만 그는 하나님 말씀을 믿고 단행하게 되었다고 간증했습니다. (빌 4:13)"내게 능력 주시는 자 안에서 내가 모든 것을 할 수 있느니라"(I can do everything through him who gives me strength) 했습니다. 이것이 말씀의 위력입니다.

2. 마귀가 어찌 할 수 없는 사람은 하나님께서 함께 하시는 사람입니다.

하나님께서 함께 하시기 때문에 마귀는 어찌 할 수 없습니다. 희한한 일들이 일어납니다.

1) 하나님께서 함께 하시기 때문에 악귀도 떠납니다.

마귀의 목표는 자기편으로 끌고 가서 망하게 하는 것입니다.

① 욥의 경우를 봅니다.

(욥 1:1)동방의 의인이요 큰 사람이었지만 마귀도 결국 어찌 할 수 없었습니다. 단련이 모두 끝나고 순금과 같은 존재가 되었습니다(욥 23:10). 인내와 믿음으로 이기게 되었습니다(약 5:11).

② 요셉의 경우에서 봅니다.

(창 39:23-)요셉은 옥에까지 내려가는 시련과 어두움 속에서도 하나님을 두려워하고 하나님께서 함께 하시기 때문에 결국 승리하게 되었습니다. 하나님께서 함께 하시는 사람은 누구도 어찌 할 수 없게 됩니다.

2) 하나님께서 여러분(자신의 이름)과 함께 하심을 믿어야 합니다.

이 믿음이 중요합니다.

① 예수님이 말씀하셨습니다.

이것은 믿는 자들에게 주시는 약속이요 언약(promise)입니다. (마 28:20)"볼지어다 내가 세상 끝 날까지 너희와 항상 함께 있으리라" 하셨습니다. (수 1:5)"모세와 함께 있던 것 같이 너와 함께 있으리라" 하셨습니다.

② 하나님께서 함께 하시는 사람은 두려움이 없습니다.

마틴 루터가 종교개혁 당시에 이렇게 말하고 찬송했습니다. "내 주는 강한 성이요"(찬송가 585장). 그리고 그 종교개혁에서 승리했습니다. 나와 함께 계신다고 하는 믿음입니다.

3. 마귀가 어찌 할 수 없는 사람은 예수의 이름을 가지고 기도하는 사람입니다.

예수의 이름이 위대하시기 때문입니다. 스펄전 목사는 "기도하는 부모를 둔 자녀에게는 마귀도 어찌할 수 없다"고 했습니다.

1) 우리는 예수 이름으로 영적 무장을 했습니다.

예수 이름 앞에서 마귀는 떨게 됩니다.

① 예수님은 하나님이시며 육신을 입고 오셔서 십자가로 승리하셨습니다(골 2:15).

본문 17절을 보세요. "에베소에 사는 유대인과 헬라인들이 다 이 일을 알고 두려워하며 주 예수의 이름을 높이게" 되었습니다. 지금 온 세상에는 예수의 이름뿐이고 다른 이름은 우리에게 능력이 될 수 없습니다.

② 예수의 이름으로 나아갈 때 악귀도 떠나고 병든 자도 일어나게 됩니다.

(행 3:6)나면서부터 못 걷게 된 자가 예수의 이름으로 일어나게 되었습니다. (막 16:17-18)"믿는 자들에게는 이런 표적이 따르리니 곧 그들이 내 이름으로 귀신을 쫓아내며 새 방언을 말하며… 병든 사람에게 손을 얹은즉

나으리라"고 했습니다.

2) 예수의 이름으로 기도하게 됩니다.

(요 14:13)"너희가 내 이름으로 무엇을 구하든지 내가 시행하리니"라고 하셨습니다.

① 예수님을 모신 사람들이 기도할 때에 역사가 나타나게 되었습니다.

본문에서 스게와의 아들 속에는 예수님의 이름이 없었습니다. 마틴 루터는 말하기를 "가장 약한 자라도 강한 마귀를 이길 수 있다"고 했습니다. 종교개혁 500주년을 즈음해서 다시 한 번 그 신앙을 배우고 본받아야 하겠습니다.

② 기도의 능력을 받아야 합니다.

기도가 살아 역사하는 곳에는 마귀가 역사했다가도 물러갈 수밖에 없습니다. 사도 베드로는 옥중에 갇혀 있었지만 성도들이 모여 기도할 때에 천사를 보내셔서 베드로를 구출하시는 모습을 보게 됩니다(행 12:5, 12). 은평교회는 기도하는 교회입니다. 은평교회 모든 성도들이 기도하는 성도로서 승리하는 역사들이 있기를 예수님 이름으로 축복합니다.

결론 : 사탄도 어찌 할 수 없는 사람입니다.

〈믿음〉
의인된 사람 | 합 2:1-4

세상에는 피부색이 다른 인종과 차별된 인간이 살아가고 있는데, 피부색, 언어별, 국가들로 나눌 수 있습니다. 여기에는 눈에 보이는 가시적이고 외형적인 차별도 있지만, 인품이나 인격과 생각이 다른 사람들이 각기 모여 지구촌을 이루며 살아가고 있습니다. 언젠가 텔레비전에 비춰진 살인범의 외형은 전혀 살인자의 모습이 아닌 것 같은데 실제는 흉악한 살인범이었습니다. 속담에도 "열 길 물속은 알아도 한 길 사람 속은 알 수 없다"고 했습니다. 그러기에 하나님은 사무엘 선지자를 통하여 이스라엘 2대 왕을 세우실 때에 "사람은 외모를 보거니와 나 여호와는 중심을 보느니라" 했습니다(삼상 16:7). 그리고 이새의 막내아들인 다윗에게 기름 부어서 왕이 되게 하실 때에 하나님 마음에 맞는 사람이라고 하셨습니다(행 13:22). 다윗이 죽기 전에 아들 솔로몬에게도 오직 하나님 앞에 바르게 살 것을 강조하고 또 강조했습니다(대상 28:9). 성경은 여러 곳에서 의인과 악인에 대한 말씀을 전해 주었습니다(시 7:9; 렘 11:20, 17:10, 20:12).

본문은 유다백성들이 주전(BC) 609년경 국내적으로 위기가 있을 때의 내용입니다. 하나님은 유다백성의 타락성을 지적하셨고, 선지자 하박국의 시각으로 보았을 때에도 답답한 정국을 보며 탄식적인 기도를 하게 되는데, 이때에 의인은 믿음으로 살리라는 응답을 받게 되었습니다. 이는 당시뿐 아니라 로마서 주제가 되었고 믿는 모든 시대의 성도들이 가야 하는 영적 주제가 되었는바 여기에서 은혜를 나누게 됩니다.

1. 의인은 하나님 백성을 지칭합니다.

의인이 누구냐고 할 때에 의인은 하나님 백성을 호칭합니다. 모두가 죄인이고 그 죄 값은 사망입니다(롬 3:10, 3:23; 요일 1:8-9; 롬 6:23) "죄의 삯은 사망이요"(For the wages of sin is death) 했습니다.

1) 본질상 진노의 사람들이지만 구원을 받았습니다.

예수 그리스도의 이름으로 죄 사함 받았고 구원을 얻게 되었습니다.

① 성경은 이렇게 전하고 있습니다.

아담 안에서 모두 죽게 되었습니다(엡 2:1-). 그런데 예수 그리스도께서 우리 죄를 사해주시고 사망에서 해방시키시고 구원해주셨습니다(엡 2:12-19). 이제는 하나님 백성이 되었고 시민권자입니다(빌 3:20).

② 이를 위해 예수님이 십자가에서 대속적 죽음을 죽으시고 부활하셨습니다.

예수님의 십자가와 부활입니다. 여전히 죄 가운데 살다가 죄 가운데 죽게 되었습니다. 그러나 이제 우리는 의롭다 함을 얻게 되었습니다(롬 4:25).

2) 이제 예수 안에 있는 자가 중요합니다.

그래서 사도 바울은 13서신에서 중요한 용어를 제시했고 전하여 주었습니다. 바로 '그리스도 안에'(ἐν τὸ Χριστός)입니다.

① 모든 것이 그리스도로 말미암아 이루어지는 구속의 사건이요 구원의 역사입니다. (롬 5:1)이제 믿음으로 의롭다 하심을 얻었기 때문에 하나님과 평화를 누리게 되었습니다. '의인'이라는 히브리어는 법적인 용어로서 '바른', '참된'이라는 뜻인데, 하나님께서 인정하시는 의인임을 보여줍니다. 결국 예수 믿는 이유가 의인이 된 것입니다.

② 성경에서 의인이라 칭하는 성도의 무리가 있습니다.

(시 1:1-)의인의 길이요 복 있는 사람입니다. (딤전 6:11)"오직 너 하나님의 사람아" 했는데 하나님의 사람입니다. (히 10:38)"나의 의인"이라고 했습니다. (사 43:1-)"너는 내 것이라"(you are mine)했습니다. 하박국 선지자의 애통해 하는 기도에 대한 하나님의 응답이었습니다. 우리는 언제나 예수 안에 있는 의인으로서 살아가야 하겠습니다.

2. 의인은 믿음의 사람을 뜻합니다.

이 세상 모든 인간이 죄인이고 멸망의 대상자이지만 예수 믿는 사람은 분명히 다릅니다.

1) 의인은 믿음의 사람을 자칭하는 용어입니다.

(4절)"의인은 그의 믿음으로 말미암아 살리라"(but the righteous will live by his faith) 했습니다. 어떤 믿음입니까?

① 예수님을 믿고 영접하는 믿음입니다.

(요 1:12)예수 믿고 영접하면 하나님의 자녀가 되는 권세가 있습니다. 이 말씀은 사도 바울의 로마서의 주제가 되었고(롬 1:17), 마틴 루터(Martin Luther)가 종교개혁 할 때에도 열쇠가 되었습니다. 누구든지 믿으면 구원입니다.

② 예수님 믿고 따라가는 믿음입니다.

마음으로만 믿고 사는 것이 아니라 행하는 믿음입니다. (롬 10:10)마음으로 믿어 의에 이르고 입으로 시인하여 구원에 이르게 됩니다. 믿음으로 시인하고 고백하여 생활 가운데 행하여 나아가야 합니다. 지금은 하박국 시대와 유사한데 바른 믿음으로 지켜나가야 할 때입니다.

2) 예수 믿는 이 믿음은 무엇과 바꿀 수 없는 보배입니다.

세상에는 제각기 성향에 따라서 보배라고 하는 것이 있지만, 여기에서 말하는 보배는 다릅니다.

① 영적 믿음이 보배입니다.

(고후 4:7)우리가 이 질그릇에 이 보배를 가지게 되었습니다. (벧후 1:2)"믿음이 보배"(a faith as precious as ours)라고 했습니다. 그래서 환난 중에도 지켜야 하는 것이 믿음입니다.

② 이 보배로운 믿음은 하나님의 선물입니다.

선물은 아무에게 나누어 주는 것이 아닙니다. '믿음의 선물'(엡 2:8), '직분의 선물'(엡 3:7)은 아무에게나 주시지 않고 택한 백성인 의인들에게 주시는 축복입니다. 참고로 은사도 선물이고(마 7:11; 요 4:10), 하나님이 주시는 재물도 선물에 속합니다(전 5:19). 의인에게 주시는 선물입니다.

3. 의인은 축복 속에 잘 될 사람들입니다.

하나님을 믿는 믿음 안에서 받는 복은 잠깐 동안이 아니라 영원한 세계 천국까지 연결되는 의인의 축복입니다.

1) 의인에게는 천국이 약속되어 있습니다.

천국만큼 큰 복은 없습니다. 예수님 잘 믿고 천국의 주인공이 되는 것이 의인의 삶입니다.

① 천국의 복을 받게 되었습니다.

예수 믿는 의인에게 주시는 최고 최대의 복은 하나님의 왕국(kingdom of the God)입니다. 영원한 나라 예수님이 준비하신 곳입니다(요 14:1-6).

② 구약의 모든 인물들이 의롭게 살아온 믿음의 현장은 구원이요 천국입니다.

신약시대 전 교회사에서 현재까지 믿음으로 살아가는 사람들이 의롭게 살다가 가는 곳이 천국입니다. 이 천국은 축복이 확실하게 될 때에 얻게 되는 영원한 구원의 현장입니다.

2) 믿음의 사람에게는 영원한 축복이 약속되었습니다.

믿음으로 의롭게 된 하나님의 사람들이 받는 복입니다.

① 구약에서 보겠습니다.

(창 6:9)노아, (창 22:1)아브라함, (창 26:12)이삭, (창 31:1-)야곱, 이들은 하나님을 믿고 경외한 의인들이 되었고 축복의 사람들이었습니다.

② 신약에서 보겠습니다.

(갈 3:9)아브라함과 같은 믿음의 사람들입니다. (요한3서1-)가이오와 같은 영혼이 잘되고 진리에 서있는 사람들입니다. 하박국 시대나 지금 시대나 모두 죄악으로 타락되어서 하나님의 심판을 재촉하는 시대이지만 예수 그리스도 안에 있는 믿음의 사람들은 의롭게 살아가야 합니다. 그리고 축복 받아 천국의 주인공들이 모두 되시기를 예수님의 이름으로 축복합니다.

결론 : 의인은 영원한 천국의 복이 약속되어 있습니다.

〈믿음〉
산을 옮길만한 믿음의 위력 | 마 17:14-20

　어느 단체나 모임이 발전하고 번영하기 위해서는 거기에 따르는 성격과 개념을 바르게 알아야 합니다. 신앙에도 원리가 있음을 알아야 합니다. 예수 그리스도를 믿는 성도들에게는 믿음의 힘과 원리가 반드시 존재함을 알아야 합니다. (요일 5:4-)사도 요한은 이 믿음으로 세상을 이긴다고 했습니다. 힘들고 어려울 때마다 예수 믿는 믿음으로 세상의 모든 일들을 이기게 되는 원리입니다. 본 설교자도 38년 동안 이 믿음으로 교회를 개척하여 수많은 난관에도 불구하고 그때마다 하나님의 은혜 가운데 여기까지 오게 되었음을 간증합니다. 개척한 후에 상가 건물이 부도(不渡)로 넘어가게 될 위기에서도 금식하며 부르짖었을 때 응답으로 말씀을 주시기도 했습니다. (빌 2:13)그 말씀을 굳게 믿고 의지하였는데 해결되어 여기까지 오게 되었음을 간증하게 됩니다.

　본문은 주님이 변화산에서 하산하셨을 때에 산 밑에서 일어난 광경을 보여주는 말씀입니다. 귀신 들린 아이를 데리고 온 아버지의 절규와 고치지 못했던 9명의 제자들 사이에 안타까운 모습 앞에서 예수님은 어릴 때부터 아이 속에 들어갔던 귀신을 쫓아버리시므로 아이를 깨끗이 고쳐주셨습니다. 제자들이 우리는 왜 고치지 못하였느냐고 물었을 때에 예수님은 "기도 외에 다른 것으로는 이런 종류가 나갈 수 없느니라"(막 9:29)고 하셨고, 본문에서는 믿음을 강조해 주셨는바 여기에서 믿음의 위력을 보게 됩니다.

1. 예수님을 권능의 주님으로 믿고 영접해야 합니다.

예수님은 천지만물을 말씀으로 창조하신 하나님이십니다(요 1:1; 빌 2:5-). 무슨 문제든지 예수님께 믿음으로 가지고 나와야 합니다.

1) 무슨 일이든지 예수님 손에 들려지게 해야 합니다.

나는 나약한 존재임을 잊지 말아야 합니다. 그러나 주님 손에 들려지게 되면 삼손의 손에 들려진 나귀 턱뼈와 같이 위대한 일에 사용될 수 있습니다(삿 15:15).

① 예수님을 믿는 믿음이 있다고 하면서도 어떤 문제 앞에서 떨고 있습니다.

우리는 확실하게 예수 믿는 믿음 안에 서 있어야 합니다. 다윗의 예언시를 보면 무력하지만 하나님을 믿고 의지하는 믿음으로 승리한 것을 볼 수 있습니다. 이는 그의 고백입니다(시 23:1-, 27:1-, 46:1-). 특히 골리앗 앞에서 그 믿음의 위력이 나타나게 되었습니다(삼상 17:44). 마틴 루터(M. Luther)도 종교개혁을 할 때에 믿음으로 승리하며 찬송했습니다(찬송가 585장).

② 눈앞에 문제를 볼 것이 아니라 주님의 능력을 의지하는 것이 믿음입니다.

어릴 때부터 귀신에 들려서 고통하는 아이였습니다. 그러나 주님의 권능은 그 귀신을 추방하셨습니다. 창조주 하나님을 바라보고 의지해야 합니다. (빌 4:13)"내게 능력 주시는 자 안에서 내가 모든 것을 할 수 있느니라"(I can do everything through him who gives me strength) 했습니다. 현재 어려운 문제들을 주님께 맡기고 믿음의 기도를 사용하는 것은 성도가 해야 할 축복과 응답의 길입니다.

2) 우리는 믿음 가운데서 주님의 손에 있음을 의심하지 말아야 합니다.

교회는 성도 개개인들이 모여서 이루어져 있기 때문입니다. 그런데 성도들은 두 종류의 모습이 있습니다.

① 맥 빠진 모습의 성도입니다.

산 밑에서 귀신들린 아이 앞에서 초조하게 예수님이 오시기만을 기다리고 있던 제자의 모습에서 보게 됩니다. 개인도, 교회도 여기에 속해 있으면 곤란합니다. 어떤 일이든지 제대로 할 수 없는 유형입니다.

② 믿음의 역사가 살아있는 성도입니다.

예수님과 동행하였던 제자의 모습에서 우리는 믿음의 역사적인 신앙공동체를 봅니다. 모세가 나타나고 엘리야가 나타나고 광명한 현장에 있었던 제자들의 활기차고 체험적인 모습을 보게 됩니다. 우리는 예수님을 영접한 하나님의 자녀(요 1:12)로서, 활기찬 믿음이 살아있는 모습의 자리에 있어야 하겠습니다. 말세 때에도 이 두 종류의 현상들은 지상교회에 어떤 곳에서든지 나타날 것입니다.

2. 예수님 믿고 영접했으면 모든 것을 주님께 맡겨야 합니다.

누구든지 세상을 살면서 내 힘으로 살 수만은 없기 때문입니다. 주님께 맡기는 믿음이 중요합니다.

1) 산 밑에 있던 제자들은 그 문제를 예수님께 맡겨야 했습니다.

예수님이 오실 때까지 맡기고 기다려야 했습니다.

① 제자들은 자기들이 고쳐보려고 애쓴 흔적을 보게 됩니다.

(16절)"내가 주의 제자들에게 데리고 왔으나 능히 고치지 못하더이다" 했습니다. 이 부분을 해석하는 주석학자(이상근 박사)는 "자기의 정신이 아닌 귀신이 시키는 대로 불과 물에 넘어지고 경련을 일으키며 거품을 품는(눅 9:39), 이런 아이를 보면서 애태우는 그의 아버지, 그 아이를 고치지 못해 쩔쩔매는 아홉 제자들, 그들을 조롱하는 서기관들(막 9:14), 예수님이 없는 곳에는 일대 혼란이었다. 이것은 그리스도가 없는 교회의 그림자이

다."라고 하였는바 귀담아야 할 해석입니다.

② 제자들은 믿음이 약하였고 믿음이 없었습니다.

예수님이 지적해 주신 말씀입니다. 신학자 중에 칼(Carr)은 이와 같이 당시의 시대에는 믿음이 없다 하시고, 제자들은 믿음이 적다 하시며(마 8:26, 14:31), 이방인에게는 큰 믿음을 발견하셨다(마 8:10, 15:28) 했습니다. (마 17:20)너희는 믿음이 적은 연고라 하셨습니다. 그리고 겨자씨로 비유하였는바, 비록 작은 씨(seed)이지만 그 속에는 생명이 있기 때문에 싹이 나서 나무가 되고 새들이 깃들게 됩니다. 생명 되시는 예수님이 내 안에 계심을 확인하고 믿어야 하겠습니다.

2) 예수님을 모시고 믿음만 있으면 못할 것이 없습니다.

예수님이 나와 같이 계시기 때문입니다.

① 어떤 문제일지라도 예수님을 모시고 있었기 때문입니다.

(마 8:23-)예수님을 모시고 가는 곳에서도 풍랑이 일어나게 되었지만 주님의 말씀 한 마디에 바람과 바다가 잔잔하게 되었습니다. 예수님은 믿음 없는 제자들에게 "어찌하여 무서워하느냐 믿음이 작은 자들아" 하셨습니다. 오히려 이방인들의 믿음이 칭찬 듣게 되었습니다(마 8:10, 28-).

② 신앙은 예수님께 의뢰하고 맡기는 것입니다.

믿음은 주님께 맡기고 신뢰하는 것입니다. (벧전 5:7)모든 것을 주께 맡겨야 합니다.

3. 예수님을 믿고 영접했으면 말씀을 믿고 순종해야 합니다.

믿음이 있다면 하나님께 절대적으로 순종하며 나아갑니다. 여기에 능력이 나타나고 기적이 일어납니다.

1) "그를 이리로 데려오라"(Bring the boy here to me)고 했습니다.

이유를 알 필요 없이 데리고 왔습니다.

① 데리고 와야 할 이유는 예수님께 맡기면 되기 때문입니다.

제자들에게서 한 번 실패를 보았지만 아이의 아버지는 예수님의 말씀에 순종했습니다. 믿음이 없으면 순종하지도 못하고 역사도 일어날 수 없게 됩니다.

② 믿음이 있다면 순종해 보세요.

역사가 나타나게 됩니다. 믿고 순종하여 행하게 될 때에 기적은 일어나게 됩니다. (눅 5:5)말씀에 의지하여 그물을 내리게 되었고, (요 2:5)저가 무슨 말을 하든지 그대로 하게 될 때에 기적은 나타나게 되었습니다. 이것이 하나님 말씀의 살아있는 능력입니다.

2) 예수님은 말씀으로 오셨습니다.

말씀이 육신을 입고 이 세상에 오셨습니다(요 1:14). 성육신(Incarnation) 하신 것입니다.

① 이 말씀은 세상을 창조하신 말씀입니다.

그 말씀으로 세상을 창조하셨습니다(요 1:1). 그 말씀에 순종하여 믿게 될 때 역사는 나타나게 됩니다. (삼상 15:22)불순종은 사신 우상에게 절하는 죄와 같아서 극히 위험합니다. 기적도 일어날 수 없습니다.

② 세상 모든 역사(history)는 말씀대로 이루어집니다.

하나님은 선지자에게 미리 말씀하셨고(암 3:7-), 마지막 때에도 그 선지자들에게 말씀하심 같이 이루어집니다(계 10:7). 따라서 이 시대에 모든 교회 성도들은 예수님을 믿는 믿음을 붙잡고 말씀에 순종하며, 모든 것을 그 말씀에게 맡기고 살아가야 합니다. 이 은총의 역사가 영원토록 축복과 기적으로 이어지게 되기를 예수님의 이름으로 축복합니다.

결론 : 우리는 믿음의 성공자들이 되어야 합니다.

〈믿음〉
예수님이 인정하시고 칭찬하시는 믿음 | 마 8:5-13

　모든 생물은 자기 존재감을 뽐내고 자기 자존감을 인정받기를 원합니다. 화분에 심겨진 꽃 한포기도 자기의 아름다운 모습을 드러내놓고 나타내고자 하고 있으며 새 중의 공작새도 자기의 자태를 꼬리를 펴서 자랑하는 것을 보게 됩니다. 집에서 키우는 애완동물도 주인에게 잘 보이고 칭찬 듣는 것을 좋아합니다. 문제는 인정받으려는 심리는 좋지만 지나치면 곤란하게 된다는 것입니다. 오히려 겸손한 것이 모든 덕(德)의 근본이라는 사실을 잊지 말아야 합니다. 스위스의 정신의학자인 폴 투르니어(Paul Tournier)는 《서로를 이해하는 법》이라는 책에서 "사람들이 두려워하는 것은 비판과 충고"라고 하였는데, 칭찬받는 언어는 좋아하지만 자기에 대하여 비판하고 충고하는 말은 싫어한다는 것입니다. 본문에서 예수님은 가버나움의 백부장에게 "이스라엘 중 아무에게서도 이만한 믿음을 보지 못하였노라"고 하시면서 칭찬을 아끼지 아니하셨는데, 이 세대에 우리도 그 기적의 현장과 같이 칭찬 듣는 믿음이 되기 위해 힘써야겠습니다. 말씀을 통해 은혜를 나누게 됩니다.

1. 백부장은 자기 몸도 아닌 하인의 고난에 동참하는 믿음이 있었습니다.

옛날 로마시대의 종들은 사람 취급도 안하는 시대였지만, 그 종을 위한 백부장의 믿음을 봅니다.

1) 타인의 고난에 동참하는데 마치 내 몸을 돌보듯 했습니다.

이것이 백부장이 예수님께 인정받는 요소였습니다.

① 타인을 불쌍히 여기고 긍휼히 여기는 믿음이었습니다.

차라리 자기 몸이라든지 가족들의 몸에 병든 문제라면 그러하겠구나 생각되겠지만 하인의 병 때문에 온 것입니다. (막 5:22)야이로가 자기 딸의 문제로 왔던 일이나, (막 17:14)아버지가 귀신들린 아들 문제로 왔던 것과는 다른 차원입니다. 당시에는 종이나 하인은 소모품 정도로 생각하는 신분사회였습니다. 성경에 백부장이 몇 명 나오는데, 믿음이 좋은 사람들이었는바, (행 10:1-)고넬료, (마 27:54)예수님을 하나님의 아들이라고 인정한 백부장, 그리고 본문에서 예수님께 칭찬받은 백부장입니다.

② 백부장은 자기 지위보다도 타인을 생각할 줄 아는 인격의 신앙이었습니다.

지금은 이기주의 시대인데, '극단적인 이기주의 시대'라고 합니다. 모든 것이 자기만을 생각하고 자기중심적인 생각과 행동으로 살아가는 시대이기 때문에 더욱 말씀에 귀 담아야 할 때입니다. 심지어 가족까지도 이제는 이기주의가 팽배한 때이기 때문에 말씀을 잘 익혀야 합니다. 하인의 중풍병에 대한 백부장의 이 믿음이 예수님의 사랑과 맞아지게 되었는바, 우리는 사랑과 성경을 이야기 하지만 이런 긍휼을 실행하는지 살펴야 하겠습니다(약 2:13; 마 5:7).

2) 백부장은 이방인인 로마사람이었습니다.

예수님 십자가 사건 때에도(마 27:54), 고넬료도(행 10:1) 모두 로마사람이었습니다. 비록 국적은 이방인이요 로마사람이었지만 하인을 불쌍히 여기는 긍휼이 있었습니다.

① 유대인들은 율법을 받은 자 되었지만 이와 같은 긍휼이 없었습니다.

오늘 우리는 하나님의 은혜로 사는 사람들로서 백부장의 이 믿음을 본받아야 하겠습니다. 예수님이 칭찬하신 믿음입니다. 같은 기사의 (눅 7:1-10) 누가복음에는 "어떤 백부장의 사랑하는 종이 병들어 죽게 되었더니"라고 했습니다. (고전 13:1-)사랑이 없으면 아무것도 아니라고 하셨는바 예수님이 인정한 믿음을 다시 생각해야 하겠습니다.

② 행하지 않는 믿음은 죽은 것이 됩니다.

(약 2:26)"영혼 없는 몸이 죽은 것 같이 행함이 없는 믿음은 죽은 것이니라" 했습니다. (눅 10:30)선한 사마리아 사람의 비유에서 예수님은 "가서 너도 이와 같이 하라 하시니라"(Go and do likewise) 하셨습니다.

2. 백부장은 환경을 초월한 신앙을 보여주었습니다.

예수님께 칭찬 듣고 인정받은 신앙의 참 모습입니다. 왜냐하면 신분사회의 환경에서 보면 백부장과 하인의 신분은 분명히 차이가 큰 시대였기 때문입니다.

1) 신분관계도 그러하지만 백부장의 믿음이 중요합니다.

나도 남의 수하에 있기 때문에 이더러 가라 하면 가고 저더러 오라 하면 오는데 예수님이 말씀하시면 "낫겠나이다"라는 믿음입니다.

① 백부장은 칭찬들을 만한 믿음을 가지고 있었습니다.

내 집에 오지 않으셔도 말씀 한 마디로 나을 것이라는 확고한 믿음입니다. 예수님이 어떤 분인가를 본질적으로 아는 믿음입니다. 유명한 신학자 윌리엄 핸드릭슨(William Hendriksen)은 "단순히 말씀만 해 주십시오. 그러면 내 소년(하인)이 치료 되겠나이다."로 설명했습니다. 우리 자신의 믿음을 확인할 말씀으로 믿습니다.

② 어떤 환경 중에도 변치 않는 믿음입니다.

한때는 믿음이 있는 것 같은데 환경에 따라서 변하는 경우들이 많습니다. 문제 앞에서 변질되는 믿음도 있습니다. 예수님께 대한 우리의 믿음은 환경과 상황이 변해도 본질적으로 변하지 않고 더욱 빛나는 것이 되어야 합니다.

2) 우리 믿음의 선진들은 환경과 배경의 열악한 가운데서도 끝까지 순결을 지켰던 기독교 역사입니다.

① 비단 백부장의 환경뿐이 아닙니다.

백부장은 자기 위치상으로 볼 때에 그 시대에 성공적인 직업군인에 속해 있었다고 할 수 있습니다. 그런데 그런 그가 자기의 신분과 관계없이 자기 하인의 치유를 위해 예수님께 와서 간청하는 믿음을 주님은 크게 칭찬해 주셨습니다. 이것이 우리가 소유해야 할 영적 믿음입니다.

② 은평교회 성도들은 이 믿음 위에 서게 되시기를 축복합니다.

이 믿음은 주 성령께서 역사하실 때에 가능합니다. '보혜사'(παράκλητος) 성령께서 내 속에 역사하실 때 가능합니다. (롬 8:26)성령께서 지금도 나약한 나를 위해 기도하고 계시기 때문에 가능한 일입니다.

3. 백부장은 예수님께 순종하는 신앙을 인정받게 되었습니다.

백부장이 이렇게 인정받은 배경에는 그의 순종적 믿음이 있었습니다.

1) 예수님이 말씀하신 것이라면 절대적으로 순종하는 것입니다.

성경에서 믿는 성도들에게 강하게 하시는 말씀은 하나님께 대한 순종입니다. 믿음이 있다고 하면서도 순종하지 않는 자세는 문제가 있습니다.

① 불순종해서 망한 사람들이 많습니다.

우리는 그들과 같이 하나님께 불순종하면 곤란합니다. (창 3:1-)아담과 하와는 하나님께 불순종하여 따먹지 말라는 선악과를 먹은 죄 때문에 인류가 지금까지 멸망 아래 있게 되었습니다. (수 7:1-)여리고 성이 무너질 때에 불순종하여 시날 산의 아름다운 외투 한 벌과 금덩이를 훔친 아간 때문에 이스라엘 전체가 곤욕을 치르게 되었습니다. (삼상 15:21)사울은 불순종함으로 왕의 자리에서 버림을 받았습니다.

② 예수님은 우리에게 순종의 본을 보여주셨습니다.

예수님은 하나님께 순종한 본이 되셨습니다. (히 5:8-)"그가 아들이시면서도 받으신 고난으로 순종함을 배워서 온전하게 되셨은즉 자기에게 순종하는 모든 자에게 영원한 구원의 근원이 되시고 하나님께 멜기세덱의 반차를 따른 대제사장이라 칭하심을 받으셨느니라" 하였는데 불순종의 결과와 순종의 결과는 다릅니다.

2) 백부장은 순종이 무엇인지를 밝히 아는 신앙이었습니다.

"내 아래에도 군사가 있으니 이더러 가라 하면 가고 저더러 오라 하면 오고 내 종더러 이것을 하라 하면 하나이다" 했습니다.

① 군대 조직적 순종과 복종의 체계입니다.

군대는 철저하게 이 명령체제 속에 유지됩니다. 예수 믿는 십자가 군병들이 이렇게 되어야 한다 해서 윌리엄 부스(William Booth)는 영국에서 구세군(Salvation Army)을 창설하여 오늘날 주님의 사명을 잘 감당하고 있습니다. 요한 칼빈(John Calvin)은 성경을 떠나서 신앙을 이야기하는 것은 '광란 중 환자'(정신병자)와 같다 하였는데, 우리는 철저히 성경적 믿음에 순종해야 하겠습니다.

② 믿음의 복종과 순종에는 기적과 능력이 나타나게 됩니다.

(창 12:1-)아브라함이 이 믿음의 시조였습니다. (창 22:1-)아들까지 바치는 믿음이었고 순종자였습니다. 백부장은 그 시로 그 하인의 병이 낫게 되었습니다. 은평교회 성도들에게 이 축복이 있게 되시기를 축원합니다.

결론 : 믿음에는 기적이 따라옵니다.

〈축복〉
벳새다 들녘에 내린 축복을 받으라 | 마 14:14-21

모든 것을 창조하신 하나님께서는 모든 피조세계가 잘 살아가며 존재할 수 있도록 인도하시며 감찰하십니다. 문제는 인간세계인데, 우리 인간은 욕심을 버리고 하나님께로 돌아올 때에 더 풍성해지며 행복해진다는 사실을 잊지 말아야 합니다. 아담과 하와가 범죄함으로 인하여 농사짓는 땅이 저주를 받게 되었습니다(창 3:18).

예수님은 솔로몬의 입은 옷과 공중의 날아가는 새들을 보라고 하시며 교훈해 주셨습니다. 먼저 그의 나라와 그의 의를 구하라고 하셨습니다(마 6:33). 까마귀 새끼까지 관심을 기울이시고 먹이시는 하나님이십니다(욥 38:41; 시 147:9; 눅 12:24). 사람이 무엇인가 심혈을 기울이고 전념하게 되면 배고픔도 잊어버리게 한다고 하는데, 우리가 하나님을 섬기는 믿음이 그랬으면 좋겠습니다. 음악가 중에 유명한 헨델(Händel)이 1742년 4월 그 유명한 〈메시야〉를 작곡할 때에 23일 동안 먹지 아니하고 영감(inspiration)을 얻어 작곡했다고 전해집니다. 하나님은 우리에게 솔로몬이 술람미 여인을 사랑해서 노래하듯이 새 것과 묵은 것을 준비해 놓으시고 계십니다(아 7:13). 믿음이 있는 사람은 이 아브라함의 축복 속에 살게 됩니다(갈 3:9).

본문에 나타나는 기적은 오병이어의 역사입니다(요 6:6). 이곳은 빌립의 고향 벳새다요(요 1:44), 예수님께서 빌립을 시험하셨다고 했습니다. 빌립은 200데나리온을 이야기 했지만, 예수님은 보리떡 다섯 개와 작은 물고기 두 마리를 헌신자 아이에게서 받으시고 그것으로 5,000명을 먹이시고 12바구니를 거두게 되었는바 여기에서 은혜의 시간이 되시기를 바랍니다.

1. 복 받는 기적은 무엇인가 시작하는 사람에게서 나옵니다.
축복이 그냥 나오는 것이 아니라는 사실입니다.
1) 불가능하다고 계산하지 말고 시도해야 합니다.
목마른 사람이 샘을 판다는 속담도 있습니다.
① 가만히 앉아서 하늘만 바라보고 있다면 아무것도 얻을 수 없게 됩니다.
무언가를 계획하고 구하며 찾아야 합니다. (마 7:7)"찾으라 그리하면 찾아낼 것이요" 하였는데 찾는 이(seek)에게 찾아집니다(find). 예수님은 빌립을 시험(test)하셨고, 하나님은 아브라함을 시험해 보셨습니다(some time later God tested Abraham. He said to him-창 22:1).
② 제자들은 불가능하다고 생각했습니다.
다음과 같은 이유가 분명합니다. 이것은 제자들의 생각이요 우리들의 현실입니다. 첫째, 이곳은 빈들이기 때문입니다. 도시 지역이 아닙니다. 둘째, 200데나리온이 있어도 부족한데 그런 돈이 없다는 것입니다. 돈 계산에는 매우 밝았습니다. 미국의 거대한 디즈니랜드는 생쥐 그림 한 장으로 시작했다고 하는데 문제는 하려고 하는 의욕입니다.
2) 축복은 무엇이든지 시작한 사람에게 옵니다.
"시작이 반이다", "천리 길도 한 걸음부터"라는 속담이 있습니다. 한 걸음부터 시작해야 합니다.
① 열심히 무엇인가 얻기 위해서 고군분투(孤軍奮鬪)해야 합니다.
시작은 미약하였으나 네 나중은 심히 창대한 축복이 있습니다(욥 8:5-8).

미국 수정교회(Crystal Church)는 폐버스에서 시작하면서 개척되었는데 거대한 교회로 성장했습니다.

② 축복은 무엇인가 시작하게 될 때에 그 역사가 나타납니다.

무디(D. L Moody)는 코 흘리기 주일학교 어린이 몇 명으로 시작하였는데 나중에 거대한 교회가 되었습니다. 은평교회 역시 37주년 전에 보잘것없이 시작하였으나 하나님의 은혜로 여기까지 부흥케 되었습니다.

2. 축복 받은 기적은 희생하는 곳에서 옵니다.

희생 없이 앉아 있다면 아무것도 얻을 수 없게 됩니다.

1) 무엇인가를 희생해야 합니다.

(요 12:24)한 알의 밀알의 마음입니다.

① 희생하게 될 때에 많은 열매를 맺게 됩니다.

예수님은 희생하셨습니다. 그리고 수많은 영혼을 구원해 주셨습니다. 은평교회가 여기까지 온 것은 37년간 수없이 기도하며 희생한 성도들의 열매입니다. 지금도 전도하지만 지난 세월동안 수없이 전도했습니다. 대기업들도 지금의 기업이 있기까지 누군가의 희생의 뒷받침이 있음을 보게 됩니다.

② 오병이어의 기적은 작은 어린아이의 헌신에서 시작되었습니다.

이 오병이어는 가난한 사람들이 즐겨 먹는 떡과 생선입니다. 가난한 여인이 범죄하였을 때에 드렸던 떡 덩이였습니다(민 5:15). 이 물고기는 어부들이 잡은 고기를 추려서 큰 고기는 집으로 가져가고 너무 작아서 먹을 수 없는 것은 해변에 버리게 되는데, 그 고기가 바로 '이크수스'라고 하는, 일명 '잡어'입니다. 너무 작은 물고기에 속하는 것이지만 주님께 드려졌을 때에 역사가 나타나게 되었습니다.

2) 보잘것없지만 주님께 드리는 헌신과 희생이 기적을 낳게 했습니다.

너무나 부족하고 내세울 것이 전혀 없는 존재이지만 주님은 받으시고 역사하셨습니다.

① 주님의 손에 들려지게 될 때에 큰 역사가 일어나게 된 것입니다.

5,000명을 먹이고 12바구니가 남게 되었습니다. 축복은 희생의 현장에서 나타나게 됩니다.

축복 받은 성도들의 기업이나 생활에는 반드시 그럴만한 이유가 있음을 많은 간증을 통해서 듣게 됩니다.

② 주님은 약한 우리를 사용해 주십니다.

성막공부에서 배우듯이 '조각목'에 불과한 나의 존재입니다. 그리고 성막이 만들어지는데 사용하게 하시고 영광을 받으십니다. 그러므로 나약한 존재이지만 주님께 드리기를 힘써야 하겠습니다. 여기에 축복이 있습니다.

3. 축복 받은 기적은 주님이 내려주신 것입니다.

축복 받은 현장은 언제나 주님이 역사하셨음을 보게 됩니다.

1) 주님이 축사하시고 내려주신 축복입니다.

오병이어의 현장도 주님이 역사하셨습니다.

① 작은 것이지만 주님이 축사하셨습니다.

축복기도하시고 떼어 주실 때에 기적이 나타나게 되었습니다. 축복 받고 싶다고 해서 그냥 오는 것이 아니라는 것입니다. 창조주 하나님의 손에 들려야 합니다. (삿 15:16)비록 나귀 뼈지만 삼손의 손에 들려질 때에 블레셋 군사 천 명을 무찌르는 도구가 된 것과 비교가 됩니다.

② 우리는 주님의 손에 들려져야 합니다.

12제자를 보세요. 세상적인 개념과 기준으로 보았을 때에 그들은 모두 나약한 어부들이었으나 주님의 손에 들려지게 될 때에 교회의 기초들이 되었습니다(마 4:18). 미국 사람들은 믿음 따라서 개척해 나갔고, 아르헨티나 사람들은 금을 따라서 가게 되었는데, 오늘날 미국과 아르헨티나와는 비교할 수 없게 차이가 나게 되었음도 이 때문입니다. 주님이 쓰시게 해야 합니다.

2) 주님이 축복하시는 사람들이 되어야 합니다.

주님이 사용하시게 될 때에 역사는 확연히 달라지게 됩니다.

① 사람이 중요합니다.

사람이 어떤 사람이냐는 것입니다. 주색잡기에 빠져 있던 사람도 주님께 돌아와서 헌신하게 되면 귀하게 쓰임 받는 수많은 간증들이 있습니다. 술과 담배에 찌들어 있던 병자들도 주님께 왔을 때에 귀하게 된 인물들이 많습니다.

② 지금 이 시간 하나님은 나를 사용하시기를 원하십니다.

이 말씀을 남의 이야기로 듣지 마시고 '내것으로 삼아야 합니다. 나는 부족하다고 계산만 하고 있지 말고 주님께 드려보세요. 역사가 나타나게 될 줄 믿습니다. 이 축복의 현장에 은평교회 성도들이 모두 있게 되시기를 예수님의 이름으로 축복합니다.

결론 : 주님의 손길은 지금도 살아 역사하십니다.

〈축복〉

바디매오가 예수님 만나고 받은 축복 |막 10:46-52

　세상에 동물이나 식물들도 살아가는 환경에 따라서 달라지게 됩니다. 환경이 나쁜 박토에서 나고 자라는 식물은 열매가 풍성할 수 없습니다. 예레미야 선지자는 하나님이 없는 인생(렘 17:1-6)과 하나님 안에 있는 인생의 풍요로운 모습(렘 17:7-8)을 전했습니다. 시편 1편에는 복 있는 인생과 복이 없는 인생을 밝히 전했습니다(시 1:1-6). 인생이 태어나서 누구를 만나서 살아가느냐에 따라서 이 세상뿐 아니라 영원한 세계까지 달라지게 됩니다. 미국으로 입양된 아이들을 보면 어느 양부모 밑에서 살았느냐에 따라서 인생이 바뀐 현상들을 볼 수 있게 됩니다.

　본문에 보면 예수님이 여리고를 지나가시는데 바디매오가 예수님을 만나는 현장을 보게 됩니다. 이름은 디매오의 아들인 바디매오, 직업은 거지요, 하는 일은 누더기 옷을 입고 앉아서 구걸하는 것이요 맹인이었습니다. 그러나 예수님이 지나간다는 소리를 듣고 "다윗의 자손 예수여 나를 불쌍히 여기소서" 하게 되었고 모른 척 하고 지나가시던 예수님은 발걸음을 멈추시고 그의 눈을 치료해 주셨습니다. "다윗의 자손 예수여 나를 불쌍히 여기소서"(he began to shout, "Jesus, Son of David, have mercy on me!"). 예수님을 만나서 인생이 해결된 바디매오를 통해서 은혜의 시간이 되시기 바랍니다.

1. 예수님은 바디매오에게 네게 무엇을 하여 주기를 원하느냐고 물으셨습니다.

예수님이 지금 내게 소원을 물어보시면 무엇을 제출하겠습니까?

1) 성경에서 이런 경우에 무엇을 원했는지 여러 인물들을 통해서 보게 됩니다.

소원을 한 가지 말한다면 무엇을 말할 수 있느냐 라는 것입니다.

① 솔로몬은 '지혜로운 마음'을 요구했습니다. (참고-개정개역성경: '듣는 마음')

(왕상 3:5-)일천번제를 드리고 나서 하나님께서 솔로몬에게 물으셨습니다. "하나님이 이르시되 내가 네게 무엇을 줄꼬 너는 구하라" 하셨습니다. 이때에 솔로몬은 하나님 백성을 지도할 지도자로서 지혜로운 마음(듣는 마음)을 구하게 되었는데 이것이 하나님 보시기에 합당하였고 전무후무한 지혜와 부귀를 얻게 되었습니다. 기도하고 구하는 것도 하나님의 뜻에 맞게 해야 합니다. 이른바 기도의 코드(code)가 맞아야 합니다.

② 엘리야는 승천하기 전에 제자인 엘리사에게 물었습니다.

(왕하 2:9-)엘리야를 끝까지 따라갔던 엘리사에게 "나를 네게서 데려감을 당하기 전에 내가 네게 어떻게 할지를 구하라" 할 때에 "당신의 성령이 하시는 역사가 갑절이나 내게 있게 하소서"(Let me inherit a double portion of your spirit)라고 했는데, 결과적으로 엘리사에게는 엘리야의 성령이 하시는 역사가 갑절이나 임하게 되었습니다. 그가 사역한 대형적 사건들이 성경에는 갑절로 기록되었음을 알 수 있게 됩니다.

2) 우리의 기도제목 소원 중에 하나만 들어주신다면 무엇인지 생각해 보았습니까?

솔로몬과 엘리사의 사건에서 배우게 됩니다.

① 하나님 마음에 합당하게 구하는 것이 중요합니다.

내가 가지고 있는 기도제목과 소원이 과연 하나님 마음에 합당한 것이냐 하는 것입니다. 이는 솔로몬의 경우에서 배우게 되는데, 자기를 위한 어떤 것이 아니라 하나님 백성을 위한 소원이었다는 것입니다. 그랬더니 구하지도 아니한 것까지 더 주셨습니다. (시 107:9)사모하는 영혼에게 만족케 하시는 하나님이십니다.

② 이들이 구한 것의 공통점을 보게 됩니다.

자기 자신의 개인적인 일보다는 공적인 문제 때문에 기도했습니다. 철학자 소크라테스(Socrates)는 "네 자신을 알라" 하였는데, 솔로몬은 20세에 왕이 되어서 경험도 부족해서 '종은 작은 아이'라 하였고, 그래서 지혜를 요청하였을 것입니다. 주석학자 델리취(Delitzsch)는 "엘리사는 엘리야 다음으로 이스라엘 백성을 이끌고 갈 영적문제 때문에 영감의 갑절"을 요청했다고 했습니다. 예수님은 (요 6:27)"썩을 양식을 위하여 일하지 말고 영생하도록 있는 양식을 위하여 하라" 하셨고, (마 6:33)"너희는 먼저 그의 나라와 그의 의를 구하라 그리하면 이 모든 것을 너희에게 더하시리라" 했습니다.

2. 바디매오의 소원은 보는 것이었습니다.

"선생님이여 보기를 원하나이다"(The blind man said, "Rabbi, I want to see.")

1) 선생님이여 보기를 원하나이다 했는데, 그의 소원이 무엇이었겠습니까?

① 내게 지금 절박한 문제가 무엇인지 알아야 합니다.

건강, 재물, 직장, 결혼보다도 좀 더 영적이고 하나님께서 내게 요구하시는 것이 무엇인지 잘 알아야 합니다(마 6:8-9). 하나님의 뜻에 합하는 신앙이 또한 중요합니다(행 3:22).

② 바디매오에게는 우선 소원이 보는 것인데 이것은 기본적인 소원이었습니다.

이것은 주님께 합당한 소원입니다. (계 3:17)라오디게아 교회는 눈먼 교회였습니다(blind Church). 그러면서 깨닫지를 못했기 때문에 책망을 받게 되었습니다. 유대인들은 우리도 맹인인가?(요 9:41) 했을 때에 예수님이 책망하셨습니다. 내가 영적으로 맹인은 아닌지를 확인해야 합니다.

2) 예수님은 바디매오의 소원을 들어주셨습니다.

문제를 가지고 예수님께 온 사람들은 모두 해결 받게 됩니다.

① 이는 예수님의 부르심이기도 합니다.

(마 11:28) "수고하고 무거운 짐 진 자들아 다 내게로 오라 내가 너희를 쉬게 하리라" 하셨습니다. (마 9:12) "건강한 자에게는 의사가 쓸 데 없고 병든 자에게라야 쓸 데 있느니라" 하셨으니 무슨 문제든지 가지고 나와 예수님의 이름을 불러야 합니다.

② 예수님을 만나면 문제가 해결됩니다.

비단 눈뜬 맹인뿐만 아니라 중풍병자, 나환자, 귀신들린 자 등 수많은 문제들이 해결되었고 소원이 성취되었습니다. 도마는 부활하신 예수님을 의심했지만 예수님을 만나고, "나의 주님 나의 하나님"이라고 고백했습니다(요 20:28).

3. 예수님은 바디매오에게 믿음을 칭찬하셨습니다.

"가라 네 믿음이 너를 구원하였느니라"("Go," said Jesus, "your faith has healed you.")

1) 예수님은 바디매오의 믿음을 보셨습니다.

하나님은 우리에게 믿음을 요구하십니다.

① 그는 비록 환경은 안 좋고 상황은 극에 달했지만 예수님께 대한 믿음이 있었습니다.

바디매오의 아버지 디매오는 당시에 여리고에서 알려진 인물이었지만, 아들은 '시각장애자'라고 주석가들은 지적했습니다. 구경하던 사람들이 비웃고, 미워하고 야단쳤지만 넘어지면서도 예수님께 나아가게 되었습니다.

② 예수님께 대한 믿음이었습니다.

내가 예수님을 만나면 해결 될 수 있을 것이라는 믿음이 있었습니다. "다윗의 자손 예수여 나를 불쌍히 여기소서"라고 하는 것은 일찍이 예수님에 대한 소문을 들었을 것이기 때문입니다. 그래서 소원을 가지고 예수님께 달려가게 되었습니다. 다윗의 자손 예수님을 믿기 때문입니다. 예수님이 누구신가요?(마 16:13).

2) 예수님을 믿고 달려가는 자에게는 장애도 수없이 발생합니다.

예수님을 믿는 길이 쉬운 길은 아니었습니다. 그러나 그 길은 생명길이 됩니다.

① 사람들이 비웃었습니다.

군중심리에 의해서 조롱당하고 웃음거리가 되었습니다. 넘어졌고 무시당하여도 예수님을 향하여 달려갔습니다. 걸치고 있던 겉옷은 냄새나는 옷입니다. 그것도 벗어 버리고 달려갔습니다. 우리는 어두움의 옷을 벗고 예수님께 나아가야 합니다(롬 13:13; 히 12:1-). 예수님만 향해서 달려가야 합니다.

② "네 믿음이 너를 구원하였느니라." 바디매오는 근본적이고 본질적으로 문제가 해결되었습니다.

바디매오는 예수님께 대한 믿음이 있었습니다.

은평교회 성도들은 얽매이고 시달리고 괴롭혔던 모든 문제를 예수님께 나와서 해결 받고 승리하시기를 예수님의 이름으로 축복합니다.

결론 : 예수님을 만나세요.

〈축복〉
더 크게 축복 받고 성장하는 사람들 | 살후 1:3-12

매년 해가 바뀔 때마다 "온고이지신"(溫故而知新), '옛것을 익히고 그것을 미루어서 새것을 앎'이라는 말을 되새겨봅니다. 매사에 좀 더 잘하고, 축복받고 응답받는 계획 속에서 모든 일을 진행하고자 합니다. 문제는 거창한 계획(plan)를 세우고 진행한다 해도 그것이 모두 완전히 축복으로 이어지는 것은 아니라는 점입니다. 국가적인 일에서부터 개인적인 일들까지 차질이 생긴다는 것입니다.

성경에서는 그 계획의 열쇠는 하나님께 있다는 것을 분명하게 말씀해 주고 있습니다(잠 16:9; 시 127:1, 121:4). 그리스도인들 중에 복을 받고서 간증하는 사람들이 많습니다. 토머스 앤더슨(Thomas Anderson)의 《성실한 자의 형통 신실한 자의 축복》이라는 책에 이런 간증이 많이 나옵니다. 한해가 시작되었는데, 올 한해는 매사에 축복 받고 형통한 믿음과 승리의 한해가 되기를 기도합니다. 예수님의 재림이 언제인지는 알 수는 없지만 매사에 때가 있고 또 재림의 징조들 속에 살아갑니다. 정치 분야, 경제 분야, 각종 질병들, 자연재해들, 북한 핵문제와 미사일 등 수많은 악재들이 있지만 우리는 올해도 하나님이 함께 하심을 믿어야 합니다(마 28:28). 하나님이 함께 하심으로 더 크게 복 받아서 말세에 선교하고 전도하는 가정과 교회가 되어야 하겠습니다. 우리나라도 더욱 하나님 은혜 속에 있기를 바라면서 본문을 통해 은혜받기를 바랍니다. 본문은 데살로니가 교회에 주신 귀한 복입니다.

1. 올 한해도 더 크게 축복과 성장이 있기를 기도해야 합니다.

모든 일은 어디까지나 예수 그리스도를 믿는 믿음 안에서 이루어져야 합니다.

1) 먼저 믿음이 성장하고 성숙해야 합니다.

세상적으로 어지럽고 혼란이 많은 때가 되었습니다. 그러나 믿음의 성도들은 믿음을 굳게 하고 성숙한 믿음 위에 서야 합니다.

① 이 믿음의 성장은 우리 모두가 바라는 목적이 되어야 합니다.

사도 바울은 데살로니가 교회를 향하여 하나님께 감사했습니다. 하나님 말씀을 부지런히 읽고 듣고 배우며 행하게 될 때에 비로소 신앙이 성숙해 나가게 됩니다. 데살로니가 교회가 이렇게 성장해 나가게 될 때에 사도 바울은 하나님께 감사했습니다(3절). 그런데 예수님이 재림하실 때는 믿음이 약해지는 세상입니다(눅 18:8). 직장이나 사업이 성장하듯이 신앙도 올라가야 합니다.

② 믿음이 성장하면 동반해서 성장해야 할 것이 있습니다.

믿음과 소망과 사랑이 성장해야 합니다. 환난 가운데에서도 인내로써 승리하는 신앙이 필요합니다. 데살로니가 교회가 그러했듯이 (살전 1:3)"우리 주 예수 그리스도에 대한 소망의 인내로"(and your endurance inspired by hope in our Lord Jesus Christ) 감사했습니다. 각자 사랑도 풍성했습니다. 이것이 영적 성숙이요 성장의 길입니다.

2) 더욱 성장하고 성숙하기 위해서는 해야 할 일들이 있습니다.

그냥 성장되는 것이 아니라 그만한 이유가 있습니다.

① 하나님 말씀을 읽고 믿고 순종하는 생활이 있어야 합니다.

하나님 말씀을 부지런히 접하고 배우며 아는 바를 행하게 될 때에 성장과 축복이 오게 됩니다. (약 1:22)"너희는 말씀을 행하는 자가 되고 듣기만 하여 자신을 속이는 자가 되지 말라" 하였고, (마 6:24-)말씀에 순종하고 행하게 될 때에 반석 위에 집을 세우는 지혜로운 인생이 됩니다.

② 하나님을 아는 지식에서 더욱 성장하고 축복이 옵니다.

일컬어서 체험적인 신앙이라고 말하게 됩니다. 은평교회 성도들은 체험적인 신앙으로 더 많은 축복과 역사를 체험하게 되시기를 바랍니다. 말씀은 살아서 역사합니다(히 4:12). 이것이 또한 데살로니가 교회에서 우리가 배우는 신앙이요 성숙되고 축복받는 일들이기도 합니다(살전 2:13).

2. 기도생활이 성숙해지는 해가 되어야 합니다.

세상 어떤 일이든지 잘되고 성장하는 일에는 다 이유가 있습니다.

1) 기도는 하나님과의 관계 줄입니다.

태아가 엄마의 배속에서 탯줄 하나로 자라듯이 이 세상에서 기도하는 생활은 하나님과 맺어진 줄이기 때문에 그 기도의 줄이 약해지지 않게 해야 합니다.

① 기도는 늘 살아 역사합니다.

이 기도는 성도가 세상을 살아가면서 축복 받거나 응답 받는 줄이기 때문에 약해지지 말아야 합니다. 예수님은 "기도 외에 다른 것으로는 이런 종류가 나갈 수 없다"고 하셨습니다(막 9:29). 예수님도 기도의 본을 보여 주셨습니다(마 4;1-; 막 1:38; 마 14:23, 26:39-). 기도해야 합니다.

② 기도는 여러 가지 종류들이 있습니다.

(눅 18:1)항상 기도해야 합니다. (마 4:1-; 삼상 7:5-6)금식기도입니다. (시 50:14-)서원기도입니다. 하나님과 약속한 서원 기도를 지킬 때에 더욱 큰 축복과 은혜가 있습니다. 이런 기도 속에서 언제나 큰 역사가 나타나게 됩니다.

2) 기도응답 받고 매사에 성장했던 사람들을 봅니다.

신구약 성경은 우리에게 수많은 사람들에 대해 이야기 해주고 있습니다.

① 성경에서 보겠습니다.

(삼상 1:10-)한나는 자녀 문제로 괴로워하다가 금식하며 기도했을 때에 응답 받았고 세 아들과 두 딸을 더 낳게 되었습니다(삼상 2:21). 야곱은 벧엘 광야에서 하나님을 만나고, 십일조의 서원을 하게 되었는데 그대로 복을 받게 되었습니다(창 28:21-22). 요나는 물고기 뱃속에서 서원기도 하는데 "나의 서원을 주께 갚겠나이다"라고 했습니다(욘 2:9).

② 교회사에서 나타난 기도들을 보겠습니다.

래리 키포버 박사가 편집한 《풍요로운 미국을 만든 대통령의 기도》(Prayers of the presidents)라는 책이 있는데, 초대 대통령인 조지 워싱턴부터 시작해서 '백악관을 기도실로 만든 링컨 대통령' 등 일대기들이 기록되어 있습니다. 어떤 일이든지 대통령이 기도하는 나라이기에 축복이 왔다고 분명하게 말합니다. 우리는 매사에 하나님께 기도의 줄이 닿아 있어야 하겠습니다.

3. 모든 일에 형통한 축복이 약속되어 있습니다.

하나님의 축복 없이는 살 수 없는 곳이 우리가 사는 세상입니다. 성경에서 보든지 역사에서 보든지 간에 하나님의 역사하신 풍요로움과 성장이 약속되어 있습니다.

1) 성경에서 축복 받고 형통한 사람들을 보여주고 있습니다.

이 축복이 은평교회 성도들에게 임하시기를 바랍니다.

① 성전 중심으로 살아가는 믿음, 소망, 사랑, 인내, 말씀중심의 사람들이었습니다.

(시 122:1-9)예루살렘을 사랑하는 자들에게 형통의 복이 약속되었습니다.

② 성전에 모여 예배드리고 말씀을 배우며 기도하는 곳에 축복이 약속되었습니다. 이 사람은 매사에 하나님 중심이요 천국의 소망이 몸에 배어 있는 사람이기 때문입니다.

③ 여호와를 찾으며 경외하는 자마다 형통의 복이 약속되었습니다.

(시 128:1-; 신 28:1-)은평교회 성도들은 이 영적 관계가 풍성하게 성장되시기를 축복합니다.

2) 하나님의 축복 속에 사는 사람들은 성장과 승리가 약속되었습니다.

① 최후의 승리는 믿음으로 살아가는 사람들에게 있습니다.

지금은 믿음으로 사는 성도들과 교회들이 세상으로부터 어려움을 당하는 듯하지만, 최후 승리는 믿음의 사람들에게 찾아오게 됩니다. 본문 7-9절을 보세요. "주 예수께서 자기의 능력의 천사들과 함께 하늘로부터 불꽃 가운데에 나타나실 때에 하나님을 모르는 자들과 우리 주 예수의 복음에 복종하지 않는 자들에게 형벌을 내리시리니 이런 자들은 주의 얼굴과 그의 힘의 영광을 떠나 영원한 멸망의 형벌을 받으리로다" 했습니다.

② 믿음의 성도들은 최후 승리와 함께 영광이 임하게 됩니다.

이것이 성도들의 최후 성장과 성숙의 결과입니다. (12절)"너희도 그 안에서 영광을 받게 하려 함이라" 했습니다. 은평교회 성도들은 성숙한 축복의 신앙으로 이 영광에 모두 참여하시기를 축원합니다.

결론 : 영원한 영적 성숙이 요구됩니다.

〈축복〉
하나님이 내 편이 되시는 축복 | 시 18:1-9

어떤 일을 할 때에 내가 누구 편에 있고 누가 내 편에 있는가는 그 일에 성패를 결정하기도 합니다. 이것은 비단 운동경기뿐 아니라 세상을 살아가는 이치요 원동력이기에 중요합니다. 잠시 동안 살아가는 세상에서의 일들도 그러한데 영원에 관한 일이라면 심각하게 됩니다. 하나님을 믿고 하나님이 내 편에 계신 사람과 그렇지 않고 마귀에게 속한 자(요 8:44; 요일 3:8)의 영원한 세계는 전혀 다릅니다. 따라서 예수 믿고 예수님 안에 인생을 맡기고 살아간다면 이 땅뿐 아니라, 영원한 세계까지 행복이요 축복입니다. 그런데 세상에는 영혼을 망하게 하는 가짜들이 많아서 늘 조심해야 합니다. (요일 4:1-)"사랑하는 자들아 영을 다 믿지 말고 오직 영들이 하나님께 속하였나 분별하라"(Dear friends, do not believe every spirit, but test the spirits to see whether they are from God)고 했습니다. 왜냐하면 가짜들이 세상에는 너무 많이 있기 때문입니다. 이런 흉악한 데에서 이기는 자가 되어야 합니다(계 21: 7-8). 결국 악한 자 모두는 풀무 불에 던져지게 될 것입니다.

본문에서 시편 기자는 여호와 하나님께 속한 사람이 될 것을 강조해 주고 있습니다. 하나님께 속한 사람의 특징을 보여주는데 여기에서 은혜의 시간이 되시기를 바랍니다. 하나님께 속한 사람은 물론 예수 그리스도에게 속하여 예수님 안에 있어야 합니다.

1. 예수님 안에서 하나님 편에 속한 사람은 하나님의 이름을 앞세워서 살아갑니다.

하나님께 속한 사람이요 축복의 사람이요 언제나 하나님의 이름이 앞에 있는 사람입니다.

1) 성경에서 보겠습니다.

성경에서 언제나 성공적이고 승리한 사람들은 하나님께서 역사해 주셨습니다.

① 다윗의 경우를 보겠습니다.

다윗의 생애는 언제나 하나님을 앞에 모신 시간들이었는데 그 예로써 시편 23편을 보게 되고, 시편 18편을 읽게 됩니다. (삼상 17:45-)골리앗과 싸움에서도 분명히 보여줍니다. 칼과 창이 아니라 만군의 여호와의 이름으로 나가게 되었고 싸워서 이기게 되었습니다.

② 사드락과 메삭과 아벳느고에게서 보겠습니다.

(단 3:17-)바벨론 왕 느부갓네살이 거대한 금 신상을 만들어 놓고 거기에 절하라고 할 때에, 이들은 하나님께서 살아계신 것과 역사해주시는 현장을 보여주었고, (단 6:10-)다니엘 역시 사자굴 속에서 하나님이 살아계심을 나타내 보여주었습니다.

2) 여호와 하나님의 이름을 앞세워 나갈 때에 성공과 승리가 찾아옵니다.

따라서 우리의 신앙은 언제나 하나님의 이름을 앞세우는 신앙이 되어야 합니다.

① 문제는 실패할 때나 성공할 때나 변함이 없어야 한다는 것입니다.

설령 내가 어떤 일에 지혜가 부족하여 실패하더라도 낙심하지 말아야 합니다. 하나님께서 역사하심으로 모든 일에 선을 이루어가시기 때문입니다(롬 8:28). 이것을 신학적으로 하나님의 섭리(攝理)라고 합니다.

② 잘 되고 성공했을 때에도 오직 하나님의 이름입니다.

속담에 "잘되면 내 탓, 못되면 남의 탓"이라고 했는데, 그렇다고 원망과 불평과 불신앙에 빠지면 곤란합니다. 우리는 오직 하나님의 영광만 드러낼 뿐입니다. (고전 10:31)"그런즉 너희가 먹든지 마시든지 무엇을 하든지 다 하나님의 영광을 위하여 하라" 했습니다. 이것이 하나님의 영광을 위한 길이요, 하나님의 이름을 앞세워서 살아가는 길입니다. 하나님의 영광을 위한 목적이 되어야 합니다.

2. 예수님 안에서 하나님 편에 서 있는 사람은 늘 부르짖으며 기도하는 사람입니다.

본문에서도 고통 중에서 간절하게 기도하며 부르짖는 모습을 보여주고 있습니다.

1) 고통 중에도 부르짖었습니다.

사람이 살아가면서 고통스러운 일이 있다는 것은 하나님께 속하고 하나님 편에 서 있다는 증거입니다. 성도는 특권을 가지고 그분에게 기도해야 합니다.

① 하나님이 내 편이기 때문입니다.

그래서 부르짖어 기도하는 특권이 믿는 자에게 있습니다. 하나님을 믿기 때문에 의지하고 기도하는 것입니다. (렘 33:1-)예레미야가 옥중에 있을 때에 "부르짖으라" 하셨습니다. (욘 2:1-)요나는 물고기 뱃속에서 부르짖어 기도하였습니다. (창 21:14-)하갈은 광야에서 방성대곡했습니다. (왕하 20:5)히스기야는 죽을병에서 부르짖었습니다. (마 7:7)예수님은 구하라고 하셨습니다.

② 기도는 하나님과 연결하는 줄이요, 연결고리와 같은 것입니다.

기도는 힘들고 어렵고 지칠 때 하나님과 연결하는 고리와 같기 때문에 중요합니다. 모태에서 탯줄 하나가 생명 줄이듯 기도는 세상에서 하나님과의 중요한 연결 줄이요 생명과 같은 호흡입니다.

2) 어려울 때에 기도해서 응답 받은 역사가 기독교 역사요 신구약 성경의 역사입니다.

① 구약에서 부르짖음을 보겠습니다.

(출 3:7-)이스라엘 백성들은 애굽에서 하나님께 부르짖었습니다.

(삼상 7:9-)블레셋이 쳐들어 왔을 때에도 금식하며 부르짖었습니다.

(시 130:1-)"여호와여 내가 깊은 곳에서 주께 부르짖었나이다"(Out of the depths I cry to you, O LORD) 했습니다.

② 신약에서 보겠습니다.

예수님도 기도하심을 보여주는데 새벽기도(막 1:35), 육체에 계실 때에 십자가를 앞에 놓고서(히 5:7; 마 26:41), 기도하는 사람은 하나님 편에 소속된 사람이기에 기도하게 됩니다.

3. 예수님 안에서 하나님 편에 있는 사람은 감사 속에 하나님만 섬기고 경외하는 사람입니다.

이것이 예수님 안에서 하나님께 속한 사람입니다. 왜냐하면 이 신앙이 하나님의 은혜 속에 살면서 가을 이삭이 익어가듯이 익어가는 알곡신앙이기 때문입니다.

1) 하나님의 은혜가 넘침으로 감사가 넘치시기 바랍니다.

본문에서 "여호와께 감사하라 그는 선하시며 그의 인자하심이 영원함이로다" 했습니다.

① 바울은 이렇게 전했습니다.

(골 2:7)"믿음에 굳게 서서 감사함을 넘치게 하라" 했습니다. 하나님께 속하여 하나님의 은혜 속에 사는 사람은 언제나 감사합니다. (살전 5:16-18) 이는 하나님의 뜻이기 때문입니다. 감사 신앙이 중요한 부분입니다.

② 어떤 환경에서도 하나님 편에 있기 때문에 감사했던 사람들을 봅니다.

(단 6:10)다니엘은 사자 굴에 들어갔는데도 감사를 멈추지 아니했습니다.

(행 16:25)바울과 실라는 옥중에서도 감사하며 찬미했습니다. 손양원 목사님은 두 아들을 잃었는데도 감사했다는 신앙의 일화가 우리에게 들려집니다. 모두가 하나님 편에 서 있는 성도들의 모습입니다.

2) 감사는 이렇게 해야 합니다.

감사는 내가 하나님 편에 서 있으며 하나님이 내 편에 계심을 믿기 때문에 감사하게 됩니다.

① 전심을 다하여 감사해야 합니다.

전심이라 함은 몸과 마음과 물질을 드리며 감사하는 것입니다. (골 4:2)"기도를 계속하고 기도에 감사함으로 깨어 있으라" 했습니다.

② 감사 속에 기적이 나타나게 됩니다.

다니엘은 모함으로 사자굴 속에 던져졌을 때에 하나님이 그 사자의 입을 봉하셨습니다(단 6:10-). 바울은 감사 속에 찬양했을 때 옥문이 열리고 옥사장에게 복음을 전하게 되었고(행 16:31), 빌립보 교회가 세워지는 초석이 되었습니다. 평상시에 하나님이 내 편에 있는 사람은 감사 속에서 기적이 나타나게 됩니다. 내가 하나님 편에 속해 있음을 확인하고 감사 속에서 기적을 체험하는 성도들이 모두가 되시기를 예수님의 이름으로 축원합니다.

결론 : 하나님이 내 편이 되십니다.

⟨축복⟩
야곱이 받은 축복의 기업 | 사 58:13-14

　하나님께서 인간을 창조하실 때에는 풍요롭고 축복되게 지으셨음을 성경에서 보게 됩니다(창 1:28). 사람뿐 아니라 동식물들의 모든 생명체들이 하나님 보시기에 좋고 아름답게 지으심을 입었습니다(창 1:21). 그러나 타락 이후에는 죄가 들어와서 이 모든 축복의 성(城)이 무너지게 되었고 죄짓고 살다가 지옥 가는 인생이 되었습니다. 세상적 풍요는 예수님 없는 풍요라면 축복이 아닐 수 있습니다. 예수님 없는 풍요가 축복이 아닌 이유는 그것 때문에 지옥 가는 길목이 될 수 있기 때문입니다. 우선적으로 영적인 문제로서 하나님과의 관계가 원만하게 해결되어야 합니다. 따라서 하나님과의 관계에서 올바른 신앙 위에 있을 때에 축복이 임하게 되는 것입니다. 그러기 위해서는 마음의 밭이 좋은 밭이 되어야 합니다. (마 13:3-)천국은 네 가지 밭 중에 옥토에 심은 씨입니다. 좋은 밭에서 30배, 60배, 100배의 결실을 하듯이 우리의 마음이 옥토밭(good soil field)이 되어야 한다고 말씀하셨습니다. 쌀 한 톨이 입에 들어가기까지는 농부의 손이 88번이나 공을 들여야 쌀이 나온다고 해서 쌀 미(米)자가 생겼다고 합니다.

　2019년이 은평교회 성도들에게 축복의 한 해가 되기 위해서는 좋은 밭과 같은 마음이 되어서 야곱과 같은 축복을 받아야 합니다. 야곱은 둘째로 태어나서 형 에서를 뒤로 하고 축복의 사람으로 살게 되는데, 외삼촌 라반의 집에서 20년 동안 살면서 거부가 되었는바 오늘 본문에 상징적으로 야곱의 업(業)으로 키우리라 하신 말씀 속에서 은혜와 축복의 길을 배우게 됩니다.

1. 주일(안식일)을 잘 지키는 자에게 주시는 축복의 약속입니다.

구약적으로 말하면 안식일이요, 신약으로 말하면 주일입니다. 마음 밭이 좋아서 이 좋은 축복의 약속을 받는 성도들이 되시기 바랍니다.

1) 안식일을 축복의 날로 약속해 주셨습니다.

안식일(주일)은 오늘 내일의 이야기가 아니라 창세 때부터 말씀하신 축복의 약속입니다.

① 창세기에서 말씀해 주셨습니다.

(창 2:1-)창조 후 안식하심과 같이 이 날은 쉬면서 거룩하게 지킬 때에 축복이 약속되었습니다. (출 20:8-)율법에 다시 한 번 확고하게 말씀해 주신 날입니다. 거룩하게 지켜야 합니다.

② 주일은 주님 앞에 나와서 예배에 충실해야 합니다.

구약의 안식일은 금요일 해 질 때부터 토요일 해 질 때까지이지만 신약에 와서 주일은 예수님이 십자가에 못 박혀 죽으시고 삼일 만에 부활하신 날을 기념하기 위한 날입니다. 구약의 안식일이 주일로 개혁된 것입니다 (히 9:10). 이 날을 지키지 않으면 구약에는 즉시 벌을 받아 죽었지만 신약에서는 하나님과 분리되는 영적 손해가 오게 됩니다. 이 날을 지키고 복 받아야 하겠습니다.

2) 주일을 지키는 사람들은 그의 영적 신분과 신앙이 분명합니다.

아무나 지키는 것이 아닙니다.

① 하나님의 자녀인 표징이 있는 사람이 지킵니다.

내가 하나님의 자녀이기 때문에 이 날 주님 앞에 나와서 예배드리게 됩니다. (출 31:13; 겔 20:12-20) "나와 너희 사이에 표징이니라" 했습니다. 신분과 신앙과 축복의 관계가 확실한 증표가 주일성수입니다.

② 기쁨으로 주 앞에서 예배드리게 됩니다.

억지로 드리거나 억지로 나오는 날이 아닙니다. 오락보다 세상적인 것보다 하나님께 나와서 예배드리는 것이 최우선적이 되어야 합니다. 존귀하게 여기고, 사사로운 말 가운데 죄 짓지 아니하고 하나님께 충성을 다짐하면서 예배드리는 날이 주일입니다. 여기에 축복이 약속되어 있습니다. 하나님과의 관계가 거룩한 관계로 나아가는 신앙인이 되어야 합니다.

2. 하나님 백성이 주일성수 하는 이유는 분명합니다.

그냥 한 주일에 한 번 돌아오는 빨간 글씨로 된 숫자의 날이 아닙니다.

1) 분명한 성경적 이유가 확실하기 때문에 나와서 예배를 드리는 날입니다.

① 하나님의 창조하심을 믿는 사람들이 나아옵니다.

엿새 동안 창조하시고 안식하신 날이기 때문입니다. (창 2:1-) 진화론이거나 자연 발생된 우주의 존재가 아닙니다. 하나님의 창조입니다.

② 십자가에 죽으시고 3일 만에 부활하셨습니다.

부활하신 날이 오늘의 주일이 되었습니다(마 28:1; 행 20:7). 여기서 주의 부활과 같이 부활의 신앙을 가진 사람들이 모이는 날이 주일입니다(고전 15:20-23).

③ 이 날은 쉬고 안식하는 날로서 영원히 천국에 가서 쉬고 안식할 사람들이 모여서 예배하는 날입니다.

(히 4:9) 안식할 때를 준비해주셨습니다. 우리는 순종자가 되어서 주일 성수에 힘써야 합니다. (히 3-4장) 천국의 주인공들로서 주일성수를 해야 합니다.

2) 주일에는 해야 할 일들이 있습니다.

주일에는 그냥 있는 것이 아니라 뭔가를 해야 하는데, 육적인 일이 아니라 영적인 일을 해야 합니다. 천국 주인공들이기 때문입니다.

① 반드시 예배가 최우선적으로 진행되어야 합니다.

옛날에는 이 날을 지키기 위해서 토요일에도 오전만 근무하고 오후에 일찍 퇴근을 했지만, 주 5일 근무하는 요즈음은 토요일부터 쉽니다. 이렇게 된 것은 하나님의 은혜와 축복으로 주일성수를 더 잘하라고 하는 뜻으로 믿고 주일예배에 더 힘써야 하겠습니다.

② 주님의 백성인 성도들은 주일예배에 최선을 다하며 힘써야 합니다.

주일성수를 위해서는 토요일부터 몸과 마음의 컨디션(condition) 조절을 잘해야 합니다. 주일성수에 축복이 약속되어 있습니다.

3. 주일은 축복의 날입니다.

이사야 선지자가 전한 말씀뿐 아니라 성경 전체에서 이 날을 축복의 날이라고 선언해 주었습니다. 주일에 성도들이 받는 축복을 보시기 바랍니다.

1) 영적 축복이 약속되었습니다.

인간은 육으로만 된 존재가 아닙니다. 영적 존재입니다. 이 영혼이 잘 될 때에 육신도 잘 됩니다. (요삼 1-4)영혼이 잘되고 범사가 잘되며 강건한 축복은 말씀 안에 살아갈 때 주어지는 약속된 하나님의 복입니다.

① 주일성수 하며 예배할 때에 영혼이 잘됩니다.

찬송과 기도와 말씀과 함께 예배드리는 모든 일은 영혼이 잘되는 길로 가게 합니다. 한 주간에 찢기고 상하게 된 마음을 치유 받는 시간입니다. 치유하시는 하나님을 만나기 때문입니다(출 15:26하).

② 주의 말씀을 통해서 성령의 활동으로 회개함과 회개를 통해서 막힌 것이 뚫리게 됩니다. 막힌 곳이 뚫려지는 회개의 역사가 주일 예배를 통해

서 이루어집니다. 이것이 주일성수의 축복입니다.

2) 야곱의 업(業)으로 키우시는 축복의 날입니다.

아브라함의 축복이요(창 12:1-), 이삭의 축복이요(창 26:12-), 야곱이 받은 축복입니다(창 31:1).

① 하는 일에 복을 주십니다.

이것은 인간 야곱이 받은 축복입니다. 그의 영혼이 하나님과 동행하였고 축복 받은 대표성을 띠게 되었습니다. 이것이 야곱의 업이 되는 축복입니다. 성경의 약속은 변하지 않는 축복입니다.

② 축복 받은 사람들의 이야기는 그리스도 안에서 주일성수를 한 사람들이었습니다.

워너메이커, 록펠러, 조지 워싱턴 등 수많은 위대한 인물들은 모두 주일성수를 생명과 같이 여기고 지켰던 사람들입니다. 은평교회 성도 여러분도 주일성수를 잘해서 하나님과의 관계에서 복을 받고 야곱의 업으로 복을 받게 되시기를 예수님의 이름으로 축복합니다.

결론 : 주일성수를 하는 자가 받은 복입니다.

〈축복〉

주님의 일에 힘쓰는 사람이 받을 축복
| 고전 15:58

　하나님의 백성들은 세상을 살아가면서 하늘의 복과 땅의 복이 넘치는 축복을 받아야 합니다. 식물들은 거름을 잘 주고 벌레를 퇴치시켜 주면 열매를 풍성하게 맺게 됩니다. 동물들은 병해충을 없애주고 잘 먹여주면 살찌고 기름지게 되어 주인에게 유익을 주게 됩니다. 하나님의 자녀들은 세상에서 살지만 이미 예수 그리스도 안에서 하늘의 복을 받았습니다(엡 1:3-). 천국의 복락뿐 아니라 이 세상에 살면서 받을 복도 아브라함과 같이 믿음 안에서 받게 됩니다(갈 3:9). 성경학자들에 의하면 성경에서 우리에게 약속된 복이 35,600가지 이상이라고 하니, 평생을 두고 하루에 한 가지씩 받아도 다 받지 못하고 죽을 것입니다. 성경에서나 교회사에서 또는 현실적으로 축복을 받고 사는 성도들의 이야기가 가득한 세상입니다. 축복의 간증들이 참으로 많이 있음을 듣게 됩니다. 연기자들은 감독들에게 잘 보여야 주연 배우로 활동하듯이, 우리도 하나님께 잘 보여서 예수 그리스도 안에서 주연급 성도들이 되어 살아야 하겠습니다.
　본문에서 사도 바울은 부활신앙을 논증한 이후에 부활을 전제로 해서 영원히 헛되지 않는 축복과 상을 소개해주고 있습니다. 성도는 이 세상뿐만 아니라 영원히 복을 받는 성도들이 되기 위해서 본문에서 은혜를 받게 됩니다.

1. "내 사랑하는 형제들아"라고 간곡하게 애칭을 사용했습니다.

사도 바울은 "사랑하는 형제"라는 말을 아무에게나 사용하지 않았습니다.

1) 예수 그리스도 안에서 분명한 관계성이 있기 때문입니다.

'형제'라는 단어는 헬라어로 '아델포스'(αδελφος-'아델포이' αδελφα)인데, 바울이 간곡하고도 포용적인 인칭으로 사용했습니다(고전 1:10). 마음을 이끄는 그리고 부드러운 칭호로서 바울이 중요한 사실을 말하려 할 때, 자주 사용했습니다(Meyer).

① 예수 그리스도 안에서 구원 받은 형제의 대열입니다.

예수 믿어 구원 받은 형제의 '대열적 관계'입니다. 세상에는 혈연관계를 비롯해서 학연관계, 지연관계 등 수 없이 많은 관계 속에서 살아가지만, 예수 그리스도의 십자가 대속적 죽으심과 생명의 부활 속에 맺어진 영적이고 신령한 관계만큼 중요한 것은 없습니다. 영원한 천국까지의 만남이기 때문입니다.

② 형제는 어떤 상황에 있든지 형제라는 관계는 변하지 않습니다.

살다보면 관계가 나쁜 관계로 변할 수 있어도 한 부모 밑에서 나고 성장한 가족이 형제관계입니다. 고린도교회처럼 문제가 많다고 해도 예수 그리스도 안에서 형제라는 관계는 변하지 않아야 합니다. (고전 1:12-)바울파, 아볼로파, 게바파, 그리스도파로 나뉘어 있어도 예수님 안에서는 변하지 않는 형제입니다. 그러하기에 성경은 형제의 중요성을 말해줍니다(잠 17:17; 시 133:1-). 더욱 우리는 예수님 안에서의 형제입니다.

2) 형제애로 하나 될 때 힘이 생기고 크게 일할 수 있게 됩니다.

힘 있는 교회는 형제애로 하나 되어야 합니다.

① 형제애는 하나님의 사랑 안에서입니다.

(전 4:11-)"두 사람이 함께 누우면 따뜻하거니와 한 사람이면 어찌 따뜻하랴 한 사람이면 패하겠거니와 두 사람이면 맞설 수 있나니 세 겹 줄은 쉽게 끊어지지 아니하느니라" 했습니다. 시멘트, 모래, 자갈, 철근 등이 제각기 있으면 힘이 없지만, 하나로 섞여질 때 거대한 건물, 큰 구조물들을 만들 수 있게 됩니다(《조용한 아침에 나라》 책에서).

② 교회가 힘이 있고 없고, 주님의 일을 하고 못하고는 '형제'라는 용어 속에 있습니다.

예수 그리스도의 피 값으로 구원 받은 형제입니다. 토마스(Thomas)는 "이 칭호 자체가 그들의 일치를 호소하였다"라고 주석했습니다. 형제라는 용어를 다시 한 번 숙지해야 할 때입니다(고전 10:1, 14:20).

2. 형제 된 주님의 백성들에게 중요한 부분을 권고했습니다.

권고하면서 간략하게 강조했습니다. 부활신앙과 함께 이제는 축복과 천국의 상급을 권면한 것입니다.

1) 견고해야 한다고 권면합니다.

이 말씀을 받들어서 설교자도 여러 성도들에게 강하게 권면합니다.

① 믿음을 비롯한 영적 문제가 견고해야 합니다.

사도 요한은 요한3서에서 "사랑하는 자여 네 영혼이 잘됨 같이 네가 범사에 잘되고 강건하기를 내가 간구하노라" 했는데, 그 다음에 말씀대로 행하는 신앙을 소개하고 있습니다. 말씀 위에 견고하게 서있는 신앙이 되어야 합니다.

② 신앙생활의 토대가 되는 교회생활이 튼튼하고 견고해야 합니다.

성도의 기본생활인 예배에서부터 모든 영적인 생활이 견고해야 합니다. 교회생활이 견고하지 못하면 신앙전체가 견고할 수 없게 됩니다. 교회생활은 성막생활인바, 성막이 주님 말씀의 설계도대로 지어질 때에 축복을 받게 됩니다(출 39:42-43). 교회생활은 성막 짓는 생활로 비유됩니다.

2) 흔들리지 말라고 권고했습니다.

신앙생활이 영적으로 흔들리는 현상은 결코 좋은 현상이 될 수 없습니다.

① 흔들리지 않기 위해서는 말뚝을 견고하게 박아야 합니다.

성막공사는 허허벌판인 광야에서 했듯이, 신앙생활은 세상에서 하는바 흔들리지 않기 위해서는 말뚝이 견고하게 박혀서 고정되어야 합니다(출 38:31). 예수 그리스도 안에서 견고해지는 신앙입니다.

② 반석 위에 세워진 교회를 말씀하셨습니다.

흙이나 모래 위에 세워진 교회가 아닙니다. 반석 위에 세워진 교회입니다. 우리는 예수 그리스도 반석 위에 세워진 교회가 되도록 힘써야 합니다. (마 16:18)"내가 이 반석 위에 내 교회를 세우리니 음부의 권세가 이기지 못하리라"(and on this rock I will build my church) 했습니다. 예수님은 죽으시고 부활하시어 우리에게 반석이 되셨기 때문에 우리의 신앙은 그의 반석 위에 굳게 서야 합니다. (사 26:3)심지가 견고한 이 신앙을 주께서 칭찬하십니다.

3. 주님의 일에 더욱 힘쓰라고 권고했습니다.

권고의 마지막 안내입니다. 주의 일에 더욱 힘쓰라는 것입니다. 물론 과거에도 일해 왔지만 이제 더욱 힘써야 합니다.

1) 비교급을 사용합니다.

과거보다 현재가, 현재보다 미래에 더욱 힘써야 합니다.

① 주님의 일이기 때문입니다.

부활하시어 우리에게 생명을 주신 주님이십니다. 그런데 주님의 일이 무엇인지 알아야 합니다. (요 6:28-)"그들이 우리가 어떻게 하여야 하나님의 일을 하오리이까" 하고 질문했을 때에 예수님은 하나님께서 보내신 자(예수님)를 믿는 것이 하나님의 일이라고 하셨습니다. 예수님을 믿는 일은 교회생활에서 모두 나타나게 됩니다.

② 교회 안에서 십자가와 부활을 전하기 위해서 행해지는 모든 일이 주의 일입니다.

전도, 선교, 주일학교, 찬양대, 구역, 각 부서의 일들, 약한 자를 향한 봉사 등 한두 가지가 아닙니다. (요 21:15-)예수님은 베드로에게 내 양을 부탁한다고 분명히 말씀해 주셨습니다. 베드로는 마지막까지 이 일에 힘쓰다가 순교의 제물이 되었고, 바울도 그러했습니다.

2) 주의 일을 힘쓰는 결과는 결코 헛되지 않습니다.

"헛되지 않다"는 헬라어로 '에이스 케논'(εἰς κενόν)인데, 신앙생활에서 솟아오르는 확고한 지식을 가리킵니다(finding).

① 천국에 쌓아두는 상입니다(마 6:19, 16:27; 고전 9:25; 살전 2:19; 딤후 4:7; 벧전 5:4; 계 2:10, 22:12). 예수님이 오실 때 받을 상급들이 준비된 상태이기 때문입니다.

② 세상에 주님이 함께 계심을 약속하십니다(마 28:20; 갈 6:7; 고후 9:6-7).

주님의 일은 헛되지 않습니다. "헛되지 않다"의 헬라어 '에이스 케논'(εἰς κενόν)은 '바람을 잡는다'는 뜻인데, 그렇게 허무한 일이 아니라는 사실을 강조하는 것입니다. 은평교회 성도들은 십자가와 부활신앙으로 굳게 서서 천국의 주인공들이 다 되시기를 예수님의 이름으로 축원합니다.

결론 : 천국의 주역들로 살아야 합니다.

〈감사〉
맥추절에 배워야 할 감사 | 출 34:21-24

자연 생태계 가운데 아프리카 초원을 달리는 짐승들은 태어나서 얼마 안 되어 걷고 뛰기도 합니다. 그리고 맹수에게 잡혀먹지 않으려고 계속해서 환경에 적응해 갑니다. 그러나 사람은 살아가기 위해서 평생 죽을 때까지 계속해서 배워야 하는 존재임을 깨닫게 됩니다. 옛날에 학업의 기회를 놓치신 분들이 인생 후반에 와서 무언가를 배우는 것을 매스컴을 통해 종종 보게 됩니다.

버나드 쇼(Bernard Show)는 "꿈꾸지 않는 자는 절망도 없다."고 했습니다. 빅톨 위고는 "궁핍은 영혼과 정신을 낳고 불행은 위대한 인물을 낳는다."고 했습니다. 이 세상은 계속해서 변화하는데 변하지 말아야 하고 변치 않는 것이 있다면 감사해야 할 일일 것입니다. 성경은 우리에게 감사해야 할 것을 강조해 주고 있습니다.

예수님께서 가르쳐주신 기도에도 (마 6:11)"오늘 우리에게 일용할 양식을 주시옵고"(Give us today our daily bread) 하셨는데 오늘 맥추감사절을 맞이하여 다시 한 번 감사를 배우고 감사의 생활을 잊지 않아야 하겠습니다. 본문에서 은혜의 시간이 되시기를 바랍니다.

1. 맥추감사절을 통하여 감사생활을 배워야 합니다.

이스라엘 백성들에게 광야생활에서 주신 맥추감사절과 추수감사절인 바, 그들은 광야생활에서 농사를 짓지도 아니했지만 굶어죽은 사람은 없었습니다.

1) 맥추감사절을 통하여 우리가 배워야 할 것은 감사생활입니다.

다시 한 번 감사를 배워야 합니다.

① 우리 생활 속에는 감사해야 할 조건들이 많이 있습니다.

꼭 무슨 일이 있을 때만 감사하는 것이 아닙니다. 어느 목사님이 감사주일 저녁 늦게 집으로 가다가 교통사고를 당했지만 하나도 다친 곳이 없었다고 이야기하자, 그 말을 듣고 아버지 목사님은 "그것 참 감사할 일이구나. 그런데 더 감사할 것은 내가 아무 사고 없이 집에 오게 된 것이다."라고 말하였다고 합니다. 우리 생활에는 언제나 기적 같은 일들이 많이 일어나는데 감사해야 합니다.

② 생활 주변에 감사의 소재들이 많이 있다는 사실입니다.

시간 여유가 있을 때에 백지를 펴 놓고 감사의 조건들을 써보세요. 감사할 조건들이 너무 많아서 자신도 놀라게 될 것입니다. 그래서 성경은 분명히 말씀합니다. (살전 5:16-18) "항상 기뻐하라 쉬지 말고 기도하라 범사에 감사하라 이것이 그리스도 예수 안에서 너희를 향하신 하나님의 뜻이니라"(Be joyful always; pray continually; give thanks in all circumstances, for this is God's will for you in Christ Jesus) 했습니다. 모든 일에 감사해야 합니다.

2) 잊어버리고 살아가는 가운데 감사를 배우고 회복하는 것이 감사절입니다.

평상시에 잊고 사는 것 중 하나가 감사입니다.

① 우리의 감사의 온도를 높여야 하겠습니다.

몰랐던 감사를 회복하고 그 온도를 높여야 하겠습니다. 조금만 생각해 보면 감사해야 하는 일들이 많이 있습니다. (시 50:23) "감사로 제사를 드리는 자가 나를 영화롭게 하나니 그의 행위를 옳게 하는 자에게 내가 하나님의 구원을 보이리라" 했습니다.

② 이 시간도 우리는 감사한 마음으로 예배를 드려야 합니다.

비단 이 시간 감사주일만이 아니라 모든 예배에는 감사한 마음으로 드려야 합니다. 이 시간에도 병원에 누워서 있어서 예배드리러 올 수 없는 사람들이 많은데 평안하게 예배드리게 되었으니 감사해야 합니다. 그러므로 할 수 있거든 예배는 늘 감사 속에서 드리는 습관을 키워 나가야 합니다. 이 시간 감사가 회복되시기를 축복합니다.

2. 감사절을 통하여 하나님께서 주신 사랑을 배우고 확인해야 합니다.

사실상 진정한 감사는 사랑에서 나오게 됩니다. 사랑하는 마음이 없다면 감사하는 이유도 인색 할 수밖에 없기 때문입니다.

1) 당시에는 이 사랑에 의해서 맥추절을 지키게 되었습니다.

맥추절의 의미에 사랑이 깔려 있습니다.

① 하나님을 사랑하는 마음에서 하라는 것입니다.

애굽의 종 되었던 곳에서 구원해 주신 사랑입니다. 농사의 첫 열매를 드리며 감사하는 절기가 맥추절입니다. 그래서 맥추절은 하나님 우선주의입니다.

② 제사장을 사랑하는 마음에서 드리는 것입니다.

첫 열매를 드리는 것이 제사장에게 양식이 되었습니다. (레 23:10-11)"너희의 곡물을 거둘 때에 너희의 곡물의 첫 이삭 한 단을 제사장에게로 가져갈 것이요. 제사장은 너희를 위하여 그 단을 여호와 앞에 기쁘게 받으심이 되도록 흔들되"라고 했는데, 여기서 제사장을 사랑하는 마음을 배우게 됩니다.

③ 이웃을 사랑하는 마음입니다.

이스라엘 백성들이 맥추절에 곡식을 거둔 다음에는 가난한 이웃을 청하여 추수의 기쁨을 나누었습니다. 그리고 밭의 모든 곡식을 거두지 아니하고 흘린 것도 줍지 아니하고 그대로 두었는데, 이는 나그네와 가난한 이웃을 위한 것이었습니다(레 23:22). 이방 땅에서 왔던 룻의 이야기에서도 볼 수 있습니다(룻 2:7).

2) 우리 마음에 사랑으로 맥추절을 지켜야 하겠습니다.

하나님께서 기뻐하시는 일입니다.

① 하나님을 사랑하는 것은 하나님 말씀을 사랑하는 것입니다.

억지로가 아니라 하나님 말씀을 사랑해서 맥추절을 지키면 은혜와 축복이 더욱 넘칠 것입니다.

② 제사장을 사랑하고 이웃을 사랑하듯 교회를 사랑함으로 맥추감사절을 지켜야 하겠습니다.

주님의 교회 안에서 해야 할 일들이 너무나 많이 있기 때문입니다. 복음전파, 구제, 선교 등이 주님의 교회의 중요한 임무요 사명이기 때문입니다. (마 6:21)물질이 있는 곳에 마음도 있다고 하셨는데 맥추감사절에 기억해야 할 말씀입니다.

3. 맥추감사절에서 정성을 배우고 축복 받는 방법을 배워야 합니다.

언제나 어떤 일에든지 축복이 약속되었습니다.

1) 맥추감사는 첫 열매를 드리는 것입니다.

이것은 축복이요 은혜입니다.

① 첫 것을 드렸던 일들에서 보시기 바랍니다.

성경에는 첫 것을 드렸던 사례들을 보여줍니다. (출 13:1)애굽 온천지에 첫 것이 죽을 때에도 이스라엘들에는 평온했습니다. 첫 것을 구별해서 드려야 할 이유입니다.

② 그 뒤로 이스라엘은 첫 것을 구별해서 드렸습니다.

따라서 우리는 첫 것을 드릴 줄 아는 믿음 위에 서 있어야 합니다. 새벽기도(시 46:5), 첫 결심 등 성령께서 역사하시는 첫 것은 중요합니다.

2) 맥추절을 주신 것은 축복이지 올무가 아닙니다.

절기들이 모두 그러합니다만 믿음으로 지켜야 할 이유입니다.

① 하나님께서 명하신 절기의 약속은 축복입니다.

하나님이 명하신 모든 것은 축복입니다. 주일성수, 십일조와 감사(사 58:13; 말 3:10) 등. 따라서 억지로나 인색한 마음을 버려야 할 이유입니다(고후 9:6-7).

② 약속은 축복입니다.

성경을 어디를 펴서 읽든지 그 말씀은 올무가 아니라 축복이요, 행복이요, 부강의 약속입니다(신 10:8, 12-13, 22, 11:1, 12:1, 11). 그래서 가감하지 말고 지켜야 합니다(신 12:32, 4:1; 계 22:18-19). 그러므로 축복의 말씀을 붙들고 축복받는 성도들이 모두 되시기를 예수님의 이름으로 축원합니다.

결론 : 감사절은 축복의 절기입니다.

〈감사〉
감사하는 신앙인이 되자 | 눅 17:11-21

　감사하는 일은 사람으로서 해야 할 일이지만 구원 받은 성도의 입장에서는 더욱 반드시 해야 할 일입니다. 왜냐하면 하나님께 받은바 은혜와 축복이 크기 때문입니다. 이것은 하나님께서 인간을 창조하신 목적이기도 합니다. 개의 관한 이야기가 있습니다. "주인과 함께 길을 나선 개가 주인이 술에 취해 길 모퉁이에서 잠이 들었는데 … 들판에 불이 나서 주인이 있는 곳까지 불길이 미치려 하자, 개는 곧 근처 냇가에 몸을 적시어 왔다 갔다 하며 잠들어 있는 주인 주위를 삥 둘러가며 풀에 물을 묻혀 놓아 불길이 끊어지게 해놓고 기운이 다해 죽고 말았다"는 이야기입니다. 주인이 깨어 개의 자취를 발견하고는 슬픈 마음에 무덤을 만들어 주었다는 것입니다. 고려 시대의 문인 최자(崔滋)가 1230년에 쓴 《보한집》(補閑集)에 그 이야기가 전해집니다(오늘의 전라북도 임실군 지사면 영천리). 주인을 위해 몸까지도 희생하며 충성하고 감사할 줄 아는 개의 모습입니다.

　(엡 3:17-19) "하나님의 사랑이 너비와 길이와 높이와 깊이가 어떠함을 깨달아 하나님의 모든 충만하신 것으로 너희에게 충만하게 하시기를 구하노라" 했습니다. 찬송가 304장(통404)에서 레만(F. M. Lehman)은 "하늘을 두루마리 삼고 바다를 먹물삼아도 하나님의 사랑을 다 기록할 수 없다"고 했습니다. 또한 한문에도 '감사부재 면 인면수심'(感謝不在 人面獸心)이라

고 했습니다. 얼굴은 사람의 얼굴이지만 마음은 짐승의 마음이라는 뜻입니다. 구약시대 때 애굽에서 나온 후 3대 절기를 지키라고 명하셨는데(출 23:14-21) 유월절, 맥추절, 수장절(추수감사절)입니다. 청교도들이 신앙을 따라서 신대륙으로 건너가서 지켜오던 절기가 현재 우리가 지키는 추수감사절입니다. 본문에서 예수님께 나와서 치유함을 받았던 열 명의 나병환자 중에 사마리아 사람 한 명만 감사했던 내용을 봅니다. 이처럼 감사가 메마른 시대에 다시 한 번 본문에서 은혜를 받게 됩니다.

1. 이 사마리아 사람은 감사할 줄 아는 사람이었습니다.

예수님을 만나서 나병에서 낫게 되었는데 이 얼마나 감사할 일입니까? 예수님 말씀대로 순종하여 제사장에게 가다가 몸이 낫게 되었습니다.

1) 감사할 줄 아는 사람이 되어야 합니다.

정상적인 사람 앞 50m 이내에 들어오면 돌팔매질을 당하여 죽을 수밖에 없는 존재가 나병환자입니다. 그런데 그 병에서 낫게 되었습니다.

① 사마리아 사람만 감사에 참여했습니다.

불치병에서 낫게 되었습니다. 성경 속에서 9명이 아니라 우리 자신이 감사가 메마른 것을 볼 수 있어야 합니다. 지금은 감사를 찾고 회복해야 할 때입니다. (시 50:14, 23)감사로 제사를 드리는 자가 하나님을 영화롭게 해드립니다. 그리고 구원해주십니다.

② 감사해야 할 내용을 생각해보고 찾아야 합니다.

사마리아 사람은 나병에서의 치료뿐만 아니라 영원한 불치의 죄악에서 낫게 되었고 구원 받게 되었습니다. 찬송가 23장 가사와 같이 만입이 있어도 찬송을 모두 할 수 없는 이 일에 감사가 회복되어야 하겠습니다. 지금 시대는 하나님의 은혜와 축복 속에서 살면서도 감사가 부재중인 시대이기 때문입니다.

2) 감사가 없는 사람은 누구든지 무슨 일을 만나도 감사가 없습니다.

그 곳에는 불행한 삶이 될 수밖에 없습니다.

① 일반적인 생활 중에 나병에서 치료받는 것보다 더 큰 일은 없을 것입니다.

나병은 평생 가지고 가야하는 절대 절망의 불치병이기 때문입니다. 그래서 하늘로부터 내린 것이라 하여 천혜의 병이라고 불리던 아주 몹쓸 병이었습니다. 지금도 우리 주변에는 산소 호흡기에 의지해서 살아가는 사람들이 많은데 이렇게 의자에 편안하게 앉아 예배드리는 것 하나만해도 감사해야 할 조건입니다.

② 9명은 예수님께 나아오지 않았습니다.

열 명 중 한 명밖에 감사가 없다는 뜻입니다. 은혜와 혜택을 똑같이 받아 누리면서도 감사할 줄 아는 사람은 그만큼 소수라는 뜻입니다. 우리는 지금 세계적으로 큰 축복 받은 나라 안에서 풍요롭게 살고 있는 것이 분명하지만, 우리의 마음에 이런 감사가 있는지 다시 한 번 확인해 봐야 합니다.

2. 사마리아 사람에게서 감사를 배우게 됩니다.

나병(Leprosy)에서 나은 사마리아 사람은 예수님께 감사하게 되었는데 여기에서 몇 가지 배우게 됩니다.

1) 사마리아 사람처럼 감사해야 합니다.

나병에서 금방 치료되었으니 무슨 돈이나 귀한 것이 있었겠습니까마는 감사를 표현한 자세가 중요합니다.

① 즉시 감사했습니다.

이제 병이 낫게 되었으니 집에도 알려야 하고 또 할 일이 많았겠지만 그 벅찬 가슴을 안고 예수님께 먼저 와서 감사를 표했습니다. 영적인 일은 식기 전에 해야 합니다. 왜냐하면 작심삼일(作心三日)이 되기 쉽기 때문입니다. 감사할 내용도 식게 되면 곤란하게 됩니다.

② 먼저 예수님께 달려와서 감사했습니다.

나병에서 낫는 기적을 체험한 사람으로서 얼마나 감격스러웠겠습니까마는, 먼저 예수님을 만나는 것이 중요한 일이었습니다. 영적인 일과 세상적인 일은 구분할 수 있어야 합니다. 영국의 문호인 셰익스피어(Shakespeare)는 "불어라, 불어라, 겨울의 찬바람이여, 너 아무리 차다 해도 배은망덕자보다는 나으리라"라고 했습니다. 그런 일이 발생하기 전에 먼저 예수님께 와서 감사했습니다.

2) 사마리아 사람의 감사를 실제로 배워야 합니다.

배움은 모두 좋다고 했지만 이런 배움은 언제나 앞서서 배워야 합니다.

① 사마리아 사람에게서 겸손히 감사하는 모습을 배우게 됩니다.

이 사람이 어떻게 나병에 걸리게 되었고, 직업과 나이 등 다른 어떤 정보도 얻을 수 없지만 본문에서 알 수 있는 것은 겸손히 예수님께 나와서 엎드렸다는 것입니다. (16절)"예수의 발 아래에 엎드리어 감사하니"(He threw himself at Jesus' feet and thanked him) 했습니다. 엎드리는 것뿐 아니라 감사하였으니 은혜를 모르고 사는 시대에 하나님 말씀에서 배워야 할 겸손의 감사입니다.

② 마음뿐 아니라 실제 행동으로 감사했습니다.

대개 행동은 하지 않고 말로만 고맙다고 생각하거나 이야기하기 쉽습니다. 영적인 일은 마음과 생각뿐 아니라 실제 행함으로 나타나야 합니다. 이번 감사절에 행동으로 보이는 감사가 회복되시기를 바랍니다.

3. 나병뿐 아니라 더 큰 축복을 받게 되었습니다.

감사하는 사마리아 사람에게 예수님이 말씀해 주셨습니다. (19절)"그에게 이르시되 일어나 가라 네 믿음이 너를 구원하였느니라 하시더라"(Then he said to him, Rise and go; your faith has made you well.) 했습니다. 육신의 나병에서만 아니라 영혼의 죄에서도 구원 받게 되었습니다.

1) 구원은 믿음으로 받습니다.

예수님이 그의 믿음을 인정하시게 된 것입니다.

① 영적이든 육신의 질병이든 치료의 역사에는 언제나 믿음이 강조되었습니다.

(눅 8:44)열두 해를 혈루증으로 앓는 여인도 치료하셨는데 신학자 플루머(Plomer)는 "손으로 만진 것이 아니라 믿음으로 만지는 것이 이적을 만나게 되었다."고 했습니다. 플루머의 해석대로라면 이 사마리아 사람 역시 믿음으로 치료되었고 확신하게 된 것입니다.

② 믿음이 없으면 감사도 나오지 않습니다.

따라서 우리는 믿음이 돈독한 가운데서 감사해야 하겠습니다.

2) 구원받은 믿음은 성숙한 믿음입니다.

(눅 18:8)이 세대는 믿음이 없는 시대이지만 성숙한 믿음에 서야 하겠습니다.

① 믿기 때문에 예수님께 나아왔습니다.

나머지 아홉 명의 믿음은 병 낫기를 위한 것이었으므로 말씀 순종과 감사하는 믿음에는 아직 이르지 못했습니다. 질병이 낫는 것이 목적이었으니 예수님께 다시 감사함으로 나오지는 않았던 것입니다.

② 이제 우리는 천국에까지 인정받는 믿음 위에 자신을 건축해야 합니다(유 20). 이 믿음이 낫게 하였고 이 믿음이 예수님께 감사하게 되었습니다. 오늘 추수감사절에 다시 한 번 감사를 배우고 회복하는 시간이 되시기를 예수님의 이름으로 축원합니다.

결론 : 신앙인이라면 감사를 배워야 합니다.

〈감사〉
야곱의 생애에서 보는 감사 | 창 28:10-22

누구든지 태어나는 때부터 성장과 살아가는 과정이 있고, 인생을 모두 마친 후에는 살아온 것에 대한 결산이 있습니다. 자기 자신도 평가하겠지만 타인에 의해서도 나의 대한 평가가 내려지게 됩니다. 인생을 모두 마친 다음에 거기에 대한 감사를 할 수 있다면 성공적이라 할 수 있을 것입니다. 그러나 감사의 결산서가 아니라 후회하는 결산서라면 생각해 볼 문제입니다. 내 사전에서는 불가능이란 단어를 빼버리라고 했던 나폴레옹도 후에 세인트헬레나 섬에 유배되어 죽어가면서 "나는 칼로써 세상을 정복하려 하였지만, 실패자가 되어서 이렇게 죽어가지만 나사렛 예수 그리스도는 십자가 희생적 복음으로써 세상을 정복했다."고 했습니다. (시 49:20)"존귀하나 깨닫지 못하는 사람은 멸망하는 짐승 같도다" 했습니다. 과거의 문제, 현재의 문제 그리고 미래에 대한 문제도 하나님의 역사 속에 산다는 것을 깨달아서 감사할 줄을 알아야 합니다. 하나님의 은혜에 측량할 수 없는 축복 속에 살면서도 감사가 없고 깨닫지 못하게 될 때에는 빈궁한 신앙이 되고 말 것입니다.

오늘 분문에서 야곱은 아브라함의 손자요, 이삭의 아들로서 장자의 명분이 중요하다는 것을 깨달았지만, 에서는 그렇지 못했기에 모든 축복권이 야곱에게 넘어가게 됩니다, 금년 맥추절에 우리의 신앙을 다시 한 번

조명해 보아야 하는 부분입니다. 야곱과 같이 복음적 축복 속에서 깨닫고 더욱 감사할 조건을 찾아야 하겠습니다.

1. 야곱은 모든 조건을 초월한 하나님의 은혜를 받았습니다.

조건적으로는 장자가 되거나 축복권을 받을 수 없는 야곱이었지만 장자권과 축복의 사람이 되었듯이, 우리는 조건적으로는 죄인이지만 의롭게 되었고 축복을 받게 되었습니다.

1) 은혜 받고 축복 받은 사람은 무엇에 대하여 억울해 할 것을 아는 사람입니다.

야곱은 장자가 아니라 차자로 태어난 것을 억울해 하는 사람이었습니다. 장자의 특권과 축복권의 중요함을 알았기 때문입니다.

① 좋고 아름다운 일을 억울하게 여겼습니다.

야곱은 억울해 하는 사람이었습니다. 예수 안에 있는 성도들은 은혜 받는 일, 상급 받는 일, 영적 문제에 대해서는 마음에 늘 욕심이 있어야 합니다. 하나님은 육신적 조건보다 그 심정을 보십니다. 그리고 다윗에게 기름을 부으라고 하셨습니다(삼상 16:7). 에서는 다시 잡을 기회를 놓치게 되었습니다(히 12:39). 이삭에게 남은 축복이라도 달라고 애원했지만 축복이 아니라 오히려 저주가 나가게 되었습니다(창 27:39). 축복을 잃어버리고 감사할 것을 모두 상실하게 되었습니다.

② 야곱은 축복 받아서 축복과 감사의 상징적 인물이 되었습니다.

하나님께서 그 중심을 보셨기 때문입니다. 잠깐 동안 에서의 칼을 피하여서 외삼촌 집으로 피난 가는 고난이 있었지만, 하나님께서 꿈속에서도 함께 하시며 야곱으로 하여금 감사가 넘치게 했습니다. 사닥다리가 내려오고 천사들이 오르락내리락 했습니다. 우리는 하나님의 보호와 안위에 대해서 감사가 메마르지 않아야 합니다. (살전 5:16-18)항상 기뻐하고 쉬지 말고 기도하며 범사에 감사하는 것은 하나님의 뜻이기 때문입니다.

2) 하나님을 사모하는 사람들이 받는 복입니다.

야곱은 평상시에 하나님을 사모했습니다. 하나님은 사모하는 영혼을 좋은 것으로 채워주십니다(시 107:9).

① 하나님을 경외하며 그 은혜 속에 감사하는 사람입니다.

돌베개 위에 기름을 붓고 예배드렸는데 감사하는 그 곳이 루스(황당하다는 뜻)가 아니라 벧엘(하나님의 전)이 되었습니다. 하나님은 찾고 경외하는 사람들을 기뻐하십니다(시 147:11; 창 22:12).

② 다윗은 할례 받은 백성이 된 것을 감사하며 즐거워했습니다.

골리앗과의 싸움에서 이 표어로써 이기는 계기가 되었습니다(삼상 17:26-37). 성도는 언제나 구원의 기쁨과 감사 속에서 세상을 이겨나가야 합니다. 이것이 구원받은 하나님의 백성들이 잊지 말아야 할 감사의 생활입니다.

2. 야곱은 어디로 가든지 함께 하시는 은혜를 받았습니다.

우리가 평상시에 감사해야 할 부분입니다. 야곱에게만 아니라 우리에게 하나님은 평상시에 함께 하시기 때문입니다.

1) 야곱은 이 은혜와 축복을 받았습니다.

그리고 그 은혜 속에서 즐거워하며 기쁨으로 감사하게 되었습니다.

① 함께 하겠다는 약속의 은혜를 보시기 바랍니다.

(창 28:15)"내가 너와 함께 있어 네가 어디로 가든지 너를 지키며 너를 이끌어 이 땅으로 돌아오게 할지라" 했습니다. 왜 우리가 감사해야 합니까. 그 약속이 지금도 유효해서 함께 하시기 때문입니다(마 28:20). 감사해야 합니다.

② 이제는 황당하다는 뜻의 루스가 아니라, 벧엘 즉 하나님의 집이 되었습니다.

야곱은 축복 받은 사람이 되어서 쫓겨다니는 루스가 아니라, 하나님이 함께 하시는 사람이 되었습니다. 떠날 때는 빈손으로 떠났으나 20년간 하란 땅에서 살면서 거부가 되었습니다(창 31:1-). 한 순간도 하나님께서 야곱을 떠나신 적이 없습니다(창 31:41). 이 은혜를 받은 야곱은 하나님의 측량할 수 없는 축복 속에서 감사하며 살았습니다. 야곱뿐이겠습니까? 우리 역시 이 은혜 속에서 살기 때문에 감사해야 할 사람들입니다.

2) 하나님의 약속된 백성은 언제나 무슨 일이 있든지 하나님께 맡겨야 합니다.

왜냐하면 그 분이 함께 하시기 때문입니다.

① 야곱에게만 아니라 하나님의 모든 백성에게 약속하신 것입니다.

라반이 품삯을 10번이나 변경했어도 결국은 야곱에게 오는 축복을 막지 못했습니다. (롬 8:28)하나님을 사랑하는 자 곧 그 뜻대로 부르심을 입은 자들에게는 모든 것이 합력하여 선을 이루게 됩니다. 믿고 깨달았으면 무조건 감사해야 합니다.

② 그런데 함께하심에는 조건이 있습니다.

(마 10:32)사람들 앞에서 예수님을 시인해야 합니다. (요 14:15-17)하나님의 계명을 지켜나가야 합니다. (마 28:16-20)복음전파에 힘써야 합니다. 이런 곳에 가까이 계시고 함께 하십니다. 그리고 중요한 것은 늘 감사 속에 살아야 한다는 것입니다.

3. 야곱은 이스라엘이라는 축복을 받은 사람이 되었습니다.

이스라엘은 하나님과 겨루어 이겼다는 뜻입니다. (창 32장)에서가 400명의 사병을 데리고 야곱을 향하여 올 때에 이 정보를 들은 야곱은 얍복 강가에서 모든 것을 건너보내고 홀로 남아서 천사와 씨름하게 되었습니다. 그리고 겨루어 이김으로 그의 이름이 야곱에서 이스라엘로 바뀌게 되었습니다.

1) 이스라엘이라는 이름에서 축복을 깨닫게 됩니다.

형 에서의 발꿈치를 잡았다는 뜻의 야곱이 아니라 하나님과 겨루어 이

졌다는 뜻의 이스라엘입니다.

① 사랑의 씨름에서 하나님께서 야곱에게 져주셨습니다.

씨름에서 아버지가 재롱떠는 아이에게 져주는 모습을 연상하게 됩니다. (말 1:2)하나님이 야곱을 사랑하셨습니다. (롬 5:8)이와 같이 하나님께서 우리를 사랑하사 독생자를 주셨습니다. 무조건 감사해야 할 일입니다.

② 하나님을 이겼다는 것은 하나님께서 반드시 축복해 주신다는 약속입니다.

그만큼 붙잡아 주시며 함께 하시며 보호해 주시고 축복해 주시는 바, 우리는 부족해도 하나님은 우리의 기도를 들어주시고 축복해 주십니다. 무조건 감사해야 할 일입니다. 야곱과 같은 끈질긴 기도가 필요합니다.

2) 하나님께서 야곱에게 져 주셨듯이 하나님은 우리에게 져 주실 때가 있습니다.

① 회개하는 사람에게 하나님은 때때로 져주십니다.

(욘 2장)요나의 회개가 그 예입니다. (시 51편)다윗의 예가 그 대표입니다. 회개하는 사람에게는 하나님께서 져주십니다. 감사해야 할 조건의 근거들입니다.

② 간절히 기도하는 사람에게 하나님은 져주십니다.

기도하는 사람을 하나님은 어찌 하실 수 없습니다. 엘리야의 기도에서 보게 됩니다(왕상 18:44; 약 5:16-17). 우리가 기도하게 될 때에 하나님은 역사하십니다. (계 8:3-5)그러므로 이번 맥추감사절에도 무조건 감사하는 신앙 가운데 야곱의 축복과 은혜를 체험하게 되시기를 예수님의 이름으로 축원합니다.

결론 : 야곱이 받은 은혜를 보면서 감사신앙을 배웁니다.

〈감사〉
모든 일에 감사하라 | 살전 5:18

　우리가 살아가는 세상은 언제나 좋은 일만 있는 것이 아니고 그렇다고 나쁜 일만 있는 것도 아님을 보게 됩니다. 나쁜 일도 있지만 좋은 일을 만들면 얼마든지 있게 됩니다. 그런데 문제는 일상생활에서 감사하기보다 원망과 불평, 짜증내는 불신앙적인 생활이 많다는 것입니다. 오늘 추수감사절을 맞이하여 다시 한 번 우리 자신을 돌아보아야 할 때입니다. (딤후 3:2)말세에 고통하는 때가 오는데 그 고통의 원인 중의 하나가 "감사하지 아니하며"(ungrateful)라고 했습니다. '고통하는 때'의 '고통'은 AL(미국번역)에는 'perilous times'이라 하였고, 개역성경(RSV)에는 'times of stress'라 했고, 신학자 빈센트(Vincent)는 '힘든 때'(hard times)라고 했습니다. 한문에 '감사부재면, 인면수심'(感謝不在 人面獸心)이라 했습니다. 감사할 조건이 많은데도 감사가 없는 시대에 우리는 다시 한 번 감사를 회복해야 하겠습니다. (눅 17:11-)10명의 나병환자가 모두 고침을 받았지만 예수님께 와서 감사한 사람은 사마리아 사람 한 사람뿐이었습니다. 그는 영혼까지 구원을 받게 되었습니다. 이번 추수감사절에 우리는 다시 한 번 우리의 감사를 확인해야 하겠습니다. 그리고 감사가 없는 자가 아니라 감사할 줄 아는 신앙을 회복해야 하겠습니다. 은혜의 시간이 되시기를 바랍니다.

1. 세상 사람들은 감사를 잊어버려도 성도는 감사할 줄 알아야 합니다.

세상 사람들이 모두 감사 속에 살지는 않습니다. 왜냐하면 감사는 사치스러운 것으로 생각하기 때문입니다.

1) 구원 받은 성도는 숫자는 적지만 감사 속에 살아가게 됩니다.

적은 소수의 무리지만 감사하는 것이 신앙의 정로입니다.

① 적은 수이기 때문에 외롭지만 감사하며 살아갑니다.

본문에서 사도 바울은 옥중에 갇혀 있지만 감사하라고 강조했습니다. 복음을 전하다가 옥에 갇혀 있지만, "범사에 감사하라"고 하면서 이것이 하나님의 뜻이라고 분명하게 전해주었습니다(give thanks in all circumstances, for this is God's will for you in Christ Jesus). 이런 감사를 배워서 감사해야 합니다.

② 감사해야 하는 것은 부지기수로 많이 있습니다.

원망과 짜증의 생활에서도 따지고 보면 그것은 감사할 수밖에 없는 일들에 속합니다. 이 시간 교회에 나와서 주일 예배를 드리는 것 하나만 가지고도 엄청나게 감사해야 할 것입니다. (롬 8:28)"하나님을 사랑하는 자 곧 그의 뜻대로 부르심을 입은 자들에게는 모든 것이 합력하여 선을 이루느니라" 했습니다. 따라서 무조건 감사해야 할 일들이 우리가 사는 세상의 조건들입니다.

2) 위기 때라는 환경에서도 감사했던 사람들을 배우게 됩니다.

원망과 낙심과 실망의 조건같이 보이지만 그래도 감사하는 신앙입니다. 여기에서 기적이 나타나게 됩니다.

① 다니엘의 감사에서 배우게 됩니다.

(단 6:10-)바벨론에 포로가 되어서 총리직까지 올라갔지만 잘못된 다른 총리들의 계략으로 인해서 사자굴 속에 들어가는 위기 가운데 있었음에도 원망이 아니라 감사기도를 했습니다. 하루에 세 번이나 무릎 꿇고 감

사기도 했습니다(giving thanks to his God). 그 결과는 기적으로 나타나게 되었습니다.

② 신약의 사도 바울 경우에서 보게 됩니다.

(행 16:7-)바울의 본래 계획인 아시아 선교를 뒤로하고 성령의 인도를 따라서 빌립보지방에 가서 전도하다가 귀신 들린 아이의 귀신을 추방시켰는데, 그 이유로 옥에 갇히게 되었지만 밤중에 찬송하고 기도하며 하나님께 감사했더니, (행 16:25)그런 가운데 기적이 일어나서 옥사장이 구원 받는 계기가 되었고 빌립보교회가 설립되는 계기가 되었습니다. 우리는 어떠한 일에든지 무조건 감사하고 봐야 할 것입니다. 이번 감사절에 감사를 다시 배우게 됩니다.

2. 감사하는 곳에는 원망하는 말을 버려야 합니다.

감사하는 사람은 원망적 요소를 버려야 합니다. 원망적 요소와 답답한 일이 있을 때에도 원망이나 불신앙이 아니라 감사로 돌릴 수 있어야 하겠습니다.

1) 성경에서 그런 때에 어떻게 해야 하는지를 보여줍니다.

성경은 우리에게 진리가 되기 때문에 믿어야 합니다.

① 해가 지도록 분을 품지 말라고 했습니다.

세상 살면서 왜 분을 내는 일이 없겠습니까만 오래도록 품고 있으면 곤란합니다. (엡 4:26-)"분을 내어도 죄를 짓지 말며 해가 지도록 분을 품지 말고 마귀에게 틈을 주지 말라" 했습니다. 에스티우스(Estius)는 "분을 며칠씩 계속 품지 말라"고 해석했습니다. 교부 중에 크리소스톰(Chrysostom)은 "분을 내어도 죄를 짓지 말라"고 가르쳤습니다. 감사하는 신앙을 배워야 합니다.

② 원망하지 말고 감사하기 위해서는 성경으로 돌아가야 합니다.

성경에서 읽게 됩니다. (요 6:43)예수님은 "너희는 서로 수군거리지 말라"

하셨습니다. (빌 2:13)사도 바울은 "너희 안에서 행하시는 이는 하나님이시니... 모든 일을 원망과 시비가 없이 하라"고 권면하고 있습니다. 야고보는 (약 5:9)"형제들아 서로 원망하지 말라 그리하여야 심판을 면하리라" 했습니다. 왜냐하면 이것들로 인하여 감사하는 마음이 사라지기 때문입니다. 감사하는 마음으로 발전 승화시켜야 할 것입니다.

2) 모든 일에는 우연이 없고 그 안에는 하나님의 뜻이 있기 때문에 감사해야 합니다.

그래서 무조건 감사하라는 것입니다. 이것을 신학적으로 '하나님의 섭리'라고 합니다.

① 어려운 일 앞에서도 감사하는 신앙은 결국 좋은 열매를 맺습니다.

《천로역정》의 저자 존 번연(John Bunyan)은 바른 신앙에서 바른 말씀(성경)을 전하다가 옥에 갇히는 억울한 일을 당했지만 12년간의 옥중생활을 통해서 제2의 성경이라 불리는 불후의 명작《천로역정》을 쓸 수 있었습니다. 감사할 뿐입니다.

② 결국은 전화위복을 주시는 하나님이십니다.

진행과정이 불만족하고 어렵더라도 무조건 감사 속에 살다보면 하나님께서 역사하십니다. 우리는 지금 감사에 대하여 많이 무뎌진 세상에 살고 있는데 이번 추수감사절에 무조건 감사가 회복되기를 기도해야 합니다.

3. 범사에 감사하는 것은 하나님의 축복이 예약되는 일입니다.

감사 속에 축복이 약속되었고, 감사 속에 기적이 나타납니다. 따라서 우리는 날마다 감사 속에 살아야 할 것입니다. 좋은 식당에서 좋은 위치에는 예약(Reserved)석으로 표시해 놓은 경우를 종종 보게 됩니다.

1) 감사에는 축복이지만 불신앙에는 저주가 예약되어 있습니다.

축복이 아니라 저주요 심판이라는 사실을 잊지 말아야 합니다.

① 이스라엘 백성들의 광야 생활에서 보여 주었습니다.

그렇게 많은 기적과 능력을 보고도 감사가 아니라 원망과 불평할 때에 멸망하고 말았습니다. (고전 10:10-)"그들 가운데 어떤 사람들이 원망하다가 멸망시키는 자에게 멸망하였나니 너희는 그들과 같이 원망하지 말라" 했습니다. 원망은 감사가 없기 때문에 나오는 불신앙입니다.

② 감사 속에 더 큰 축복이 약속되었습니다.

유명한 설교가인 스펄전 목사는 이렇게 말했습니다. "우리에게 별빛을 주셨으니 감사합니다 라고 하면 하나님께서 우리에게 달빛도 주시고, 햇빛도 주시니 감사합니다 하면 이런 감사 속에 성령의 능력을 주시게 된다." 그러므로 우리가 회복해야 할 것은 감사하는 일입니다.

2) 현재 받은 축복에 감사하세요.

이렇게 말하면 어떤 사람은 "내가 무슨 축복을 받았느냐?"고 반문하겠지만, 잠시만 생각해보면 우리는 지금도 수많은 축복과 은혜 속에 살아갑니다.

① 하늘에 속한 신령한 복은 이미 받았습니다.

(창 1:3)구원론의 극치의 최고봉인 예정론 속에서 우리는 하늘에 속한 신령한 복을 받고 살아가고 있는 것입니다. 우리는 찬송할 뿐이요, 감사할 뿐입니다.

② 예수님 믿나요? 구원 받았나요? 감사해야 합니다.

천국을 확신하나요? 하나님 백성이 되었나요?(요 1:12; 롬 8:15; 빌 3:28). 감사해야 합니다. 은평교회 모든 성도들은 이번 추수감사절에 올바른 감사 신앙이 회복되시기를 예수님의 이름으로 축원합니다.

결론 : 무조건 감사합시다.

〈십자가〉
예수님의 십자가를 지고 간 구레네 시몬
| 마 27:32

  어느 시대든지 때를 따라서 그곳에는 반드시 요긴하게 쓰임 받는 일꾼들이 있습니다. 역사는 그런 사람들에 의해서 펼쳐지게 됨을 보게 됩니다. 1973년 빌리 그래함(Billy Graham) 목사님의 통역을 멋지게 한 수원중앙침례교회 김장환 목사님은 어떻게 통역을 그렇게 잘할 수 있느냐라는 질문에 "여러분이 어떤 분야든지 준비만 하고 있으면 하나님께서 때를 따라서 쓰시고 사용하게 됩니다."라고 대답했다고 합니다. (행 9:15)주님은 박해자였던 바울에게 "택한 나의 그릇이라"고 했습니다. 어느 시대든지 필요한 일꾼들을 쓰셨음을 보게 됩니다. (창 6:7-)노아, (창 12:1-)아브람, (창 37:1-)요셉, (출 3:1-)모세, (수 1:1-)여호수아, (삿 1:1-)사사들, (마 4:8-)제자들을 부르심, (행 13:22)다윗을 부르심에서 우리의 모습을 볼 수 있어야 하겠습니다.

  본문에 보면 예수님이 십자가를 지시고 골고다 언덕을 올라가실 때에 수를 헤아릴 수 없는 인파들이 모여서 구경도 하고 야유도 하고 때로는 안타까워하는 무리들이 있었을 것인데, 구레네 시몬이 뽑혀서 예수님의 십자가를 대신 지고 가는 장면이 나옵니다. 여기에서 은혜를 나누며 사순절의 사건들을 생각해보겠습니다.

1. 구레네 시몬은 억지로 십자가를 지고 가게 되었는데 자기 자신도 모르는 십자가였습니다.

예수님이 고난당하신 십자가 사건을 이야기 할 때에 몇 사람은 언제나 입에 오르게 됩니다. 예수님 앞에서 호언장담 했지만 3번씩이나 부인한 베드로의 사건(마 26:31, 69)이나, 예수님을 은 30에 팔고 비참하게 죽은 가롯 유다(행 1:8), 또 십자가를 대신 지고 간 구레네 시몬의 사건 등입니다.

1) 구레네 시몬은 억지로 지고 간 십자가였습니다.

구레네 시몬이 유대인이냐 이방인이냐는 논란이 있는데 역사신학자 조셉 엑셀(Joseph S. Exell)에 의하면 '이방인이었을 것'이라고 추측합니다.

① 문제는 구레네 사람이라는 점입니다.

본문(마 27:32)은 "시몬이란 구레네 사람을 만나매 그에게 예수의 십자가를 억지로 지워 가게 하였더라" 했습니다. 오늘날 예수를 믿는 우리들이야 고백으로라도 십자가를 지고 가게 됩니다. (마 16:24)예수님의 명령이기 때문이요 제자의 길이기 때문입니다. 바울은 "그리스도의 남은 고난을 그의 몸 된 교회를 위하여 내 육체에 채우노라"(골 1:24) 했습니다. 왜 구레네 시몬이었느냐는 질문에는 대답이 궁하게 됩니다. 요셉 엑셀에 의하면 제일 가까이 맨 앞에 있었기 때문이라고 합니다. 저 위에 있는 사람을 쓰시지 않습니다. 교회 안에서도 주님과 제일 가까운 사람들에게 십자가가 있음을 잊지 말아야 할 것입니다.

② 구레네 시몬의 입장에서 보면 하필 왜 내가 뽑혔느냐고 질문할지 모릅니다.

오늘날 교회 안에서 보면 왜 내가 그 일을 해야 하느냐고 불평하는 사람들이 많이 있습니다. 구레네 시몬은 예수님이 십자가를 지고 가시는 길목에서 제일 가까운 거리에서 안타까운 모습으로 측은하게 지켜보았을 것입니다. 구레네 시몬은 그 십자가를 통해서 큰 축복을 받게 되었습니다. 십자가는 아무나 지는 것이 아니라 제일 앞에 있는 사람이 지고 감으로 축복의 사람이 되는 것을 깨닫게 됩니다.

  2) 예수님께 가까이 갈수록 십자가는 있게 되고, 그 십자가를 내가 지고 가면 축복받게 됩니다.

  저 뒤쪽에 보이지도 않게 서있는 사람을 끌어다가 지게 하지 않았다는 것에서 교훈을 얻게 됩니다.

  ① 예수님과 멀리 있는 사람은 십자가도 없습니다.

  그냥 구경꾼에 불과할 뿐입니다. 교회까지 오는 영광은 얻었지만 예수님과 멀리 떨어져 있는 사람에게는 십자가도 없습니다. 예수님 곁에서 믿음이 있다면 십자가도 늘 있게 됩니다.

  ② 제자들은 말과는 달리 십자가 앞에서 흩어지게 되었습니다.

  그렇게 장담하던 베드로마저도 3번씩이나 주님을 부인했습니다. 십자가를 멀리하는 신앙은 주님과도 멀어질 수밖에 없습니다. 세상의 명예나 재물이나 향락은 가까이 하기 쉬운데 십자가는 가까이 하지 않는 것이 세상입니다. (고전 1:17)십자가의 도가 구원 얻는 자에게만 지혜의 길입니다. 이 진리를 사순절 기간에 다시 한 번 깨닫게 되시기를 축복합니다.

2. 구레네 시몬이 지고 가는 십자가는 예상치도 못하고 뜻하지도 않은 십자가였습니다.

  살아가면서 예상치 못했던 일들이 있는데 믿는 성도들에게도 십자가 역시 그러할 때가 많습니다.

  1) 구레네 시몬의 십자가는 계획했거나 미리 준비한 것이 아니었습니다. 뜻밖의 십자가였습니다.

  ① 신앙생활 하면서 십자가는 뜻밖에 갑자기 오는 때가 있습니다.

  교회생활에서도 그렇게 십자가 고난이 생기게 됩니다. 이때에 구레네 시몬이 뜻밖에 생긴 십자가를 지고 영광의 길을 가게 되었듯이 우리 역시 그리해야 합니다.

② 예고 없이 오는 십자가였으나 승리했습니다.

지난 2,000여 년 동안 이 복음이 전파되는 곳마다 구레네 시몬의 이름이 계속 기독교인의 입에서 오르내리게 된 축복을 받게 된 것입니다. 이것은 십자가를 지고 가는 성도가 천국에서 받을 영광의 모형입니다. 역사가 요세푸스(Josephus)에 의하면 그곳은 일찍이 유대인들이 많이 살던 곳이라고 지적하는데 구레네 시몬으로서는 축복의 십자가가 되었습니다.

2) 구레네 사람 시몬은 십자가 앞에서 절망하거나 실망한 것이 아니라 그 십자가를 대신 지고 묵묵히 자기가 감당할 구간을 걸어갔습니다.

이쯤 되면 소리 지르거나 반항할 만도 한데 그런 흔적이 없습니다.

① 억지로 진 십자가인 동시에 로마병정들의 무서움도 있었겠지만 그 십자가를 달게 지고 갔습니다.

우리는 문제 앞에서 실망하거나 낙심할 때가 있는데 그럴 일이 아니라는 사실입니다. 페니(Peny)는 말하기를 "십자가 없이는 영광도 없다."(NO Cross, NO Crown)고 하였는데, 결코 절망할 일이 아닙니다. 십자가 앞에서 절망할 것이 아니라 십자가 지고 구레네 시몬과 같이 승리의 한 해가 되시기 바랍니다.

② 주님의 바른 제자라면 생활 중에 일어나는 십자가를 지고 가게 됩니다.

십자가는 결코 낙심할 이유가 아니라는 것입니다. 십자가를 지는 성도들이 한국교회에 많지 않은데서 문제가 생깁니다. 올해에는 우리 모두가 십자가를 지고 가는 해가 되어야 하겠습니다.

3. 구레네 시몬은 어차피 주어진 십자가이기에 잘 지고 감으로 축복 받은 이름이 되었습니다.

영적으로 어차피 지고 가는 십자가라면 기쁨으로 지고 가는 것이 승리의 비결입니다.

1) 필연코 지고 가는 십자가라면 잘 지고 가야 하겠습니다.

구레네 시몬이 그곳에 있었듯이 우리가 서 있는 곳이 십자가의 곳이라면 지고가야 할 일입니다. (창 39:21)요셉은 감옥에서도 하나님께서 함께 하셨습니다. 억울한 요셉이지만 승리했습니다.

① 예수님은 고귀한 분이라는데 억울하게 지시는 십자가이니 나도 억울하지만 지고가야겠다는 자세입니다.

미국의 케네디(John F. Kennedy) 대통령은 "국가가 나를 위해서 무엇을 해 줄 것을 바라기에 앞서 내가 국가를 위해 무엇을 할 것인가를 생각해야 한다."고 했는데, 모든 성도들은 주님 지신 십자가 앞에서 우리 자신을 먼저 생각해야 할 것입니다.

② 또 한 번의 사순절 기간입니다.

나는 주님을 위해서 교회와 복음전도를 위해서 무엇을 하였는가를 살피는 시간이 되어야 하겠습니다. 우리는 예수님 때문에 구원 받은 사람들이기 때문입니다.

2) 억지로 지게 된 십자가였지만 그것은 행운과 축복이었습니다.

재수가 없는 것이 아니라 축복이었습니다.

① 행운의 십자가였습니다.

그 수많은 사람들 앞에서 예수님을 대신해서 십자가를 지는 것은 행운 중에 행운입니다. 로또복권이 문제가 아니라 훨씬 좋은 축복의 길이었습니다.

② 축복이었습니다.

신학자 메이어(Meyer)에 의하면 "그는 불신자였으나 이 사건 이후에 그리스도인이 되었다."고 했습니다. 천국의 상급이 큰 것이 분명합니다. (막 15:21)그는 알렉산더 루포의 아버지이며, (롬 16:13)그의 아들 루포는 후일에 교회의 큰 일꾼이 되었습니다. 사도 바울은 루포의 어머니를 소개하면서 "곧 나의 어머니라"고 하였는데, 이것을 보면 그 집안은 축복의 집안이 되었습니다. 은평교회 성도들은 올해에 억지로라도 십자가를 지고 승리하게 되기를 예수님의 이름으로 축원합니다.

결론 : 억지로라도 십자가는 지고 갑시다.

〈십자가〉
예수님이 지신 십자가에서 보는 비밀
| 눅 23:26-38

　세상에는 어떤 일에든지 비밀스러운 일이 많이 있는데, 그곳에는 반드시 남들이 모르는 의미가 깃들어 있습니다. 그러나 그 비밀은 언젠가 드러나고 수수께끼가 풀리듯이 풀리는 때가 옵니다. 사도 요한에게 요한계시록의 비밀을 보여 주셨는데 상징적으로 기록된 모든 말씀들도 이제 모두 풀리는 때가 올 것입니다.

　예수님이 고난을 받으시고 십자가에 죽으시고 3일 만에 부활하신 사건은 분명히 비밀스럽게 보이지만 거기에는 크나큰 뜻이 있습니다. 기독교 2,000여 년 동안 이 비밀을 지켜 오면서 십자가와 부활의 복음을 전파하였거니와 이제 그 예수님이 이 땅에 다시 오실 날이 다가오고 있습니다. (soon second coming). 기독교는 십자가와 부활의 복음을 전하는 것이 복음의 핵심입니다. 이 사건은 하루아침에 갑자기 이루어진 것이 아닙니다. 구약에서 계속 예언했습니다. 특히 이사야 선지자가 전해주었던 사건이었습니다. (사 53:1-)"그가 상함은 우리의 죄악 때문이요 우리를 구원하시려는 것"이라고 예언하였는데 그대로 된 것이 십자가와 부활의 사건입니다. 저주의 십자가 사건이 변하여 구원의 복음으로 바뀌게 되었습니다. 종려주일을 맞이하여 누가가 기록으로 전한 십자가의 비밀을 통하여 은혜를 나누며 그 의미를 다시 한 번 깨닫게 되기를 원합니다.

1. 예수님의 십자가는 모순된 것 같으나 하나님의 공의를 이루는 뜻이 있습니다.

생각해 보세요. 죄 없으신 예수님은 창조주 하나님의 본체시요(요 1:1-2; 빌 2:5-11), 절대 주권자가 되십니다. 그런 분이 십자가에 죽는 것은 모순처럼 보입니다.

1) 예수님의 십자가는 모순처럼 보일 수 있습니다.

그런데 모순이 아니라는 것이 확실합니다.

① 그렇게 많은 능력을 행하신 예수님이셨습니다.

창조주이시니까요. 그런데 십자가에 죽으실 때까지 모든 과정에서 한 번도 반항하시거나 힘을 쓰신 적이 없습니다. (눅 23:39)십자가에 달린 행악자들도 그렇게 비난했습니다. 모순같이 보였습니다. 예수님은 우리의 모든 죄를 없이 하기 위해서 오셨기 때문입니다(롬 3:10, 23; 요일 1:8-9; 롬 6:23). 죄 값으로 들어갈 지옥 형벌에서 구원하시기 위해서였습니다(마 25:41; 계 20:14-15). 죄로 말미암아 정녕 죽게 된 것입니다(창 2:17).

② 이 인간을 구원하는 방법으로 죄 없는 인간의 생명이 요구되었습니다.

죄 없는 인간은 세상에 없습니다. 모두가 부정모혈(父精母血)로 출생하였기 때문입니다. 원죄와 자범죄가 누구에게나 있습니다. 그러나 예수님은 성령으로 태어나셨습니다. 이 제물을 예언적으로 보여준 것이 제사법 전에서 보여주는 흠 없는 제물의 제도입니다(레 1:3-). 그래서 예수님은 죄가 없으신 분으로 육신을 입고 오셨습니다(히 4:15-16). 예수님은 우리에게 흠 없으신 제물로서 우리의 죄를 속하셨습니다.

2) 예수 그리스도의 십자가 희생은 모순이 아니라 진리요 사랑입니다.

하나님의 사랑(요일 4:8, 16, 19)을 위해서 성육신(Incarnation)하셨고 십자가에서 제물이 되셨습니다.

① 이것은 하나님의 사랑에 의한 자발적인 일입니다.

우리를 대속하시기 위한 목적 행위를 언약의 완성과 사랑의 계시로써 성육신하셨고, 그렇게 비참하게 십자가에서 희생당하셨습니다. 모순이 아니라 사랑이요 자비의 현장이 되셨습니다. (히 9:27-)한 번 죽는 것은 정해져 있지만 심판이 따라오기 때문에 그 심판에서 구원주가 되시기 위한 희생이었습니다.

② 예수님은 저주의 상징인 십자가를 지셨습니다.

이것은 복음이요 구원의 완성입니다. 다른 십자가는 저주의 상징이지만 예수님의 십자가는 생명을 구원하시는 생명의 상징이 되었습니다. (신 21:23)"나무에 달린 자는 하나님께 저주를 받았음이니라" 했습니다. 그러나 예수님의 십자가는 생명의 상징이 되셨습니다(갈 3:13; 눅 23:41). 따라서 모순이 아니고 하나님의 사랑이요 구원의 길이 되었습니다. 이 복음을 믿으면 죄 사함을 받고 구원을 얻습니다.

2. 예수님이 지신 십자가는 인간이 하나님과 화목하게 되는 유일한 길이 되었습니다.

예수님이 십자가에서 그렇게 비참하고 처참하게 희생을 당하셨으므로 인간이 하나님께 나아가는 유일한 길이 되었고 화목의 길이 되었습니다.

1) 세상에는 어느 누구도 하나님과 인간 사이의 길을 놓을 수 없습니다.

모두가 멸망의 대상이 되었기 때문입니다. 그래서 예수님은 육신을 입으시고 오셨습니다.

① 예수님이 십자가의 저주를 대신 받으심으로써 하나님과 통하는 길이 되었습니다.

하나님이 육신을 입고 오셔서 해결하시는 길밖에는 다른 길이 없었기 때문입니다. 다른 길이 없고 오직 예수 그리스도를 믿음으로만 하나님께 나아가는 길이 됩니다(요 14:6; 행 4:12).

② 예수 그리스도는 하나님과 인간 사이의 막혀 있는 담을 허시고 화평케 하셨습니다.

이것이 십자가와 부활의 사건입니다. 그리고 믿는 자들에게 구원의 완성이 되셨습니다(엡 1:12). 그리스도 밖에 있던 우리를 믿게 하사 구원에 이르게 하셨으며 하나님과 인간 사이에 있던 담을 허시고 하나님과 화목하게 하셨습니다. "이는 그로 말미암아 우리 둘이 한 성령 안에서 아버지께 나아감을 얻게 하려 하심이라"(엡 2:18) 했습니다.

2) 예수 그리스도의 십자가는 우리 구원의 완성이 되었습니다.

십자가에서 죽으실 뿐 아니라 생명의 부활을 하셨기 때문입니다.

① 예수 그리스도 안에서만 구원이 약속되었습니다.

구약에는 메시아이신 예수님의 약속을 기다리며 믿음으로 구원을 얻게 되었다면, 신약에는 그 약속대로 오셔서 십자가에서 피 흘리시므로 죄를 속해주신 예수님을 믿음으로 구원을 얻게 됩니다. 따라서 예수 그리스도는 구원의 완성이십니다.

② 예수님은 참 하나님이시요 참 사람이 되셨습니다.

주후 325년경 교회사 가운데 유명한 두 신학자의 논쟁이 있었습니다. 예수님은 참 사람과 참 하나님이시라는 아타나시우스(Athanasius)의 신학과 신앙이 지금까지 우리의 신앙고백이 되었습니다. 예수님의 육체를 인정하지 않던 아리우스(Arius)는 이단으로 정죄되었습니다. (요 3:14) 모세가 광야에서 뱀을 든 것 같이 예수 그리스도는 믿는 자에게 구원주가 되십니다.

3. 예수님의 십자가 사건을 다시 한 번 생각할 때입니다.

왜냐하면 지금은 그 십자가 복음의 역사가 위기처럼 생각되는 악한 시대이기 때문입니다.

1) 십자가를 지는 것은 영광의 길이지 부끄러운 길이 아닙니다.

창조주 되시는 예수님도 지셨던 십자가입니다. 십자가를 부끄럽게 생각하고 지신 것이 결코 아니었습니다.

① 십자가 위에서도 부끄러움을 개의치 아니하셨습니다.

이는 성경이 우리에게 밝혀 주셨습니다. (히 12:2)"믿음의 주요 또 온전하게 하시는 이인 예수를 바라보자 그는 그 앞에 있는 기쁨을 위하여 십자가를 참으사 부끄러움을 개의치 아니하시더니 하나님 보좌 우편에 앉으셨느니라" 했습니다. (빌 2:5-11)그 십자가는 영광의 십자가였습니다.

② 십자가 밑에 있던 대부분의 사람들이 십자가를 부끄럽게 생각했습니다.

각종 능력과 기적은 좋아 하였지만 십자가는 부끄럽게 생각했습니다. 종려주일을 맞이하는 우리는 어떠한지 한 번쯤 다시 생각해 보아야 할 때입니다. 십자가는 미련한 것이 아니요 지혜요 영광입니다(고전 1:17-).

2) 예수님은 우리에게 십자가를 지고 오라고 하셨습니다.

수제자 베드로까지도 십자가를 부정하려 하였던 현장을 봅니다(마 16:21).

① 십자가는 부정해서도 안 되고 지고 가는 것이 성도의 생활입니다.

주님의 제자이기 때문입니다. (마 16:24)"누구든지 나를 따라오려거든 자기를 부인하고 자기 십자가를 지고 나를 따를 것이니라" 하셨습니다. 본문에 나오는 구레네 시몬은 억지로 지게 된 십자가였지만 참 주님의 제자의 가문을 이루게 되었습니다(마 15:21; 롬 16:13). 이제 육신을 따라 살지 말고 영을 따라서 살아야 할 것입니다(롬 8:5).

② 십자가는 승리요 축복입니다.

예수님이 십자가로 승리하셨기 때문입니다. (골 2:15)십자가는 영광입니다. 구원입니다. 하나님 우편에 앉아 계셔서 우리 위해 기도하시는 예수님의 뜻입니다(롬 8:26, 34). 예수님 따라서 십자가 지고 승리하는 은평교회 성도들이 다 되시기를 예수님의 이름으로 축복합니다.

결론 : 십자가는 축복이요 승리입니다.

〈구원〉
구원 받은 때의 감격을 잊지 말아야 합니다
| 출 14:21-31

사람은 '망각의 동물'이라는 말이 있습니다. 젊었을 때에는 생생했던 기억들이 나이가 들게 되면서 점점 잊어버리는 일들이 종종 일어나고, 물건을 어디에 둔지 모르고 찾는다든지, 심지어 손에 들고도 찾아다니는 경우까지 있습니다. 그래서 속담에 '업은 아이 삼년 찾는다'는 말이 생겨나게 되었습니다. 동물들의 세계는 하나님이 창조하신 원리대로 살아갑니다. 강남 갔던 제비도 봄이 오면 어김없이 찾아옵니다. 유럽에 있는 새들은 아프리카로 날아가고, 북중미 새들은 남미에까지 날아갔다가 오는데 그 거리가 수천 킬로미터나 되어도 잊지 않고 날아온다고 합니다.

그래서 이사야 선지자는 소와 나귀를 빗대어서 복음을 전했습니다(사 1:2). 예레미야서나 아가서에도 새들을 통해서 교훈했습니다(아 2:7; 렘 8:7). 자연은 하나님이 창조하신 대로 잘 돌아가게 되는데 유독 인간만 하나님을 배반하고 돌아올 줄 모르고 있습니다. 그래서 에서처럼 장자의 명분을 가볍게 여기고 축복을 빼앗겨 살아가는(창 25:34; 히 12:16-) 인간이 되었습니다.

본문은 이스라엘 백성들이 430년간 애굽에서 노예로 살다가 하나님의 역사로 말미암아 10가지 재앙을 통해서 해방되었고 홍해까지 왔지만, 애굽에서의 해방의 기쁨과 감격을 순간 잊어버리고 원망과 불신앙에 있는 현장의 모습을 보여줍니다. 현실적인 문제 앞에서는 은혜를 잊어버리는 인생의 모습을 생각하게 됩니다.

1. 바로 왕의 손에서 해방되었듯이 마귀에게서 해방된 기쁨을 잊지 말아야 합니다.

430년의 종의 생활에서 해방된 기쁨을 금방 잊어버리게 되었습니다. 은혜를 잊어버리고 망각하는 인생들의 모습입니다.

1) 주권이 없고 자유가 상실된 채 살아가던 곳에서 해방되었습니다.

애굽에서의 해방이 얼마나 감격스러웠겠습니까? 우리 대한민국도 일제강점기에서 해방을 경험했습니다. 잊지 말아야 할 은혜입니다.

① 하나님의 강한 손으로 이끌어 내주셨습니다.

처음에는 이스라엘 백성들을 보내지 않으려 했지만 10가지 재앙과 함께 유월절 어린양의 피를 통해서 하나님의 구원 역사를 체험하게 되었습니다. (출 3:7)모세를 부르실 때에도 이스라엘의 구원을 예고해 주셨습니다. 430년간의 고통의 세월에서 구원해주셨습니다.

② 민족말살 정책에서 살았습니다.

씨를 말리려는 악한 정책이었습니다. 다행히 산파들에게 하나님께서 은혜를 베풀어 주셨습니다(출 1:15-). 대한민국도 여기까지 올 수 있었던 것은 하나님의 은혜입니다. 일본에 의해 민족말살정책이나 창씨개명의 아픔을 우리도 가지고 있습니다. 육신적으로는 조국 대한민국에서 보게 되고, 영적으로는 마귀의 쇠사슬에서 벗어난 은혜요 축복입니다.

2) 하나님의 특별하신 역사가 아니면 할 수 없었습니다.

이 모두가 하나님의 은혜요 축복의 손길입니다.

① 생각하면 할수록 하나님의 은혜요 축복입니다.

일본에서 해방 된 것도 하나님의 은혜의 섭리요, 영적으로 마귀의 온갖 굴레에서 벗어나 구원 받게 된 것도 놀라운 하나님의 은혜와 축복입니다. 이스라엘은 나치에 고통을 받아 많은 사람들이 죽었습니다. 폴란드에 아우슈비츠 수용소에 가면 "우리는 용서한다. 그러나 잊지는 않는다."고 쓰여 있습니다. 우리도 일본을 용서하지만 그 아픔을 잊지는 말아야 합니다. 또 사탄 마귀 역시 대적해야 할 존재임을 잊지 말아야 합니다(약 4:7).

② 하나님의 손길에 의해서 해방되었습니다.

일본에서 조국의 주권을 회복한 것도 하나님의 은혜이며, 영적으로는 마귀의 죄의 사슬에서 구원 받은 것도 예수님의 십자가 보혈의 공로와 은혜요 축복이기 때문에 결코 잊지 말아야 합니다. 이스라엘 백성들은 지금 홍해 바다 앞에서 은혜를 잊고 있습니다.

2. 구원 받은 감격을 잊지 말아야 합니다.

하나님의 구원 역사가 너무나 큰 사건이라서 비교가 안 되는 사실인데도 자꾸만 잊어버리며 살아갑니다.

1) 은혜를 잊으면 원망이 나오고 감사가 없어집니다.

이는 홍해 앞에서의 그들만의 모습이 아니라 우리의 모습입니다.

① 여호와 하나님과 모세를 원망합니다.

애굽에서 나온 후에도 그냥 광야 길로 가는 것이 아니고 구름 기둥과 불기둥으로 인도해 주셨습니다. 아이를 등에 업고 가듯 하셨고 장막을 칠 곳까지 지정해 주셨습니다(신 1:31-). 이 은혜를 잊어버리고 원망하면 망하게 됩니다(고전 10:9-).

② 하나님께서 모두 듣고 계십니다.

속담에도 "낮말은 새가 듣고 밤 말은 쥐가 듣는다."고 했습니다. 하나님께서 모두 듣고 계시고 보고 계심을 잊지 말아야 합니다(시 94:9; 잠 20:12). 부정적이고 불신앙적인 말은 하지 말아야 합니다.

2) 홍해가 앞에 있고 애굽 군사가 추격해오는 것은 감사해야 할 일이었습니다.

원망하거나 불신앙에 빠질 상황이 아니었습니다.

① 하나님의 기적을 또 한 번 보여주실 기회요 또 반드시 이루실 것이기 때문입니다.

하나님의 기적과 능력은 평범한 데서 일어나지 않습니다. 위기 때요, 극난한 때에 기적이 일어나게 됩니다. 바로의 군대가 쫓아오다가 모두 홍해에 멸망당하는 현장이 되었습니다. 바로의 괴롭히는 일은 이제 끝이 나고야 말았습니다.

② 성경에서 큰 기적과 능력을 위기 때마다 보여주셨습니다.

(창 22:1)이삭을 제물로 바치는 때에 기적이 나타나게 되었습니다. (왕상 18:36)엘리야의 갈멜산의 응답도, (왕하 4:1)선지생도의 가정에 나타난 기적도 위기 때에 일어났습니다. 미국의 부호 록펠러는 삶의 위기 때에 하나님의 기적을 보았고 살아나게 되었습니다. 따라서 성도에게 오는 위기도 그리하며 지금 대한민국에 닥친 북한 문제도 기적의 하나로 축복해 주실 것을 믿고 기도해야 할 것입니다.

3. 위기를 통해 또 한 번의 구원의 감격을 보게 합니다.

위기 때에 발버둥 치며 불신앙에 빠지게 되면 곤란합니다. 왜냐하면 하나님께서 역사하실 것이기 때문입니다. 하나님께 맡기고 기도하는 개인이나 국가는 망하지 않습니다.

1) 하나님은 이스라엘 편이 되셨습니다.

특별나게 600승의 병거가 문제가 아닙니다.

① 하나님께서 이스라엘의 편이시기 때문입니다.

홍해가 갈라지고 건너는 장면을 생각해 보세요. 얼마나 가관이고 기적의 현장이었겠습니까. 이스라엘에게는 구원이지만 애굽 군대는 죽어 바다 위에 떠다니게 되었습니다(출 14:30, and Israel saw the Egyptians lying dead on the shore).

② 하나님이 내 편이 되면 두려워할 것이 없게 됩니다.

이를 시편기자도 분명히 전해주고 있습니다(시 118:6). 하나님이 내 편에서 나를 도와주시기 때문입니다. 국가적으로도 우리는 두려하지 말고 기도해야 합니다.

2) 이제는 다시 회복되었습니다.

회복이 되어야 할 문제는 경제문제만은 아닙니다.

① 하나님께 대한 감사와 신뢰입니다.

홍해 앞에서 무너졌던 신앙이 다시 회복되어서 감사와 찬송이 되었습니다(출 15:1-). 모든 그리스도인들은 먼저 그의 나라와 그의 의를 구해야 합니다(마 6:33).

② 미래는 하나님께서 역사하실 것입니다.

다만 맡기고 기도해야 합니다. 여호와께 맡기라고 했습니다(시 37:1-5). 북녘 땅을 위해서도 기도해야 합니다. 대한민국 정세를 위해서도 기도해야 합니다. 한국교회를 위해서도 기도해야 합니다. 그리고 또 한 번의 홍해가 갈라지는 축복의 현장을 살 수 있게 되시기를 예수님의 이름으로 축복합니다.

결론 : 잊지 말아야 합니다.

〈구원〉
지옥의 올무에서 해방되라 | 눅 16:19-31

  이 세상의 모든 것이 질서대로 잘 돌아가는 것 같지만 사실은 복잡하게 얽혀있고 실타래처럼 뒤엉켜서 문제투성이로 존재하고 있습니다. (창 1:1) 태초에 하나님이 천지를 창조하셨고, 2절에는 땅이 혼돈하고 흑암이 깊음 위에 있다고 하였는데 이때에 천사타락의 때라고 주석가들은 주석을 해놓았습니다. 창조하실 때에 하나님이 보시기에 심히 좋았던 세계가 이렇게 되었습니다. 죄 때문에 타락하게 되어 하나님께는 불순종자요 마귀에게는 순종자로서 죄가 지배하게 되었고 결과적으로 지옥형벌을 받게 되었습니다. 영원히 지옥 불에 들어가게 되었습니다(마 25:41). 그 지옥은 구더기도 죽지 않고 불로써 소금 치듯(everyone will be salted with fire) 한다고 했습니다(막 9:48). 여기에서 피할 인생이 하나도 없습니다. 예수님이 그와 같은 인생을 구원하시려고 오셨습니다. 이것이 성경의 예언이요, 그 예언을 이루실 분이 예수님이십니다(사 61:1-2; →눅 4:18-). 예수님 안에서는 자유입니다(요 8:31; 갈 5:1).

  본문은 유명한 부자와 나사로의 비유인데 부자가 들어간 지옥을 다시 한 번 생각하며 절대로 그곳에 가지 말고 해방되어 살아가야 합니다. 오직 예수 그리스도 밖에는 다른 길이 없는바 여기에서 은혜를 받게 됩니다.

1. 하나님께서 지옥을 만드신 이유를 알아야 합니다.

대부분 특히 이단들은 지옥을 부정하고 싶어서 사랑의 하나님을 강조하며, 사랑의 하나님이 어찌 지옥을 만들겠냐고 반문합니다.

1) 사랑의 하나님이시기 때문에 지옥을 만드셨습니다.

생각해 보세요. 타락된 이 세상이 죄악 때문에 얼마나 악하고 요란합니까? 악한 일 때문에 세상에서 살 수 없게 되었습니다.

① 본래 지옥이라는 곳은 사람을 가두려고 만든 곳이 아닙니다.

(벧후 2:4)범죄한 천사들의 감옥입니다. "하나님이 범죄한 천사들을 용서하지 아니하시고 지옥에 던져 어두운 구덩이에 두어 심판 때까지 지키게 하셨으며" 했습니다. (마 25:41)"마귀와 그 사자들을 위하여 예비된 영원한 불에 들어가라" 하셨습니다. 하나님은 지금도 그런 곳에 들어가지 않도록 기다리시며 기대하십니다. (벧후 3:8-)하루가 천 년 같이 기다리십니다. 하나님은 모든 사람이 구원을 받기를 원하고 계십니다(딤전 2:4).

② 사랑의 하나님이시기 때문에 지옥을 만드셨습니다.

이 세상에 죄가 들어와서 어둠이 생겼고 험악한 세상이 되었습니다. 이런 세상에 하나님은 구원자 예수 그리스도를 보내서 십자가에서 대속적 죽음을 당하게 하셨습니다. 그리고 천국을 약속해 주셨습니다. (요 14:1-6; 빌 3:20; 계 21:1, 22:1)예수 이름으로 죄 씻음 받아 구원 받은 백성들이 들어가는 곳이 천국입니다.

2) 지옥을 만드셨다고 해서 하나님께서 모두 지옥에 가라고 하시는 것이 아닙니다.

죄 문제가 해결되지 못한 사람들이 마귀와 함께 가는 곳이 지옥입니다.

① 하나님은 한 사람이라도 지옥에 들어가는 것을 원하지 않으십니다.

독생자 예수님께서 대신 죽으셨는데 그 피를 믿는 자는 구원을 얻게 됩니다. 따라서 지옥가지 않는 비결은 예수님을 자신의 구주로 믿는 길뿐입니다.

② 지옥 가는 사람들이 있습니다.

하나님께서 이렇게까지 사랑하시어 독생자까지 주셨는데 믿지 아니하는 사람은 지옥형벌의 대상입니다. (계 21:8)대표적으로 믿지 않은 자입니다. 불신자요 예수 믿지 아니하면 지옥이라고 성경이 분명히 말하고 있습니다. 부자요 권력자라도 예수 믿지 아니하면 지옥입니다.

2. 사람들은 정말로 지옥이 존재하느냐고 묻습니다.

그 질문에 '예'라고 나는 분명히 성경대로 지옥이 있다고 대답합니다.

1) 성경에 분명히 지옥이 있음을 증명합니다.

그냥 지나가는 말로 교훈이나 주고 교육용으로 사용하는 것이 결코 아니라는 사실을 명심해야 합니다.

① 성경에서 보시기 바랍니다.

(막 9:28)예수님께서 지옥에 대해서 분명하게 강조하여 주셨습니다. 사도 바울은 하나님의 심판을 강조했습니다. (살후 1:7-9)"우리 주 예수의 복음에 복종하지 않는 자들에게 형벌을 내리시리니 이런 자들은 주의 얼굴과 그의 힘의 영광을 떠나 영원한 멸망의 형벌을 받으리로다" 했습니다. (계 20:15)"누구든지 생명책에 기록되지 못한 자는 불못에 던져지더라" 했습니다.

② 누가 부정했다고 해서 실제 존재하는 천국과 지옥이 부정되는 것이 아닙니다.

천국과 지옥은 반드시 존재합니다. 지옥은 반드시 있으니 지옥가지 마세요.

2) 신앙의 사람들은 일찍이 천국과 지옥을 증언했습니다.

① 천국에 간 사람들의 증언입니다.

(행 7:56)스데반 집사는 돌에 맞아 죽는 순간에도 외치기를 "보라 하늘이 열리고 인자가 하나님 우편에 서신 것을 보노라" 했고, 보수신학의 거두

인 그레샴 메이첸 박사(Dr. Gresham Machen)는 죽으면서 "보라 하늘 문이 열리는구나" 하였다고 전합니다. 레디 파워스코트(Ladg Powerscourt)는 마지막 남긴 말이 있는데 "마지막 갈 때에 가지고 가야 할 말은 '그 아들 그리스도의 피가 우리를 모든 죄에서 깨끗케 하실 것이요'(요일 1:7)"라는 성경구절이었습니다.

② 반대로 불신자들의 최후도 있습니다.

유명한 한국의 성철 스님은 "나는 지옥에 떨어지겠다" 하고 죽었습니다. 프랑스의 무신론자 볼테르(Voltaire)는 "기독교가 생겨나기까지 수백 년이 걸렸지만, 50년 안에 기독교를 다 파괴해 없애버리는 것을 보여주겠다. 1백년 안에 성경은 다 없어지고 만다."고 호언장담을 하다가 허망하게 죽었다고 합니다. 무신론자 프랜시스 뉴턴(Francis Newton)은 임종 시에 "나는 영원히 정죄 받았구나! 하나님이 나의 원수가 되었으니 누가 나를 구원하리요? 지옥과 저주와 고통이 없는 줄 알았는데 지옥도 천국도 있구나." 말하며 죽었다고 전해집니다. 토마스 스코트 경(Sir Thomas Scott)은 죽을 때에 말하기를, "나는 이때까지 하나님도 없고 지옥도 없는 줄 알았노라! 나는 전능자(하나님)의 공의로운 심판에 의하여 멸망으로 들어가는구나!" 하며 임종하였다고 합니다. 이 모두는 하나님이 없는 영원히 불쌍한 삶의 모습을 보여주는 마지막 절규들입니다.

3. 성경은 지옥이 어떤 곳인지를 보여주고 있습니다.

지옥에 대해서 조금이라도 듣고 지옥에 절대 가지 마시기 바랍니다.

1) 성경이 말해주는 지옥의 형태입니다.

지옥을 이렇게 설명했습니다.

① 지옥은 감옥과 같은 곳입니다.

지옥은 감옥입니다. (벧후 2:14)범죄한 천사들과 같이 있는 감옥입니다. (계 20:10)마귀들과 영원히 함께 하는 지옥인데 고통받는 곳입니다. 육과 영이 함께 영원히 형벌 받는 곳입니다. (눅 12:5)지옥에 던지시는 하나님을 두려워해야 합니다.

② 지옥 자식 만드는 사람들이 되지 말아야 합니다.

(마 23:15)지옥 자식이 되게 한다고 책망하셨습니다. 교회 안에서 대인관계가 바르게 서야 합니다.

2) 지옥에 가지 않는 방법은 오직 한 가지 길뿐입니다.

이 방법은 하나님께서 준비해 주셨습니다.

① 예수님이 나의 구주가 되심을 믿는 믿음입니다.

성경의 핵심은 이것입니다. 부지런히 날마다 전하는 이유는 교회 숫자 채우려고 하는 것이 절대 아닙니다. 한 영혼이라도 더 구원하기 위한 하나님이 주신 방법이 전도이기 때문에 부지런히 전도하는 것입니다. 예수님 이름 밖에는 다른 길이 없습니다(요 14:6; 행 4:12).

② 성령님을 의지하고 기도하세요.

"보혜사 성령님이여 내게 역사하시어 믿음을 주옵소서." 히틀러에 의해 가스실로 들어가는 어머니가 아이의 손을 붙잡고 기도합니다. "애야! 조금 지나면 성령님께서 우리를 천국으로 인도하실 거야." 하면서 죽어갔다고 전해집니다. 마귀는 인간을 하나님과 떨어지도록 하고 지옥으로 몰아가는 흉악한 존재입니다. 예수님의 이름을 믿고 해방되어 절대로 지옥에 들어가지 않도록 가족과 이웃에게 전하는 성도들이 되시기를 축복합니다.

결론 : 예수천당, 불신지옥입니다.

⟨구원⟩
천국의 시민권자들 |빌 3:20-21

'소속'이라는 용어가 있는데, 소속이 중요합니다. 어느 학교 소속이냐, 어느 회사 어디 소속이냐, 어느 부대소속이냐는 등 소속이 없는 곳이 없습니다. 그런데 어느 곳에 소속되었든지 간에 그 소속 안에서 지키는 규율과 법칙(rule)이 있기 때문에 그 법칙과 규율 안에서 활동하게 되어 있습니다. 그 법칙에서 벗어나게 될 때에 문제가 생기게 됩니다. 영적으로는 두 부류밖에 없습니다. 성령께 속한 소속이냐, 마귀 소속이냐 입니다. 마귀에게 속한 사람(요 8:44; 마 25:41)이라면 불쌍한 존재일 수밖에 없습니다. 그러나 우리는 예수 안에서 그의 피로 죄 씻음 받아 구원 받게 되었고 하나님과 화평케 된 사람들입니다(엡 2:1, 13-14). 지금도 하나님을 모르는 채 그 소속이 지옥을 향해 가는 편에 속해 있는 사람들이 세상에는 많이 있는데 안타까운 일입니다.

6·25 한국전쟁의 슬픈 유산을 남긴 '한국의 혼혈들'이 겪는 아픔을 그린 《잃어버린 고향》이라는 책이 있습니다. 고향도, 부모도 모른 채 살아가는 아픔을 그린 이야기입니다. 영적으로 우리는 소속이 분명하고 확실합니다. '예수 그리스도 안에' 있기 때문입니다. (히 11:23)지금은 잠시 세상에서의 나그네일 뿐입니다.

사도 바울은 세상 모든 것을 오히려 분토같이 버리고 천국 시민권자로서 영적 달음박질을 했습니다(빌 3:8; 딤후 4:7). 본문을 통해 은혜의 시간이 되시기를 바랍니다.

1. 하늘의 시민권자이기 때문에 세상의 것으로 자랑하지 아니했습니다.

우리의 소속은 하늘에 있습니다.

1) 유한하고 썩어질 세상의 것으로 자랑하지 아니한다고 했습니다.

사울이 바울 되기 전에 세상적인 이력서는 화려했습니다.

① 유대인의 율법적 이력서입니다.

(빌 3:5-)"할례 받고 이스라엘 족속이요 베냐민 지파요 히브리인 중의 히브리인이요 율법으로는 바리새인이요 열심으로는 교회를 박해하고 율법의 의로는 흠이 없는 자라" 했습니다. 그러나 그리스도를 만난 이후에는 모든 것을 해로 여기고 배설물 같이 버리게 되었습니다. 그는 유대인으로서 로마시민권자이기 때문에 소속이 얼마나 중요한가를 알고 있었습니다. 그러나 예수를 만난 후에는 세상의 모든 화려한 이력서를 버렸습니다.

② 바울의 자랑거리는 달라졌습니다.

예수님을 만나기 전에는 세상의 것들이 인생의 목표인양 나아갔지만 예수님을 만난 후에는 교회를 허물고, 박해하는 자리에서 예수님을 증언하는 사람으로 변하게 되었습니다. 구원 받은 후의 가치관이 바뀌게 된 것입니다. (고후 12:1-)신령한 세계의 모습을 자랑하기보다는 오히려 약한 것을 자랑하게 되었습니다. 약할 때 오히려 강하기 때문이라고 했습니다 (고후 12:10; 갈 6:14; 고전 2:2-). 이것이 천국 시민권자의 모습입니다.

2) 어려운 가운데서도 복음 전하고 영혼 구원하여 교회가 세워지는 일에 힘써 달려가게 되었습니다.

목적이 달라지게 된 것입니다.

① 바울은 오직 복음 전파하며 영혼구원과 교회가 세워지는데 평생을 투자했습니다.

바울 당시에는 교회를 개척해서 20명 성도만 되어도 큰 교회였습니다. 이를 위해서 목숨까지 투자하며 선교에 힘쓰게 되었습니다. 오늘날에는 비교할 수 없을 만큼의 수와 축복 속에 살면서도 신앙의 개념이 달라지고 있는 것은 안타까운 일입니다.

② 성경에 나와 있는 부정적인 사람들이 거기에만 있는 것이 아닙니다.

예수님을 팔아버린 가룟 유다(요 13:2), 발람(민 22:1-), 에서(창 25:34; 히 12:16), 사울왕(삼상 13:13, 15:22), 바울을 버린 데마(딤후 4:10-), 이런 부류의 사람들이 지금도 교회에 있지 않도록 바로 서야 합니다. 이들은 천국의 시민권자의 자리보다 세상이 그들의 목표였습니다.

2. 천국의 시민권자였기 때문에 모든 고난을 견디게 됩니다.

우리는 나그네 인생을 살아가지만 본향은 하나님 나라입니다. 기독교 역사 가운데 영혼구원 하는 일에 고난이 없었던 적은 없습니다.

1) 바울이나 성경시대에서 보겠습니다.

초대교회에는 예수 믿는 그 자체가 고난이었습니다. 복음 전파하는 일은 고난과 친해지는 일이었습니다.

① 바울의 경우에서 봅니다.

바울은 예수님을 믿고 난 후에 고난의 연속이었고 최후에는 순교했습니다. 그의 고난의 이력서를 성경에서 보겠습니다. (고후 11:23-27)사십에 하나 감한 매를 다섯 차례나 맞았으며, 태장으로 세 번 맞고, 한 번 돌로 맞고 세 번 파선하고, 강의 위험, 강도의 위험, 동족의 위험, 이방인의 위험, 시내의 위험, 광야의 위험, 바다의 위험, 거짓 형제 중의 위험을 당하고 잠자지 못하고, 목마르고, 여러 번 굶고, 춥고, 헐벗고의 위험들이 있었습니다. 이 고난을 견딘 것은 (빌 3:10)부활이 있기 때문이요, (롬 8:18)장차 나타날 영광이 있음이요, (고전 9:25)하늘의 보상이 있기 때문이었습니다.

② 우리가 복음을 위하여 일하다가 어려움을 겪는 것은 분명한 이유가 있습니다.

(마 16:24)십자가를 지는 길이기 때문이요, (히 12:4)피 흘리며 싸울 길이기 때문이요, (마 5:12)하늘에서 상이 클 것을 생각하며 믿기 때문에 고통이 있을 때마다 견디며 승리해야 합니다. 천국의 상급을 바라보며 싸워 나가는 길이기 때문입니다.

2) 믿음으로 승리한 사람들의 모습에서 보게 됩니다.

(히 11:13)땅에서는 외국인과 나그네이고 본향이 따로 있기 때문입니다.

① 스데반 집사의 경우에서 보게 됩니다.

(행 7:1-60)모든 청중들이 보는 데서 예수님을 증언하고 돌에 맞아 죽게 되는데 (55절)"스데반이 성령 충만하여 하늘을 우러러 주목하여 하나님의 영광과 및 예수께서 하나님 우편에 서신 것을 보고 말하되 보라 하늘이 열리고 인자가 하나님 우편에 서신 것을 보노라" 했습니다. 진정으로 하늘의 시민권을 가진 사람들의 모습을 보여주게 되었습니다.

② 교회사 가운데 순교자들이 증언하고 있습니다.

순교자 저스틴(Justin), 폴리캅(Polycarp) 등을 비롯하여 로마의 카타콤이나 터키의 갑바도기아에서 수없이 보았던 교회사의 순교자들의 모습을 보게 되는데, 이는 바로 천국시민권자들의 모습입니다.

3. 시민권이 하늘에 있는 사람들은 끝까지 목표가 분명합니다.

그 모진 고통과 고난을 딛고 일어서서 나아가는 목표가 분명합니다.

1) 위에서 부르신 부르심의 상이 분명하기 때문입니다.

세상에서 끝이 아니라 영원한 천국과 지옥이 분명히 있기 때문입니다.

① 인생은 짧고 천국은 영원합니다.

그 영원한 천국 시민권자로서 부르심의 상이 분명합니다. 바울은 전제와 같이 부어지고 믿음을 지키고 선한 싸움 다 싸우고 달려갈 길을 다 마쳤으니 의의 면류관이 예비되었다고 강조했습니다. (딤후 4:6-8)그 면류관은 "의의 면류관"(the crown of righteousness)이었습니다.

② 사람들은 세상에서 썩을 면류관을 얻고자 열심히 달려갑니다.

(고전 9:25)"이기기를 다투는 자마다 모든 일에 절제하나니 그들은 썩을 승리자의 관을 얻고자 하되 우리는 썩지 아니할 것을 얻고자 하노라" 했습니다. 영원한 천국의 면류관입니다.

2) 참된 그리스도인이라면 잊지 말고 달려가야 합니다.

세상이 목표가 아니라 천국이 목표이기 때문에 잊지 말아야 합니다.

① 무슨 일이 있든지 예수 복음 위해서 일하는 것을 잊지 말아야 합니다. (눅 2:44)예루살렘으로 예배하러 갔다가 귀향길에 예수님을 잃고도 동행중에 있는 것으로 착각했던 실수가 있으면 안 됩니다.

② 천국 상급을 얻는 일을 잊지 말아야 합니다.

천국 상급은 일한 대로 행한 대로 받는 축복입니다. (마 16:27)행한 대로, (계 22:12)일한대로 받습니다. (계 2:10)생명의 면류관 역시 잊지 말고 살아야 합니다. 구역, 부서, 기관, 주일학교, 성가대, 전도팀, 운전봉사나 청소하는 일, 식당봉사까지도 열심히 해야 하겠습니다. 이 모두 교회를 세워가는 일입니다. (고전 15:58)수고가 헛되지 않습니다. 구원 받은 천국시민권자로서 열심히 승리하시기를 예수님의 이름으로 축원합니다.

결론 : 우리는 구원 받은 천국 시민권자들입니다.

〈구원〉
인생의 분명한 사실 | 딤후 4:1-8

이 세상에 태어나고 싶어서 태어난 사람은 하나도 없습니다. 하나님께서 태어나게 해 주셔서 태어나 살다보니 자기 자신임을 깨닫게 됩니다. 이 세상에 우연히 태어난 사람은 한 사람도 없습니다. 또 시간을 모두 보내고 세상을 떠날 때에도 생명을 하나님이 불러 가시면 인생의 종말이 온다는 사실입니다. 따라서 생명의 주관자시요 통치자 되시는 하나님의 뜻에 합하도록 살아가는 것이 인생의 본분이요 살아가는 사명입니다. 인생의 종말 후에는 하나님의 심판이 따라오기 때문입니다(전 12:13-14; 히 9:27). 지금 이 세상은 개인적 종말도 종말이지만 전체의 종말이 가까이 다가오는 징조가 보이는데, 교통의 발달과 지식이 더해가는 현상 등으로 인해 종말을 재촉하는 시대라고 할 것입니다(단 12:4-).

본문에서 사도 바울은 영적으로 믿음의 아들이며 신실한 목회자인 디모데에게 이른바 '목회서신'(牧會書信)을 전하게 되었는데, 이는 그냥 부탁이 아니라 명령이요 간곡한 전달이었습니다. "너는 말씀을 전파하라 때를 얻든지 못 얻든지 항상 힘쓰라 범사에 오래 참음과 가르침으로 경책하며 경계하며 권하라" 하였고, 달려갈 길을 모두 마친 소감을 전하게 되는데 여기에서 인생에게 닥치게 될 몇 가지 사실을 지적하는바 은혜의 시간이 되시기를 바랍니다.

1. 인생은 세상에서 길게 사는 것이 아니라 짧다고 경고합니다.

이것을 바울은 복음적으로 전하고 있습니다.

1) 사도 바울은 인생이 사는 세상이 짧다고 분명하게 말해줍니다.

박해와 죽음의 위기 속에서도 복음만을 위해 살았던 사도 바울의 인생론입니다.

① 우리가 언제부터 예수님을 믿었든지 남은 시간은 알 수가 없습니다.

본문을 화이트(White)는 "가까이 왔다는 것은 오히려 이미 이르렀다"는 뜻으로 해석했습니다. 바울은 순교할 때가 얼마 남지 않았기 때문에 기다리고 있었다는 것입니다.

중국 진나라의 진시황제는 죽지 않으려고 불사약 불로초를 구했으나 그 역시 죽었고, 시안(西安)에 가면 그의 무덤에 거대한 병마총만 남아서 '인생무상', '권력무상', '세상무상' 함을 보여주고 있습니다.

② 인생의 역사는 그 주권이 하나님께 있습니다.

모든 계획과 장차 될 일들이 하나님께 속해 있습니다(잠 16:1, 9). 프랑스의 무신론자였던 '볼테르(Voltaire)'는 죽을병에 걸려 죽어가면서 의사에게 6개월만 더 살게 해주면 재산의 절반을 주겠다고 할 때에 의사는 6개월은 고사하고 6일도 못 산다고 얘기하였다고 전해집니다. 하나님 없는 인생은 불쌍한 인생입니다. 예수 믿는 것이 인생의 복입니다.

2) 바울은 그리스도 복음을 위하여 살았습니다.

짧은 인생 중에 어떻게 무엇을 위해 살았느냐 하는 것이 중요합니다.

① 무엇을 위해서 어떻게 살았느냐가 중요합니다.

바울은 복음 때문에 복음 전하다가 전제와 같이 순교의 제물이 되기까지 살았습니다. 비록 순교제물이 되었지만 복음을 위해서 금자탑을 쌓는 인생으로 기록되었습니다. "전제(관제)와 같이 내가 벌써 부음이 되어"(For

I am already being poured out like a drink offering)라고 하였는데, 전제는 구약시대 제사 드릴 때에 드렸던 제사 용어입니다(민 15:5, 28:7). 이그나티우스(Ignatius)도 순교하였는데 바울에 대해서 이렇게 전했습니다. "그가 교인들을 사랑하므로 전제가 되었다"고 했습니다.

② 짧은 세상에 무엇을 위하여 사느냐 입니다.

1시간은 60분인데 이렇게 해도 저렇게 해도 그 시간은 지나갑니다. 그러나 예배시간에 하나님께 앉아서 예배드리는 1시간과 세상에 빠져서 세상일에 취해있는 1시간은 질적으로 다릅니다. 앞으로 100세 시대라고 하는데 오래 사는 것보다 더 영적으로 가치 있게 살아가시기를 예수님의 이름으로 축복합니다.

2. 세상과 육신은 짧지만 영혼은 영원합니다.

안개와 같은 인생(약 4:14)이요, 베틀의 북보다 빠르게 돌아가는 인생(욥 7:6)입니다.

1) 영혼 문제는 영원한 문제입니다.

영혼은 영원한 천국이냐, 지옥이냐 입니다.

① 예수 없이 사는 인생은 영원한 지옥입니다. 이것이 성경에 분명한 기록입니다. 그래서 세상 속담에 "개똥밭에 굴러도 이승이 낫다"고 했습니다. (계 20:15)"누구든지 생명책에 기록되지 못한 자는 불못에 던져지더라" 했습니다.

② 영원한 천국도 반드시 있습니다.

그래서 예수 믿고 가신 성도의 죽음이 복됩니다. (시 116:15)"경건한 자들의 죽음은 여호와께서 보시기에 귀중한 것이로다"(Precious in the sight of the LORD is the death of his saints)라고 했습니다. 왜냐하면 영원한 천국이 시작되었기 때문입니다. 영원한 천국의 입성과 함께 상급 받는 성도들이 모두 되시기를 바랍니다.

2) 천국과 지옥은 반드시 이유가 있습니다.

지옥 가는 것도 이유가 있기 때문에 지옥 가게 되는 것입니다.

① 지옥 가는 것은 자기가 지은 죄 때문입니다.

자기가 지은 죄 때문에 지옥 가는데 세상에서 이 죄가 없는 사람은 하나도 없습니다(롬 3:10, 24; 요일 1:8-9; 롬 6:23).

② 천국 가는 것은 예수 이름으로 가게 됩니다.

예수님이 십자가에서 우리의 죄를 속량하시기 위해서 대속적 죽음을 당하셨고 갚아주셨습니다(요 19:31; 롬 4:25-). 예수님이 만드신 나라 천국에 입성하여 영원토록 살게 하시기 위해서입니다(요 14:1-6).

3. 미래가 보장된 사람과 미래가 불투명한 사람은 삶의 모습이나 형태가 다릅니다.

사람들은 저마다 미래를 이야기하지만 우리는 영원한 세계요 천국을 바라보는 사람들입니다.

1) 사도 바울은 예수님 안에서 미래가 밝았습니다.

현세에서는 고통의 연속이었으나 미래의 영원한 세계는 밝았습니다.

① 복음 전파를 위한 선교사역 때문이었습니다.

복음 전파를 위해서 전제(관제)와 같이 부음이 되었고 몸 된 교회를 위해서 고통의 연속이었지만(골 1:24), 천국의 영원한 세계에서는 밝은 미래가 되었습니다.

② 그는 기뻐했습니다.

세상적인 말로 기뻐한 것이 아니라 천국을 보면서 기뻐하였고 찬송했습니다(행 16:25; 빌 4:4; 살전 5:16-). 이것이 그리스도인들의 모습이 되어야 합니다.

2) 천국과 상급이 나의 것이 되어야 합니다.

예수 믿는 믿음이 없으면 천국의 미래도 없습니다. 바울의 이야기가 아니라 나의 천국, 나의 상급이 되어야 합니다.

① 천국이 내 것입니다.

예수 믿고 예수님 안에 있기 때문입니다. 하나님의 은혜는 세상에는 없기 때문입니다. 예수님이 십자가에서 고통을 당하셨기 때문에 믿는 자에게 천국의 미래가 보장이 되었습니다. 이것이 예수 믿는 본질이요 축복받는 일입니다.

② 천국뿐 아니라 면류관이 예비 되었습니다.

따라서 주님의 일에 힘써야 합니다. 이 일은 절대 헛되지 않기 때문입니다(고전 15:58). 어차피 짧은 생애인데 믿음으로 살고 성령으로 살며 주님의 일에 힘쓰다가 영원한 날에 천국의 상급이 많은 미래가 되시기를 예수님 이름으로 축복합니다.

결론 : 세상의 시간은 짧지만 천국과 지옥은 영원한 세계입니다.

〈부활〉
예수님의 빈 무덤의 신비 | 요 20:1-10

지구촌 어느 지역에 가든지 사람이 살았거나 살고 있는 곳에는 무덤들이 많이 있음을 보게 됩니다. 현대사회에 와서는 심지어 개들까지 무덤을 만들어 주는 시대가 되었습니다. 필리핀이나 태국, 캄보디아에 가면 무덤을 화려하게 만들어 놓고 거기에서 살림까지 하는 곳도 보았습니다. 중동이나 이스라엘 전통의 장묘 방식은 굴을 파고 그 굴속에 시신을 안치하고 바위로 입구를 막아버리는 형식입니다.

(창 23:9-)아브라함의 가족은 막벨라 굴이 있는 밭을 사서 그 굴속에 시신을 안장시켰음을 보게 됩니다. 어떤 방식이든 육신은 흙에서 왔기 때문에 흙으로 돌아가지만(창 2:7-3:19; 욥 34:15), 기독교 신앙은 이것이 마지막이 아니라 예수님이 재림하실 때에 무덤 문이 열리고 부활하게 되는 것을 믿는 부활의 신앙입니다(살전 4:13-17). 따라서 죽음은 끝이 아니라 부활을 기다리는 과정일 뿐이라는 사실입니다. 세상에 모든 종교지도자나 창시자들의 무덤은 해당지역에 아직도 존재합니다. 그러나 예수 그리스도의 무덤은 빈 무덤입니다. 왜냐하면 부활하셨기 때문입니다. 공자, 석가모니, 마호메트의 무덤은 중국, 인도, 메카 등지에 있지만 예수 그리스도의 무덤은 빈 무덤입니다. 옛 이집트의 파라오는 거대한 피라미드만 남겨 놓고 죽었고, 구경하는 관광코스가 되었습니다. 그러나 예수 그리스도는 무덤에 묻히신지 사흘 만에 부활하신 주님이십니다. 오늘 부활주일에 다

시 한 번 은혜의 시간이 되시기 바랍니다. 그리고 부활의 신앙으로 확고하게 서 있어야 하겠습니다.

1. 예수님의 무덤은 빈 무덤인데 이는 새롭게 시작하는 활동 계시의 신호탄이 되었습니다.

예수님을 따르던 제자들은 예수님이 십자가에서 힘없이 죽으실 때에 모두 끝인 줄 알고 제각기 자기 고향으로 흩어지게 되었습니다(눅 24:13-).

1) 예수님의 부활은 제자들에게 활동을 개시하는 신비의 부활이 되었고 새로운 시작점이 되었습니다.

이번 부활주일에 무엇인가 영적으로 새롭게 다짐하고 출발하는 기점이 되어야 합니다.

① 제자들의 모습에서 보게 됩니다.

제자들은 예수님이 무덤까지 내려가게 됨을 보고 낙심된 채로 모두 흩어지게 됩니다. 그 중에 엠마오로 내려가는 두 제자의 모습을 보게 됩니다. (눅 24:13-32)그러나 그들은 부활하신 예수님을 만나 뵈옵고 (32절)"그들이 서로 말하되 길에서 우리에게 말씀하시고 우리에게 성경을 풀어 주실 때에 우리 속에서 마음이 뜨겁지 아니하더냐 하고" 예루살렘으로 다시 올라가서 제자들과 합류하게 되었습니다. 이것은 막달라 마리아를 비롯해서 다른 제자들이 부활하신 예수님을 이야기하게 되는 획기적인 사건이 되었습니다.

② 예수님은 그들에게 보이셔서 격려와 확신을 주셨습니다.

제자들은 다시 한 번 확신을 가지게 되었습니다. 이번 부활주일은 성도들에게 예수님으로 인해서 확실한 격려가 되고 확실한 증거를 확인하는 시간이 되시기를 바랍니다.

(요 20:28-)의심하던 도마도 달라졌습니다. (고전 15:5)게바에게 보이시고, 야고보에게 보이시고, 500명 형제들에게 보이고, 박해자 바울에게도 보이

셨던 주님이 이번 부활주일에 은평교회 성도들에게 확신 주시기를 원하며 낙심되고 실망된 인생이 달라지게 되기를 바랍니다.

2) 예수님의 부활로 인한 빈 무덤의 신비한 사건은 기독교 복음의 문이 열리는 계기가 되었습니다.

기독교는 예수님의 십자가의 대속적 죽으심과 신비한 부활에서 시작되었습니다.

① 예수님의 부활은 기독교의 핵심입니다.

죄와 사망과 절망과 낙심에 있던 인생에게 소망과 영생의 축복이 약속되었습니다.

(요 11:25)예수님은 부활이요 생명이십니다. 멸망에서 영생의 문이 열리게 되었습니다.

② 교회는 예수님의 부활을 중심으로 승리의 신호탄이 되었습니다.

생명의 신호탄이요, 축복의 신호탄이요, 영생의 신호탄이요, 빛을 보는 신호탄이요, 천국의 신호탄이며 영원한 승리의 신호탄이 되었습니다. 여호와 닛시(The LORD is my Banner)의 역사를 보여 주셨습니다(출 17:15). 이번 부활절에 이런 역사들이 확인되시기를 축복합니다.

2. 예수님의 빈 무덤이 주는 신비는 다시 사는 부활의 확증입니다.

예수님이 부활하시기 전까지는 죽음이 끝인 줄로 알았습니다. 그러나 예수님의 부활로 부활과 영원히 사는 역사적 신비를 보여 주었습니다.

1) 예수님이 시범을 보여주셨습니다.

육신은 죽음으로 끝난 것이 아닙니다.

① 예수님이 부활하심으로 부활의 첫 열매(first fruit)가 되셨습니다.

자연법칙에서도 첫 해에 열매가 맺히면 계속해서 열매를 맺듯이 영적으로도 같은 원리로 예수 믿는 사람은 생명의 부활이 확인되는 것입니다.

(고전 15:20)잠자는 자들의 첫 열매가 되었습니다.

② 우리는 언제나 부활 신앙을 간직해야 합니다.

부활 신앙이 없는 사람은 낙심과 실망과 좌절 가운데 살아가지만 부활의 확증이 있는 사람은 희망과 미래를 보며 힘차게 살아가게 됩니다. 이 세상이 전부가 아니고 부활 후의 세계가 분명하기 때문입니다.

2) 장차 부활의 몸은 지금 우리가 가진 육신이 아닙니다.

새롭게 변화 받은 몸이기 때문에 확연히 다른 몸입니다.

① 시간과 공간을 초월하는 몸입니다.

지금 우리의 육체는 시간과 공간 속에 제약을 받는 제한된 몸입니다. 그래서 어디로 이동하려면 시간이 소요되고 육체적 한계에 부딪치게 되는 것이 현실입니다. 그러나 부활한 몸은 예수님과 같이(요 20:19) 문을 닫았는데도 출입하게 되는 몸으로 변화하게 됩니다.

② 예수께서 오실 때에 부활하며 공중에서 주님을 영접하게 됩니다.

그때까지 살아 있는 준비된 성도들은 홀연히 변화된 몸으로 공중으로 올라가게 됩니다(살전 4:17). 예수님이 재림하실 때의 일입니다. 벵겔(Bengel)은 "불건전한 자들은 땅 위에 남을 것이고 경건한 자들은 땅에서 해방되어 심판의 배심원들이 될 것이다."고 했습니다. 은평교회 성도들은 주님 재림 때에 모두 이 자리에 참여하시기를 축복합니다. 예수님의 부활은 우리에게 최후의 소망을 영원히 약속하신 사건입니다.

3. 우리 기독교는 빈 무덤의 신비 위에 세워졌습니다.

예수님이 십자가에 죽으시고 무덤에 내려가셨다가 삼일 만에 부활하심으로 우리의 구원을 완성해 주신 데서부터 기독교가 시작된 것입니다. 예수님의 무덤은 빈 무덤이 되었습니다.

1) 세상의 모든 종교들은 교주들의 무덤이 있습니다.

그리고 이 교주들의 무덤으로 인해서 수익을 얻게 되고 숭배의 대상이 되기도 합니다. 그러나 예수님은 그 무덤이 비어있습니다. 부활하셨기 때문입니다.

① 예수님은 부활하셨습니다.

사망권세 지옥권세와 마귀의 권세를 깨트리고 부활하셨습니다. (마 28:6)"그가 여기 계시지 않고 그가 말씀 하시던 대로 살아나셨느니라" 했습니다. (눅 24:5)이제는 산 자를 죽은 자 가운데서 찾는 일을 버려야 합니다.

② 사망 권세를 정복하고 살아나셨기 때문입니다.

죄 값으로 오게 된 모든 저주와 죽음이 십자가와 부활의 사건으로 인해서 믿는 모든 성도들에게는 치유와 해방이 되었습니다(요 8:31; 갈 5:1). 아담 안에서 모든 사람이 죽었지만(고전 15:22), 예수님 안에서 살게 되었습니다. 확신을 가지고 믿음 위에 서게 되시기를 축복합니다.

2) 부활하신 예수님을 믿는 신앙에는 생명의 부활이 약속되었습니다.

변하지 않는 확실한 약속이요 "새 언약"(covenant new)이 되셨습니다(히 8:13).

① 예수님이 부활하신 것은 약속입니다.

굴속에 넣어 두었든지 우리나라처럼 땅 속에 매장하고 봉분을 하였든지, 화장하여 재로 뿌리든지, 어떤 곳에 있든지 부활 때에는 부활의 몸이 됩니다. 이것이 첫째 부활입니다(고전 15:23; 계 20:6). 이 첫 번째 부활에 참여하는 자들이 복이 있다고 했습니다.

② 예수님의 빈 무덤의 사건은 장차 우리가 체험할 영광의 사건입니다 (고전 15:58).

그때까지 우리는 바른 믿음을 지키며 주의 일에 더욱 힘써서 복음을 전파해야 합니다. 이것은 절대 헛되지 않기 때문입니다(고전 15:58). 이번 부활주일에 이런 신앙으로 세워 가시기를 예수님의 이름으로 축원합니다.

결론 : 예수님은 부활하셨고 우리 또한 부활하게 될 것입니다.

〈천국〉
우리에게는 더 나은 본향이 있습니다 | 히 11:13-16

어디에서 어떻게 살든지 고향을 생각하면 늘 아련하며, 옛 추억이 잊히지 않습니다. 더욱이 마음대로 오갈 수 없는 북녘 땅을 바라보는 실향민들에게는 대단히 그리운 곳이기도 합니다. 대한민국을 기적 같이 일제강점기 36년간 사슬에서 해방시켜 주셨듯이, 저 북녘 땅에도 자유의 문이 열리게 되는 그 날이 속히 오기만을 위해서 기도할 뿐입니다(시 126:1-6). 베들레헴의 우물을 사모했던 다윗과 같이 북녘에 고향을 둔 분들의 아련함을 생각하게 됩니다(대상 11:16-). 명절 때면 고향에 내려가는 자동차 행렬이 주차장을 방불케 하는 것을 목격하게 되는데 이해가 되기도 합니다.

오늘 히브리서 본문 말씀은 "본향"(a country of their own)이라는 말을 몇 번씩이나 강조하며 전하고 있습니다. 세상에 육신의 고향이 있듯이 영적인 영원한 고향이 있는데, 이곳은 우리가 영원히 바라보고 사모하며 돌아가야 하는 영원히 살 곳입니다. 이른바 고향인데 여기에서 은혜의 시간이 되시기를 바랍니다.

1. 사람은 누구나 고향을 떠나 있으면 고향을 생각하며 그리워합니다.

해외에 있는 교포들의 마음속에는 언제나 고향 대한민국을 생각하며 살아가게 됩니다. 외국에 나가 살다보면 애국자가 되고 시인이 된다는 말도 있습니다.

1) 고향을 마음에 담고 살기 때문입니다.

어디에서 무엇을 하며 살든지 고향은 시가 흐르게 합니다.

① 고향은 정서적으로 아름답게 만들어줍니다.

괴롭고 힘들 때에는 위안과 용기를 주는 곳이기도 합니다. 미국의 나이스 선교사가 우리나라에 와서 선교하면서 지은 노래 가사가 유명합니다. 우리가 복음성가로 부르기도 합니다.

1절: 이 세상은 나그네 길 나는 다만 나그네 나의 집은 저 하늘 저 너머 있고 천사들은 하늘에서 날 오라고 부르니 나는 요 이 땅에 있을 맘 없어요.

2절: 이 세상은 고독 불안 슬픔 괴롬 된 세상 우리 주님 의지할 것 밖에 없어요 앞에 가신 성도들의 순교 정신 따라서 천한 몸이나마 싸워서 가리라.

3절: 이 세상은 어제 밤의 꿈과 같은 천막집 그 기쁨은 저마다 물거품 같고 해아래서 바람 잡는 것과 같이 헛되나 나는 요 주님만 섬기고 살래요.

후렴: 이 세상 이 세상 나의 집은 아니요 우리 구주 머지않아 다시 오실 때 천사들은 하늘에서 날 오라고 부르니 나는 요 이 땅에 있을 맘 없어요.

② 이와 같은 고향에 대한 향수심은 자연 생물에게서도 찾아보게 됩니다.

회귀성 어류인 연어(salmon)는 치어로 태어나서 민물 따라서 바다로 가게 되는데 3-4년 후에 성어가 되어서 자기 고향에 돌아와 알을 부화하고 죽게 됩니다. 자연세계에서도 우연치 않게 발견되는 대목들입니다.

2) 사람에게는 그 감정이 더욱 강합니다.

자연 생태계에서 보는 것과는 비교할 수 없는 마음의 움직임입니다.

① 하나님께서 창조하실 때에 그렇게 창조해 주셨습니다.

천국을 사모하게 되고 더 나은 본향이 있고 내일이 있음을 사모하며 소망하게 됩니다. 여기에는 믿음(faith)과 소망(hope)이 있어야 합니다. 저녁 때가 되어서 돌아갈 집이 없다면 얼마나 힘들겠습니까마는 믿는 성도에게는 분명한 고향이 있기에 안연하게 천국을 소망하며 바라보게 됩니다.

② 하나님 백성에게는 분명히 외롭지 않은 천국 본향이 있기 때문에 행복합니다.

그러나 세상에 제일 불쌍한 사람은 하나님 없이 아무 생각 없이 멋대로 살다가 흉악한 마귀에게 이끌려 지옥에 던져지는 인생(마 25:41)일 것입니다. 그러므로 예수 믿고 구원 받아 하나님을 아버지로 모시고 천국을 향하여 가는 성도들이 가장 행복한 인생임을 깨달아야 합니다(롬 1:20). 예수 믿고 천국에 들어가는 축복에 감사해야 합니다(요 14:1-6).

2. 하나님 백성에게는 이 세상 고향보다 더 나은 본향이 있음을 믿어야 합니다.

찬송가 607장은 천국 고향에 대한 찬송이요 우리에게 힘을 주는 찬송이기도 합니다.

1) 성도의 고향집은 하나님 나라입니다.

하나님 나라(Kingdom of God)가 우리의 본향이요 영원히 살 곳입니다.

① 우리가 믿는 자로서 바라보고 가는 왕국입니다.

예수 그리스도를 구주로 믿는 자만이 들어가는 영원한 하나님 나라입니다(행 4:12). 100세 시대라고 해서 요란하지만 세상은 나그네요 잠시입니다. 그러므로 본향 준비가 제일 중요한 일입니다.

② 이 본향은 예수의 이름으로만 들어갈 자격이 주어집니다.

영원한 천국에 들어갈 천국 티켓(ticket)은 예수의 이름입니다.

2) 본향에 가면 모두 행복합니다.

이 세상 고향은 상황 따라서 행복이 아니라 곤란한 장소도 있을 것입니다.

① 천국 본향에 가면 영원한 행복이 약속되었습니다.

성부, 성자, 성령 하나님이 계시는 곳이요, 모든 믿는 성도들이 살아가는 곳입니다. 천사들이 나와서 시중들고 이 세상에 없는 최고의 것으로 준비해 놓으셨습니다. 미국의 선교사가 아프리카 선교를 하고 휴가차 귀국길에 배에서 내리는데, 같은 배에 있던 미국 부통령을 환영하기 위해 레드카펫과 군악대의 요란한 소리와 많은 인파들의 환영식을 보고 마음에 질문합니다. "주님이시여! 영적 싸움을 하고 왔는데 나를 환영하는 인파는 없습니다." 이 때에 주님이 마음에 감동주시기를 "네가 본향에 들어올 때에는 천군 천사의 나팔소리로 반겨줄 것이다."라고 해서 위로를 받았다는 이야기가 전해지고 있습니다.

② 본향에는 좋은 것들만 있습니다.

아픈 몸, 병든 몸, 슬픔, 병원, 죽는 것 등 이 세상에서의 부정적인 것은 없는 곳입니다. (계 21:27)좋은 보화로 꾸며진 곳으로 상징성 있게 표현되었습니다. 우리 모두 이 영원한 나라에 소망이 있게 되기를 축복합니다.

3. 영원한 본향은 예수 믿는 믿음으로만 가는 곳입니다.

아무나 들어가는 곳이 아닙니다.

1) 예수의 이름입니다.

세상에 종교라는 이름들이 많이 있지만 우리는 성경 말씀만 믿습니다. 성경이 분명하게 전하는 복음진리의 내용은 예수 이름입니다.

① 예수님만이 본향 가는 천국 길이요 구원의 길입니다.

(요 1:12)영접하는 자입니다. (요 14:6)예수의 이름입니다. (행 4:12)다른 길이나 다른 이름은 없습니다. (계 21:7)예수의 이름 믿고 이기는 사람입니다. 소위 종교다원주의는 잘못된 사상이며 거짓이요 비진리입니다.

② 불신자가 가는 곳이 지옥 불 못입니다.

(계 21:8)"그러나 두려워하는 자들과 믿지 아니하는 자들과 흉악한 자들과 살인자들과 음행하는 자들과 점술가들과 우상 숭배자들과 거짓말

하는 모든 자들은 불과 유황으로 타는 못에 던져지리니 이것이 둘째 사망이라" 했습니다. 옆 사람과 인사합시다. "예수 믿기 참 잘하셨습니다." 할렐루야! "아멘."

2) 세상 살아가면서 본향을 준비하며 살아야 합니다.

아직 천국 본점은 가지 못했어도 세상 천국 지점인 교회생활(길선주 목사님 말) 하면서 본향을 준비해야 합니다.

① 세상에는 지점이 있습니다.

마음의 천국이요, 예수님 모신 곳이 천국이요, 교회는 천국의 지점입니다. 예수님이 언제나 그 중앙에 계시게 해야 합니다. 이는 찬송과 말씀과 기도로 신앙생활을 해야 합니다.

② 본향을 사모하며 사시기 바랍니다.

재미교포가 바쁘게 살다보니 수년간 모국인 대한민국에 올 수 없었지만, 눈만 감았다 하면 모국 생각뿐이었다는 책을 읽었습니다. 우리는 늘 본향을 생각하면서 천국을 준비하며 살아가야 합니다. 은평교회 모든 성도들은 천국본향을 사모하는 분들이 다 되시기를 예수님의 이름으로 축원합니다.

결론 : 우리의 본향은 천국입니다.

〈천국〉
하나님 나라 의를 건설하는 사람들 | 마 6:24-34

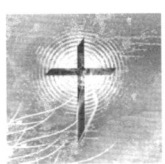

　자연 생태계에서 하나님의 오묘하신 창조의 세계를 볼 수 있습니다. 작은 미물이지만 사람에게 교훈해 주는 일들이 많이 있습니다. 열심히 일하는 개미들을 비롯해서(잠 6:6, 30:24), 충성을 다하는 소와 나귀(사 1:3-)이며 많은 미물들이 교훈적으로 이야기 되고 있습니다. 프랜시스 베이컨(Francis Bacon)은 "사람을 거미와 개미와 꿀벌 같은 인생"으로 비유하여 교훈하기도 했습니다. 교부 중에 크리소스톰(Chysostom)은 "가룟 유다는 금 그릇으로 시작하였으나 질그릇으로 마치게 되었지만, 사도 바울은 질그릇으로 시작해서 금 그릇으로 일하게 되었다."고 했습니다. 목회선상에서 볼 때에 세상의 물질문명은 한 없이 발전하지만 정신적이고 영적인 일은 느리게 발전하는데, 아놀드 토인비(Arnold Toynbee) 박사의 '역사는 도전과 응전'이라는 지적이 생각나곤 하는 때가 많이 있습니다.

　본문 말씀은 예수님의 산상보훈인데 들에 피는 백합화와 공중의 새를 통해서 교훈해주고 있습니다. 예수 믿는 사람들을 가리켜서 "그리스도인"(행 11:26)이라고 하는데 그리스도인들은 천국 시민권자들로서(빌 3:20) 천국을 건설해 나가는 사람들이요 천국을 얻을 사람들입니다. 따라서 불신자들이 건설하지 못하는 천국의 건설자로서 이 세상에서 살아가는 동안 언제나 천국 백성다운 삶을 살아야 하기 때문에 본문에서 은혜를 나누게 됩니다.

1. 세상 경제 문제 때문에 염려하지 않게 하신다고 약속하셨습니다.

경제적 문제 때문에 신앙이 그릇가지 말아야 합니다.

1) 자연생태계를 예로 보여 주시면서 비유로 말씀하셨습니다.

자연생태계가 주는 교훈이 큽니다.

① 들에 피는 백합화를 보라고 하셨습니다.

(마 6:28-)"또 너희가 어찌 의복을 위하여 염려하느냐 들의 백합화가 어떻게 자라는가 생각하여 보라 수고도 아니하고 길쌈도 아니하느니라 그러나 내가 너희에게 말하노니 솔로몬의 모든 영광으로도 입은 것이 이 꽃 하나만 같지 못하였느니라 오늘 있다가 내일 아궁이에 던져지는 들풀도 하나님이 이렇게 입히시거든 하물며 너희일까보냐 믿음이 작은 자들아"(you of little faith?) 하셨습니다. 믿음의 천국을 건설하는 사람들은 입는 문제로 인해서 불신앙에 빠지지 말아야 합니다. (계 3:17)라오디게아교회에서도 이 교훈을 보게 됩니다.

② 공중에 날아가는 새들을 통해서도 교훈해 주셨습니다.

공중에 날아가는 새는 한 곳에 정착하지 않습니다. 그러나 농사를 짓지 않는 새도 하나님이 굶기지 않으시고 먹여주십니다. 이 문제 역시 천국을 건설해 나가는 믿음의 사람들은 분명하게 알아야 합니다. 고난 중에 있는 욥에게 질문하셨고(욥 38:42), 다른 성경에서 그 답을 찾게 됩니다(시 147:9; 마 10:29; 눅 12:24) "너희는 새보다 얼마나 더 귀하냐"(you are worth more than many sparrows) 하셨습니다.

2) 먼저는 천국건설에 힘써야 할 이유가 있습니다.

그 이유를 분명하게 알아야 합니다.

① 하나님께서는 천국을 건설하는 사람들의 필요한 것을 모두 알고 계

싶니다.

믿음으로 산다고 해서 벌거벗거나 굶어 죽지 않는다는 믿음을 가져야 합니다. (32절)"이는 다 이방인들이 구하는 것이라 너희 하늘 아버지께서 이 모든 것이 너희에게 있어야 할 줄을 아시느니라" 했습니다. 아버지는 자녀가 무엇이 필요한지 알아서 채워주기 원하십니다(렌스키, Richard C.H. Lenski). 내가 먼저 해야 할 일을 해야 합니다.

② 내일 일을 염려하기보다는 하나님 나라 건설에 더욱 힘써야 합니다.

천국 건설에 대한 믿음이 더욱 중요하기 때문입니다. 스스로 조심하지 않으면 세상의 염려로 마음이 둔해지기 때문이라고 하셨습니다(눅 21:34). 그러므로 세상 염려를 버리고 믿음으로 살기를 힘쓰는 것이 천국 건설임을 깨달아야 합니다.

2. 천국 건설에 우선순위를 두게 될 때에 인생의 승리자가 됩니다.

세상에서의 성공이나 개념이 아니라 천국에 대한 개념으로 볼 때에 성공이라는 것입니다.

1) 그리스도인들에게 경제적이나 세상적인 일들도 주신다고 성경은 약속했기 때문입니다.

하나님께 성공하는 것이 진정한 믿음의 성공입니다.

① 세상 생활도 하나님이 보장해 주십니다.

구약에서 아브라함, 이삭, 야곱, 요셉 등 믿음의 선진들의 삶을 통해 보여주었습니다. 족장시대뿐 아니라 왕정시대에도 다윗을 비롯해서 아사 왕이나 여호사밧 왕, 히스기야 왕(대하 16장, 18장, 29장) 등에서 보게 됩니다. 세상의 우상을 버리고 하나님께 바르게 설 때에 국가가 튼튼해졌습니다.

② 영적 생활에도 승리하게 됩니다.

우리는 이 세상에 살지만 천국 백성이기 때문에 천국 건설에 힘써야 합니다. 이것이 영적 전쟁에서 이겨야 하는 이유입니다. 십자가 군사로서 영적으로 하나님의 전신갑주를 입어야 합니다(엡 6:10-17). 신앙생활의 '신앙인격'(信仰人格)이 바로 서서 나간다면 사탄도 어찌할 수 없는 천국건설자로서 살게 될 것이 분명합니다.

2) 세상에는 영원한 것이 없습니다.

오직 영원한 것은 천국이요 천국 건설만이 영원히 내 것이 되고 영원히 존재하게 됩니다.

① 세상의 그 어떤 정권도 제한되고 유한합니다.

세상의 어떤 정권도 영원하지 못하다는 것을 역사에서 보게 됩니다. 이집트의 파라오도, 바벨론 왕권도, 로마 제국의 황제도, 세계 2차 대전의 히틀러도 결국 몰락하거나 망했습니다. 그러나 예수님이 만드신 그 나라 천국만은 예수님 이름으로 가는 나라이기 때문에 영원합니다(요 14:6; 단 2:44).

② 세상 모든 것은 그림자요 꿈과 같이 지나갑니다.

세상의 법도 바뀌고 사라질 때가 옵니다. 그러나 천국은 사라지지 않고 영원합니다. 따라서 우리는 시간도, 물질도, 기술도, 재물도 모두 천국에 투자하고 건설하는 데 힘써야 합니다. 믿음으로 천국 건설해 나아가는 것만이 영원하고 영원히 내 것이 되기 때문입니다.

3. 그의 나라와 그의 의를 구하고 천국 건설하는 것은 영원토록 주님과 함께 살기 위해서입니다.

세상은 짧지만 천국은 영원합니다.

1) 우리는 세상에 살지만 주님과 함께 있는 천국은 영원합니다.

천국 백성이기 때문입니다.

① 귀한 존재라는 사실입니다.

"너희는 많은 참새보다 귀하니라"(마 10:31) 하셨습니다. 미물인 참새보다, 이 세상의 어떤 것보다 귀한 존재입니다. 그리고 영원히 함께 하십니다(시 121:1-8; 마 28:20).

② 천국건설에 힘쓰세요.

천국에도 일등공신이 있습니다. 세상 전쟁에도 공신이 있듯이 천국에도 상급에 공신이 있습니다. 복음을 위해서 산 믿음의 산 증인들입니다.

2) 우리는 천국의 주인공들로 살아야 합니다.

잠시 있다가 없어지는 유한한 존재가 아니라 천국의 영원한 시민들입니다.

① 행한 대로 갚으시는 하나님의 보상법칙이 있습니다.

먼저 교회론과 십자가 사건을 언급하신 이후에 주님이 약속하신 말씀입니다(마 16:27). 그리고 재림의 약속에서도 재차 언급하셨습니다(계 22:12).

② 이 사실은 중대합니다.

믿음을 힘써 지켜 나가야 합니다. 복음전파에 힘써야 합니다. 천국에 모든 목표를 세워야 합니다. 주님만 바라보아야 합니다. 먹는 문제, 입는 문제 때문에 신앙을 상실하지 않아야 합니다. 현대판 에서가 되지 말아야 합니다(창 25:26; 히 12:16). 나그네요, 그림자요, 안개요, 꿈과 같은 짧은 인생길에서 천국을 멋지게 건설해 나가는 은평교회 모든 성도들이 되시기를 예수님의 이름으로 축원합니다.

결론 : 우리의 본향은 천국입니다(히 11:13).

〈가정〉
자녀 양육에 왕도(王道)는 없습니다 | 눅 23:28-31

　세상을 살아가면서 모든 일이 그러하겠지만 쉽고 편하게 걸어가는 왕도(王道)는 별로 없을 것입니다. 세상 모든 일들이 마음과 생각한대로 쉽게 되는 일은 없다는 뜻입니다. 매년 5월이 오면 가정의 달로 정해놓고 세상에서도 그러하지만 교회에서도 어린이주일, 어버이주일로 지켜 왔습니다. 에스 엘 스출러(S. L. Schuller) 박사는 "가정은 작은 왕국입니다. 남편은 왕입니다. 아내는 왕비입니다. 가정은 작은 마을이며, 작은 도시이며, 작은 나라입니다. 아들은 왕자입니다. 딸은 공주입니다. 가정마다 고귀한 왕궁입니다."라고 하였는데, 과연 세상 모든 가정이 그런가 하고 묻는다면 답변은 의문에 속할 것입니다. 현대에 와서는 원수가 집안 식구일 경우도 많습니다. 복음 때문에 그런 경우들도 많이 발생하게 됩니다 (마 10:35-35). 집안에서는 신앙생활 문제, 재물에 관한 문제, 사상문제, 심지어 아이들 교육에 대한 문제로 인하여 갈등을 느끼는 일들이 종종 발생하게 됩니다. 지금 사회의 분위기가 인격적인 분위기가 아니라 이기주의적인 사회로 바뀌고 있기 때문입니다. 우리아이들이 '올바른 가치관'을 가지고 성장할 수 있도록 교육해야 할 때입니다. (잠 1:7) "여호와를 경외하는 것이 지식의 근본"이라고 했습니다.
　본문은 예수님께서 십자가를 지고 골고다 언덕을 올라가실 때에 뒤따라오면서 울고 있는 여인들을 향하여 하신 말씀인데, 나를 위하여 울지 말고 너희와 너희 자녀를 위해서 울라고 하였는바 우리는 이 세대에 다시 한 번 이 말씀을 생각해 보아야 합니다. "울어라"(weep)는 말씀에서 은혜를 받게 됩니다.

1. 울어라는 말씀에는 기도가 강하게 포함되어 있습니다.

슬플 때에도, 기쁠 때에도 울지만 기도할 때에도 울게 됩니다.

1) 이때에 운다는 것은 기도를 촉구하신 말씀이라고 믿습니다.

예수님 안에서 울어야 할 때입니다.

① 자녀를 위하여 기도하면서 우는 울음입니다.

성경에는 자녀를 위하여 우는 울음이 있습니다. (창 21:14-)하갈이 자기 아들 이스마엘을 위해서 방성대곡 하였습니다. (마 15:21-)예수님께서 두로와 시돈지방을 지나실 때에 가나안여인이 자기의 딸이 귀신들려서 고생하는데 그 딸 때문에 많이 울었다고 했습니다. 구약과 신약을 지나서 교회사 가운데 모니카(Monica)는 방탕한 아들 어거스틴(St. Augustine) 때문에 많이 울었는데, 마침내 방탕의 자리에서 회개한 후에 돌아와서 대 신학자가 되었습니다.

② 자녀를 위하여 울고(weep) 기도(prayer)하는 것은 그 자녀의 축복입니다.

부모로서 자녀에게 물질의 보이는 가시적 요건보다도 기도를 해주는 부모라면 그 아이에게 큰 축복입니다. 먼 훗날 부모가 세상에 계시지 아니할 때에도 그 기도는 계속적으로 이루어 질 것이기 때문입니다. 신앙 유산, 기도 유산이야말로 축복이요 물려줄 영적 유산이 됩니다.

2) 자녀를 위하여 기도하는 것은 역사하는 힘이 많습니다.

믿음의 기도는 역사하는 힘이 많기 때문입니다(약 5:15하).

① 세계역사에서 유명한 사람들의 대부분은 부모님의 기도가 많았던

사람들이었습니다.

미국의 초대 대통령 조지 워싱턴, 아브라함 링컨 대통령, 발명왕 에디슨 등 역사 속에 수많은 인물들에서 보게 됩니다.

② 아이에게 문제가 있다면 더욱 기도해야 할 것입니다.

내 아이의 부족한 부분을 위해서도 기도해야 하고, 어느 분야에 조금 차고 넘쳐나도 기도해야 합니다. 예수님이 십자가를 지고 가시면서 말씀하신 너희와 너희 자녀를 위하여 울라 하신 말씀이 이번 어린이주일에 모든 가정에게 그대로 역사되는 시간이 되시기를 바랍니다.

2. 울라(weep)고 하신 말씀 속에는 자녀를 위하여 관심을 가지라는 의미가 있습니다.

지금 시대는 가족 구성원 모두가 바쁜 시대입니다. 부모도 바쁘지만 자녀들도 바쁩니다. 관심이 소홀하기 쉬운 때입니다.

1) 서로가 관심을 가져야 하겠습니다.

① 웬만한 일들은 무심코 그냥 지나치기 쉽습니다.

자녀들은 부모님을 위해서 관심을 가져야 하고 부모는 자녀를 위하여 관심을 깊이 가져야 할 때입니다. 이것이 현대 사회를 향한 주문입니다. 자칫 잘못하면 무관심이 큰 화를 불러일으키는 경우들이 종종 있기 때문입니다.

② 무엇보다 더 중요한 것은 아이들의 신앙에 대하여 관심을 가져야 합니다.

오늘은 어린이주일인데 우리 아이가 교회에는 왔는지 예배는 잘 드렸는지 관심을 가져야 합니다. 이것이 영적 관심입니다. (눅 18:15)사람들이 아이를 데리고 올 때에 제자들은 싫어했지만 예수님은 말씀하셨습니다. "아이들이 내게 오는 것을 용납하고 금하지 말라 하나님의 나라가 이런 자(어린아이)의 것이니라"고 하시며 축복해 주셨습니다. 일반적으로 공부해야 한다는 식의 관심 중 1/3만 내 아이의 신앙에 접목시켜도 내 아이의 신앙은 올바르게 서게 될 것입니다.

2) 자녀 위해서 영적 관심을 가지는 사람은 이러합니다.

세상적인 관심도 중요하지만 신앙적 관심은 무엇보다도 중요합니다.

① 자녀들의 신앙생활에서 예수님을 영접했는지를 확인해야 합니다.

이 관심은 무엇보다 먼저 우선해야 합니다. 그렇지 아니하면 그냥 하나의 종교인으로 전락하고 말 것이기 때문입니다. 이것이 어린아이 때 물과 성령으로 거듭나게 해야 할 이유입니다.

② 문제는 부모 자신이 예수님을 영접하였느냐는 것입니다.

지금 이 시간에 여기에 앉아계신데 내가 먼저 물과 성령으로 거듭났느냐 하는 것입니다. (눅 2:43)예수님이 동행하시겠지 하면서 그냥 무심코 시간만 보내면 큰일입니다. (고전 3:16)내 안에 예수님이 계신 것을 확인해야 합니다. 부모님이 가장 먼저 해야 할 부분입니다. 본문 말씀은 가깝게는 주후 70년 예루살렘이 망한 때이고, 멀리는 말세 때의 세상을 보시고 한 예언의 말씀이라면 우리는 지금 더욱 자녀를 위해서 울어야 합니다.

3. 예수님 품안에 안기어 축복 받는 아이가 되게 해야 합니다.

축복 받는 아이로서 평생 동안 예수님 품안에 있게 해야 합니다.

1) 우리 아이가 축복 속에 살게 해야 합니다.

예수님 품에 있다는 것은 축복 중의 축복입니다.

① 우리 아이가 그렇게 되도록 힘써야 하겠습니다.

이것은 세상에 그 무엇보다도 비교할 수 없는 하나님의 사랑과 축복에 속합니다. (엡 1:3-)누구의 제자가 되느냐는 중요한 일입니다. 예수님께서 안수기도를 하셨던 그 아이가 성장해서 사도 요한의 제자가 되었고, 순교의 제물이 되었다는 폴리캅(Polycarp)의 전승도 읽게 됩니다.

② 한 평생 무엇인가 늘 하면서 살아가는 것이 인생입니다.

직장, 사업 등 많은 일들이 있지만 천국의 백성으로 산다는 것은 복입니다. 베드로, 요한, 안드레, 야고보 등 이들은 예수님을 따라서 교회의 기초가 되었습니다. 우리 자녀들이 하나님 나라의 일꾼으로 살아가도록 지도해야 할 필요성이 여기에 있습니다.

2) 예수님이 먼저 만져 주신바 된 아이들입니다.

세상 어느 종교지도자가 만져 주시기보다 예수님이 만져 주시는 아이가 되게 해야 합니다.

교황이 대한민국에 방문했을 때와 석가 탄일 때에 일어나는 현상을 볼 수 있습니다.

① 예수님이 손을 붙잡고 살아가는 자녀들에게 복이 있습니다.

그래서 이 세대에 제일 중요한 일이 신앙교육이요, 말씀을 가르쳐 주는 일입니다. 지금은 학문은 많이 발달했지만 영적인 면은 매우 빈곤한 시대입니다.

② 어린이 때부터 예수님을 모시고 예수님 정신, 예수님의 마음으로 살아가도록 가르치고 양육을 해야 합니다. 지금은 학점 때문에 봉사활동을 하지만 형식적이고 가시적인 봉사가 많습니다. 예수님 마음으로 봉사가 몸에 배어나도록 하는 것이 아주 좋은 예라고 할 것입니다. 2017년 은평교회 모든 아이들이 예수님 모시고 예수님 마음으로 성장할 수 있도록 축복해 주시기를 예수님의 이름으로 축복합니다.

결론 : 자녀 교육의 왕도는 예수님 안에 있습니다.

〈가정〉
부모 공경의 축복 | 엡 6:1-3

　매년 5월이 오면 가정의 달을 맞이하여 가정에 대한 행사를 하며 어린이날과 어버이주일을 지키게 됩니다. 처음에는 거기에 맞는 정신으로 의미를 되새겨 보지만 세월의 흐름과 함께 그 뜻과 의미마저 퇴색해 가는 것이 일반이듯이, 어린이주일과 어버이주일 역시 그렇게 되는 추세인데 안타까운 일입니다.
　성경에서는 신구약 모든 부분에서 어버이 공경에 대한 말씀으로 가득하지만 현재 우리가 지키고 있는 어버이주일은 미국에서 시작되었습니다. 미국 버지니아 주 웨스터라는 곳에 메디스토교회가 있었는데, 이 교회에 믿음이 독실한 찰피스 부인이 26년간이나 주일학교 교사로 봉사하다가 세상을 떠나자 그의 딸 안나(Anna)가 어머니 1주기 추도예배 때 어머니를 생각하며 교회에 나오는 모든 어머니들에게 빨간 카네이션(Red Carnation) 한 송이씩 달아주기 시작하면서 그 유래가 되었습니다. 백화점왕으로 알려진 워너메이커는 모든 직원들에게 안나의 정신을 살려서 빨간 카네이션 달기를 시작하면서 급속도로 퍼지게 되었다는 이야기가 있습니다. 우리나라에서는 1956년 국회에서 5월 8일을 어머니날로 정하여 지켜오다가 1974년에 어버이날로 고쳐서 오늘날에 이르게 되었습니다. 우리가 학창시절에는 교회에서 붉은 꽃과 하얀 꽃을 만들어서 부모님이 생존

해 계시면 붉은 꽃을, 살아계시지 않는 분들에게는 하얀 꽃을 달아드린 추억을 가지고 있습니다.

성경은 우리에게 네 부모를 주 안에서 공경하라고 했습니다. (창 22:1-)이삭은 아버지 아브라함에 의해서 모리아 산에서 제물이 되기 위해 올라가는 것까지도 순종했습니다. 본문 말씀에서 사도 바울은 주 안에서 부모에게 공경하라고 하였는데, 여기에서 은혜의 시간이 되시기를 바랍니다.

1. 부모님에게 작은 말 한마디라도 효도할 수 있어야 하겠습니다.

어떤 거대한 일을 해드려야 효도가 아니라 작은 말 한마디라도 하는 효도가 중요합니다.

1) 부모님 시대는 외로운 시대이기 때문입니다.

자녀들을 모두 키워서 내보내고 쓸쓸하게 지내는 외로움입니다. 그래서 미국에는 거대한 저택에 홀로 사는 분들에게 다가가서 이야기를 해주는 직업까지 있다고 합니다.

① 노인이 되면 외롭습니다.

젊어서는 마음껏 다니기도 하지만 나이가 들게 되면 그럴 수 없습니다. 육체적 근력은 없어지고 재정적 능력까지 쇠진해 있기 때문입니다. 이런 때에 말 한마디라도 위로 차 건네는 것이 효도입니다. 그리고 나이가 들면 자기 자신을 기피하려는 마음이 생기게 되는데, 이것을 심리학자 프로이드는 '연령 거부증'이라 합니다. 대체로 남자는 50세, 여자는 40세부터 시작된다고 합니다.

② 자신의 나이를 낮추려고 하는 현상들이 나타나게 됩니다.

이것 역시 여성들에게 두드러지게 나타나게 됩니다. 이런 일이 생기기 전에 젊었을 때에 하나님을 경외하라고 성경은 분명히 전하고 있습니다 (전 11:9-11, 12:13-14).

2) 나이가 들게 되면 작은 일에도 노하게 되는 습성이 생기게 됩니다.

세월이라는 덫에 걸리게 된 듯이 역정(逆情)을 내게 됩니다. 아픈 곳도 많이 생기게 됩니다.

① 나이가 든 부모들은 그 자체가 서글픈 역사입니다.

작은 일에도 센티멘털 해지고 마음이 약해지게 됩니다. 이럴 때에는 자녀들의 관심과 부모님에게 효도하려는 마음의 자세가 필요합니다.

② 성경은 이렇게 전해줍니다.

십계명 중에 사람에 대한 첫 계명이 부모공경(Honor your father and your mother, so that you may live long in the land the LORD your God is giving you)입니다(출 20:12). 이것은 명령형입니다. 이 명령에 순종하면 복을 받게 됩니다.

2. 부모 공경은 마음을 다해서 해야 합니다.

음식 하나를 드리는 일도 정성으로 해야 합니다.

1) 마음으로라도 부모님에 대한 공경이 필수입니다.

'공경'이라는 말은 헬라어로 '티마오'(τιμάω)인데, 귀하고 최고로 대접한다는 뜻입니다.

① 마음에서 나오는 정성이 필요합니다.

현대인들은 여러 가지 일들로 인해 모두 바쁘기 때문에 소홀하기 쉬운 부분 중의 하나입니다.

② 요즈음 모두가 돈으로만 해결하려고 합니다.

물론 돈으로도 효도하는 방법이 있겠지만 마음을 위로하는 것보다 큰 힘을 발휘할 수는 없을 것입니다. (창 9:25-)노아의 세 아들의 일들을 보면서 축복의 길과 저주의 길이 확연히 나타나는 것을 알게 됩니다. 효를 위해 마음과 정성이 요구되는 부분입니다.

2) 마음이 정성으로 나타나면 행동으로 보여야 합니다.

행동은 마음의 현상이기 때문입니다.

① 부모님이 즐기시는 별미를 한번쯤은 생각해봅니다.

여기에는 하나님의 축복이 약속되어 있기 때문입니다. (창 27장)이삭이 나이 많아 늙었고 눈이 침침해서 보이지 않을 때에 야곱은 리브가의 말에 순종하여 염소 중에 제일 좋은 것을 잡아서 별미를 만들어 아버지 이삭에게 드림으로써 축복을 받게 되었습니다. (창 27:23)영어성경(NIV)에는 이렇게 기록되었습니다(so he blessed him).

② 부모 공경과 섬기는 일은 기회가 있고 때가 있습니다.

늦게 되면 하고 싶어도 할 수 없는 것이 부모 공경의 효입니다. 야곱이 축복기도를 받고 나간 이후에 에서가 뒤늦게 별미를 가지고 들어왔지만 축복의 길은 다시 열리지 아니했습니다. 부모 공경은 유효시기가 있는데 그 때를 놓치면 다시 얻을 수가 없습니다. 자식으로서 안타까움만 남게 됩니다.

3. 부모 공경은 축복이 약속되어 있습니다.

이미 노아의 세 아들 셈과 함과 야벳의 사건을 통해서 보았거니와, 축복의 물줄기가 어디로 흐르느냐에 따라서 역사가 바뀌게 됩니다.

1) 형통의 복이 약속되었습니다.

(엡 6:3)"이는 네가 잘되고"(it may go well with you)라고 했습니다.

① 잘되는 축복입니다.

세상 말 중에 재수 없는 사람은 뒤로 넘어져도 코가 깨진다는 말이 있습니다. 안 되는 사람들의 총체적인 이야기라고 봅니다. 안 되는 사람은 안 되는 이유가 있고 잘되는 사람은 잘되는 이유가 분명히 있는데, 하나님께서 복을 주시기 때문입니다.

② 효하면 복 받는다는 말씀이 성경에 분명히 나옵니다.

하나님을 경외하는 사람에게 축복이 있습니다. 부모 공경하는 사람에게 축복이 또한 약속되어 있습니다. 지금 종말적인 사건들 중의 하나가 부모 공경이 사라지고 패륜아들이 늘어가는 시대라는 것입니다. 은평교회 성도들은 이 축복의 성도들이 되시기를 기도합니다.

　2) 장수의 축복이 약속되어 있습니다.

　오늘의 시대에 와서 '장수'라는 말이 어떻게 들려지는지는 개인마다 다르겠지만 이렇게 약속해주셨습니다.

　① 잘되고 장수하는 축복입니다.

　현대에 와서 보면 병들고 오래 살거나, 몹시 가난해서 어려운 중에 오래 산다는 것을 복이라고 여기지 않습니다. 여기서 장수의 복은 잘되고 장수하는 복입니다. (대상 29:28)다윗이 나이 많아 늙도록 부하고 존귀했던 복인데, 다윗은 어릴 때부터 효를 다했던 사람입니다(삼상 16:11, 17:17).

　② 부모 공경이 축복입니다.

　요한 칼빈(John Calvin)은 "부모 공경하라는 성경말씀은 부모에 대한 존경을 나타내는 모든 책임이행을 총칭한다."라고 했습니다. 은평교회 성도들은 부모 공경하여 하나님이 주시는 잘되고 장수하는 복의 사람들이 모두 되시기를 예수님의 이름으로 축복합니다.

결론 : 예수님은 십자가상에서 요한에게 어머니 마리아를 부탁하셨습니다(요 19:27).

〈가정〉
어린이를 잘 키워야 합니다 | 신 6:4-9, 20-25

　매년 5월이 오면 어린이주일과 어버이주일을 교회 행사의 중요한 일로 여겨 지금까지 지키고 있는데, 이는 성경적으로도 매우 중요한 일입니다. 이는 하나님의 말씀이요 예수님의 명령이기 때문입니다. 세상이 온통 모든 관심이 경제 쪽으로만 이야기하지만 하나님이 주신 아이들을 잘 키우는 것도 미래 경제적으로 중요한 관건이 됩니다. 미국의 경제학자인 라이벤슈타인(H. Leibenstein)은 자녀들이 미래 경제의 효율이라는 측면을 세 가지로 말했습니다. "첫째, 자녀 그 자체가 기쁨의 선물인데, 이것이 소득의 효율이다. 둘째, 자녀가 커가면서 가져다주는 노동과 소득이 있는데, 이것이 노동효율이다. 셋째, 부모의 노후를 자녀들이 뒷감당하는데, 이것이 바로 연금효율이다."고 했습니다. 그러므로 자녀가 많을수록 경제학적으로 좋은 것이 아니냐는 것입니다. "자식은 여호와의 기업이요 태의 열매는 그의 상급이로다"(시 127:3) 했습니다. 어린이는 귀한 존재이기 때문에 유엔(UN)을 비롯한 국제기구에서도 헌장까지 만들고 세계적으로 홍보하고 있습니다.
　본문에서 모세를 통하여 이스라엘 백성들에게 하나님께서 주신 자녀를 어떻게 키울 것인가를 강조하고 있습니다. 다시 한 번 성경을 통하여 자녀 양육에 관한 말씀을 듣고 배우고 은혜를 나누기를 원합니다. 어린이들을 잘 키워야겠다는 방안들입니다.

1. 어린이도 한 인격체입니다.

어린이들이 학대받는 일들을 TV를 통해서 종종 보게 되는데 한 사람의 인격체로 보고 있지 않기 때문에 나타나는 현상입니다. 단지 아직 어리고 덜 성숙된 미성년자일 뿐이지 엄연히 한 인간이요 한 인격체입니다.

1) 분명히 한 인격체로 대우해야 합니다.

하나님의 형상대로 만드신 한 인격체란 뜻입니다. 부모들이 생각하는 소유적 개념이 아닙니다. 어른과 같은 동일한 인격체입니다.

① 다만 부모나 어른들에게 양육하고 키우라고 잠깐 맡겨주신 것뿐입니다.

아이가 성장할 때까지 책임지고 양육하라는 것입니다. 그래서 신학자들은 "부모는 아이에 대하여 성장할 때까지 하나님의 대리"라고 설명하고 있습니다. (엡 6:4)주의 교훈과 훈계로 양육하라고 했습니다. '교훈'은 헬라어로 '파이데이아스'(παιδείας)인데, 아이 '파이스'(παῖς)에서 나온 말로 고전 희랍에서는 '교육'을 뜻합니다. 신약에서 '훈련', '교훈'(딤후 3:16), '징계'(히 12:5-6) 등으로 사용된 낱말입니다. (마 19:13-)예수님은 아이들이 오는 것을 용납하시고 축복해 주셨습니다. 그 아이가 자라나서 후에 사도 요한의 제자요, 순교자인 폴리캅(Polycarp)이라는 이야기도 전해내려 옵니다. 칼(Carr)에 의하면 "유대인 아이들은 어릴 때부터 회당에서 랍비들에게 칭찬을 들으며 배웠다."고 합니다.

② 자녀들의 영적 상태를 늘 살피고 점검해야 합니다.

육적 존재만이 아니고 영적 존재이기 때문입니다. 영적 상태를 살펴야 합니다. (막 9:31-)어릴 때부터 귀신에게 사로잡힌 아이도 예수님을 만나서 치유되었습니다. (삼상 2:26)기도로 낳아서 기도로 키워진 사무엘은 성전에서 하나님의 음성을 듣고 자라나 큰 선지자가 되었습니다.

2) 어린아이도 한 생명으로서 올바르게 살아야 할 권리가 있습니다.

그 어린 묘목이 이후에 거목이 됩니다.

① 미래를 보면서 양육해야 합니다.

식목일 때 심은 어린 묘목이 후에는 거대한 거목이 되듯이 우리 자녀들의 미래를 보면서 꿈을 안고 키워야 합니다. 그래서 기도하며 하나님 말씀으로 키워야 하는 것이 어른들의 숙제입니다.

② 성경에서처럼 우리 자녀들이 축복받아야 합니다.

다윗이 받은 자녀의 축복의 간증에서 보게 됩니다. (시 144:12-) "우리 아들들은 어리다가 장성한 나무들과 같으며 우리 딸들은 궁전의 양식대로 아름답게 다듬은 모퉁잇돌들과 같으며"라고 했습니다. 아들이든 딸이든 아이들이 은평교회에서 이렇게 축복받으며 성장해 나가기를 간절히 기도하고 있습니다.

2. 어린아이의 교육은 중요한 사명입니다.

어떻게 교육하고 무엇을 배웠느냐에 따라서 미래가 바뀌고 달라집니다.

그래서 교과서는 중요한 것입니다.

1) "네 자녀에게 부지런히 가르치라" 했습니다.

그런데 무엇을 가르치느냐가 중요합니다. 이것은 본문에서 말씀하시듯이 하나님께서 모세에게 이스라엘 백성들에게 하신 자녀교육에 대한 말씀입니다.

① 하나님을 사랑하는 법과 길을 가르치라고 했습니다.

어린아이 때부터 신앙적 교육이 중요한데, 그 중 하나가 하나님을 사랑하는 법을 교육하는 것입니다. (5절) "네 하나님 여호와를 사랑하라"(Love the LORD your God)입니다. 하나님을 사랑하고 자녀들을 사랑한다면 아이들이 하나님을 사랑하도록 교육해야 합니다.

② 어떻게 하나님을 사랑하는 것인가를 가르쳐야 합니다.

마음을 다해서 사랑해야 합니다(with all your heart). 성품을 다해서 사랑해야 합니다. (with all your soul). 힘을 다하여 사랑해야 합니다(with all your strength). 아이들은 배우고 심은 대로 축복받고 자라도록 성령께서 역사하실 것입니다. 또한 여기에 큰 축복과 미래가 있습니다.

2) 미래의 역사가 여기에 모두 포함되어 있습니다.

오늘의 역사는 오늘에 나타나지만 이미 오래전에 어린이 때에 시작되었던 것이 이제 곧 나타날 것입니다. 그래서 어린아이의 교육이 미래의 중요한 관건이 되는 것입니다.

① 그래서 미리부터 자녀에 대한 투자가 중요합니다.

'투자'라는 것은 꼭 경제적 투자만이 아닙니다. 기도해야 하고 정성을 기울이는 투자입니다. (눅 23:28)"예루살렘의 딸들아 나를 위하여 울지 말고 너희와 너희 자녀를 위하여 울라"고 하셨습니다. 지금은 자녀를 위해 울며 기도로 투자할 때입니다.

② 좋은 역사를 남긴 사람들이든, 나쁜 역사를 남긴 사람들이든 어릴 때 성장 과정이 있습니다.

유대인들을 600만이나 죽인 히틀러는 어릴 때에 유대인 계부로부터 학대 속에 자라났다고 전해집니다. 북한 김정은은 할아버지 김일성, 아버지 김정일의 독재를 보며 자라났습니다. 반면에 링컨 대통령은 성경을 배우며 어머니의 기도 속에서 자라났습니다. 미국의 백화점 왕 존 워너메이커((John Wanamaker)는 아버지로부터 축복받은 성경적 신앙으로 배우며 성장하더니 크게 성공했습니다.

3. 자녀에게 제일 중요한 것은 신앙적이고 영적인 교육입니다.

천국백성을 양육하는 일이기 때문입니다. 하나님의 백성으로 양육해야 하는 것이 부모와 교회의 사명입니다. 여기에 행복이 약속되었기 때문입니다(신 10:13).

1) 자녀들의 미래가 행복해야 합니다.

여기에 그 해답이 있습니다.

① 하나님 섬기는 신앙 안에 있을 때에 행복이 약속되었습니다.

이것은 세상이 주는 것이 아닙니다. (요 14:27)세상이 주는 평안이 아니고 하나님께서 주시는 행복이요 평안입니다. 자녀들에게 이 축복을 주십시오.

② 세상적인 방법과 개념의 출세나 성공은 헛것이 될 때가 옵니다.

예수 그리스도 안에서(ejn to; Cristov")가 중요합니다. 왜냐하면 이 땅에서 잠시 동안의 삶이 아니라 영원한 천국백성으로 살아야 하기 때문입니다. 로이스와 유니게와 디모데의 흐름이 가정마다 충만하시길 바라고 축복합니다(딤후 1:3-).

2) 성경적으로 양육하면 축복과 성공이 약속되었습니다.

우리 자녀들이 성경으로 돌아가게 해야 합니다.

① 유대인들에게서 배우게 됩니다.

유대인들은 어디에 살든지 어릴 때부터 랍비에게 토라(율법)를 배우며 성장합니다. 노벨상의 30% 이상을 유대인들이 차지하고 있으며, 미국의 사회에서 유대인들의 힘은 대단합니다. (신 6:23)"여호와를 경외하여 항상 복을 누리게 하기 위하심이며"라는 말씀을 깨달아야 합니다.

② 이 일을 위해 지금도 성령께서 역사하고 계십니다.

쉬지 않고 말씀을 접하게 하시는데, 그 말씀을 성경에서 깨닫게 하시고 행하게 하십니다. 이번 어린이주일에 우리 자녀들이 하나님 나라 시민권자들로(빌 3:20) 성장하는 역사가 있기를 위해서 기도하고 있는바, 그대로 이루어지게 되시기를 예수님의 이름으로 축복합니다.

결론 : 기도와 말씀으로 잘 키워야 합니다.

〈가정〉
부모님의 마음을 아십니까? | 삼상 1:9-20

매년 5월이면 가정의 달로 교회에서는 적어도 두 가지 행사를 진행하는데 하나는 어린이주일 또 하나는 어버이주일입니다. 물론 교회마다 다르게 스승의 날, 부부의 날 등, 많은 날을 만들어서 진행하기도 하지만 어린이주일과 어버이주일은 빠지지 않고 지키게 됩니다. 문제는 말씀 대로 행하여야 하는데 행하지 아니하면 그냥 말로만 지키는 것에 불과하다는 것입니다. 어떤 말씀이든지 성경말씀대로 행하게 될 때에 복이 됩니다 (약 1:22, 26; 신 28:1-; 계 1:3). 오늘 어버이주일에 관한 성경 역시 행하게 될 때에 복이 있습니다. (출 20:12)"네 부모를 공경하라 그리하면 네 하나님 여호와가 네게 준 땅에서 네 생명이 길리라" 하였고, (엡 6:1-)"자녀들아 주 안에서 너희 부모에게 순종하라 이것이 옳으니라 네 아버지와 어머니를 공경하라 이것은 약속이 있는 첫 계명이니 이로써 네가 잘되고 땅에서 장수하리라" 했습니다. "약속 있는 첫 계명이니"(which is the first commandment with a promise)입니다. 십계명을 주실 때에 사람에 대한 첫 계명을 부모 공경에 대한 계명으로 주셨습니다. 자녀가 잘되는 것은 자녀 스스로 되는 것이 아니라 부모가 심는 것입니다. (딤후 2:4-)디모데는 어머니 유니게와 외할머니 로이스로부터 이 신앙의 축복을 물려받았습니다.

본문은 사무엘 선지자가 태어나기 전에 한나가 기도했던 장면입니다.

기도한 대로 사무엘이 태어나서 훌륭한 선지자로 축복받게 되었던바 여기에서 우리는 자녀들이 부모의 마음을 알고 있는지 물으면서 은혜의 시간과 축복의 말씀이 되기를 원합니다.

1. 한나는 자녀를 위해서 서원했습니다.

서원은 하나님과의 약속인데, 그 약속 가운데 한나의 마음이 담겨 있습니다. 이 마음이 부모의 마음인바 어떤 마음인지 알 수 있습니다.

1) 부모는 자녀가 잘 되기를 원합니다.

어느 부모가 자녀가 잘 되지 않기를 바라겠습니까만 한나 역시 마찬가지입니다.

① 하나님의 마음에서 부모의 마음을 읽게 됩니다.

자식을 주시면 내가 이렇게 키워서 하나님께 드리겠다는 약속이요 서원입니다(11절). 삼손 같이 나실인으로 키우는 일입니다(삿 13:5). 이것이 부모가 자식을 낳아서 양육하는 마음이요 중심이기 때문에 자녀는 이 마음을 헤아려야 합니다.

② 사무엘은 효자였습니다.

태어나서부터 평생 사무엘은 어머니 한나의 기도의 내용에서 벗어난 적이 없었음을 성경에서 보게 됩니다. 기도하고 서원한대로 살아간 흔적만 보게 됩니다. (삼상 2:26) "아이 사무엘이 점점 자라매 여호와와 사람들에게 은총을 더욱 받더라" 하였는데, 이 한 구절에서 그가 효자였음을 읽을 수 있습니다. 우리 자녀들이 이렇게 성장되기를 바랍니다.

2) 부모의 서원은 컸습니다.

이는 모든 부모의 자식에 대한 마음을 읽게 해주는 말씀입니다.

① 부모의 마음은 큰 것입니다.

"아들을 주시면 내가 그의 평생에 그를 여호와께 드리고 삭도를 그의 머리에 대지 아니하겠나이다"라고 간구하는 이 심정은 절규요, 간구입니다. 이것이 부모의 마음입니다. 그 기도대로 아들을 주셨는데 그 서원대로 어릴 때에 성전에 데려다 놓고 성전에서 자라게 되었고, 하나님의 음성을 듣는 아이가 되었습니다(삼상 3:1). 악한 자라도 자식만큼은 좋은 것으로 주기를 원하는 것이 부모입니다(마 7:9).

② 자녀들은 언제나 부모의 마음을 헤아려야 합니다.

그래서 최소한 부모님이 어떻게 생각하실까? 하는 마음의 자세를 지녀야 합니다. 효자 사울은 아버지의 암나귀를 찾으러 나갔으나 오히려 늦으므로 인해서 아버지 기스가 걱정할 것까지 생각하는 효자였는데, 그가 이스라엘의 초대 왕이 되었습니다. 반대로 불효자는 망하게 된다는 것이 성경의 교훈입니다(잠 30:17). 부모의 마음을 헤아려 효를 다해야 하겠습니다.

2. 자녀를 잃어버리고는 못 사는 것이 부모의 마음입니다.

자식은 부모를 잃고도 살지만, 부모는 자식을 가슴에 묻고 평생 잊지 못하고 살아갑니다.

1) 아들을 잃어버리고 슬퍼하는 부모의 마음을 성경에서 읽게 됩니다. 이것이 부모의 마음이라는 사실을 잊지 말아야 합니다.

① 아들 요셉이 짐승에게 찢겨 죽었다는 소식을 들은 야곱의 마음에서 보게 됩니다.

(창 37:23-)양치는 형들에게 음식을 가지고 찾아간 요셉을 애굽에 가는 미디안 상인들에게 팔고서 짐승을 잡아 그의 겉옷에 피를 바르고 아버지 야곱을 속였는데, 그들 앞에서 슬퍼하는 모습이 부모의 마음입니다. 아버지 야곱은 그를 위해서 울었습니다.

② 대적하는 자녀를 버리지 못하는 것이 부모의 마음입니다.

(삼하 18:33)아버지 다윗에게 반기를 들었던 압살롬이 요압에 의해 진압되고 죽었다는 소식을 들은 다윗은 슬퍼하며 "내 아들 압살롬아, 내 아

들 압살롬아" 하면서 통곡할 때 다른 신하들이 듣고 민망할 정도로 울었는데, 이 모습이 부모의 마음입니다. 다윗은 슬픔 중에 예루살렘으로 복귀하게 되었습니다.

③ 재산을 탕진한 아들이 돌아오게 될 때에 다시 받아들이고 잔치를 벌였습니다.

(눅 15:24)탕자가 돌아왔을 때의 모습은 아버지의 마음을 나타내 보여주는 말씀이거니와 이 마음이 곧 하나님의 마음이고 또한 부모의 마음입니다.

2) 자녀들은 언제나 그 부모의 마음을 헤아려 드려야 합니다.

부모의 마음은 한결 같은데 자녀들은 그 부모의 마음을 헤아리지 못합니다.

① 야곱에게서 배우게 됩니다.

(창 42:36)요셉이 애굽 총리로 있을 때 형들이 베냐민마저 애굽으로 데려 가야 한다고 할 때에 아버지 야곱의 마음을 읽게 됩니다. 요셉을 잃었는데 베냐민까지 데려 가야 하느냐고 마음 아파했던 야곱의 마음을 보게 됩니다. 이것이 부모의 마음입니다.

② 부모는 모두 망가져도 자식이 잘되는 일이라면 상관하지 않습니다.

사무엘을 얻기 위해 몸부림치며 금식하고 울었던 한나에게서 배우게 됩니다. '금지옥엽'(金枝玉葉) 불면 날아갈까 쥐면 깨질까 하고 키우는 것이 부모의 마음입니다. 또한 하나님이 우리를 어떻게 사랑하시는지를 깨달아야 하겠습니다. (잠 23:22)"너를 낳은 아비에게 청종하고 네 늙은 어미를 경히 여기지 말지니라" 하였는데 말씀을 통하여 깨닫게 되시기를 축복합니다.

3. 형제들이 우애하고 자손들이 잘되고 형통하는 것이 부모의 마음입니다.

(삼상 2:21)한나에게는 사무엘 외에 세 아들과 두 딸을 주셨는데 성경에는 사무엘과 동생들 간에 '불협화음'(不協和音)의 이야기가 하나도 없음을 보아서 다 효자였음을 읽게 됩니다.

1) 세상에 남기는 자녀들이 화목하고 잘되는 것이 부모의 마음입니다.

① 야곱의 마음에서 보게 됩니다.

(창 50:17)야곱이 요셉에게 부탁하는 말을 통해서 읽게 됩니다. "네 형들이 네게 악을 행하였을지라도 이제 바라건대 그들의 허물과 죄를 용서하라" 했습니다. 혹시 형제들 간에 문제가 있으면 해결하시기 바랍니다. 이것이 효입니다.

② 형제들 간에 화목하고 살아가는 것이 부모에 대한 효도이고 부모의 마음입니다.

5월 가정의 달에 우리가 유념해야 할 부분입니다.

2) 자녀들이 대대로 잘되고 형통하게 되는 것이 부모의 마음입니다.

(삼상 1:28)하나님께 아들을 드리면서 하는 그의 마음에서 읽게 되는 부분입니다.

① 자녀들이 잘 되기 바랍니다.

이것이 부모의 마음입니다. (왕상 2:1-)다윗은 솔로몬에게 왕위를 물려주면서 신신 당부를 하게 되는데 이것이 부모의 마음이기 때문입니다.

② 자녀에게 하나님의 말씀을 가르치면 그 자식이 효도하고 복 받습니다.

(신 28:1-14)하나님 말씀을 행하게 될 때에 하나님께서 주시는 복을 받게 됩니다. 한나와 사무엘의 말씀에서 보듯이 은평교회 모든 가정들이 이렇게 축복된 부모와 자녀들의 관계가 되시기를 예수님의 이름으로 축복합니다.

결론 : 효하는 것은 부모의 마음을 헤아리는 것입니다.

〈기도〉
위기 때는 기도밖에 없습니다 | 왕하 19:14-19

　세상을 살아가면서 여러 가지 이유로 본의 아니게 위기가 찾아올 때가 있습니다. 그것이 개인적이든, 가정적이든, 사회나 국가적이든 간에 오게 됩니다. 국가나 사회에 위기가 올 때에는 개인이나 가정에서 오는 위기보다 훨씬 심각하게 됩니다. 국가나 사회는 한 개인으로 끝나는 것이 아니라 그물망과 같이 촘촘하게 연결된 조직의 세상이기 때문입니다. 유대인들은 국가가 망하게 되었을 때 그 피해가 모든 백성에게 미치게 되었고 위로 받을 수 없는 슬픔이 되었으며(렘애 1:1-), 세계 곳곳에 흩어진 민족(Diaspora)이 되었습니다. 우리는 늘 국가와 사회를 위해서 기도해야 합니다. 국가적 슬픔은 곧 백성들의 슬픔이요, 국가적 기쁨은 곧 백성들의 기쁨이기 때문입니다.

　본문에 등장하는 유대 왕 히스기야는 하나님께 대한 믿음이 좋은 왕이었습니다. 25세에 왕위에 올라 29년 동안 선정을 했습니다(왕하 18-20장). 왕위에 올라왔을 때에는 앗수르가 북쪽 이스라엘을 무너뜨리고 남쪽 유다마저 삼키려고 혈안이 되어 있었습니다. 아버지 아하스 왕 때부터 매년 앗수르에 조공을 드리는데 금 30달란트, 은 3,000달란트를 바치므로 나중에는 성전 바닥에 있는 것까지 긁어서 바치는 형국이었습니다. 이제는 185,000명의 대군을 거느리고 와서 예루살렘을 함락시키려고 포위하고 협박하던 때의 상황이 본문인바, 이때에 히스기야 왕은 그가 보낸 편지를 성전에 펴놓고 하나님께 하소연하듯 기도하는 내용입니다. 여기에서 은혜의 시간이 되시기를 바랍니다.

1. 다른 곳은 다 막혀 있어도 하나님께는 뚫려 있음을 알고 하나님께 향해야 합니다.

문제는 그의 아버지 아하스 왕과 온 백성들이 하나님을 떠나서 우상숭배의 길로 향하였기 때문에 이렇게 되었다는 사실입니다. 해결책은 하나님께 돌아와야 합니다.

1) 국가적으로 회개운동을 벌여야 합니다.

히스기야 왕은 모든 백성의 죄와 열조가 행한 죄를 회개했습니다.

① 사방팔방으로 적들이 진치고 둘러쌌지만 우선 해결해야 할 일은 하나님과의 관계였습니다.

영적으로 부흥의 불이 일어날 때마다 먼저 할 일은 회개운동입니다(삼상 7:6-; 느 9:1-; 행 2:37-). 회개하는 일이야말로 영적운동의 첫걸음입니다.

② 회개는 죄를 버리고 돌아오는 것입니다.

입으로 잘못을 시인하여 자백하고(요일 1:9), 생활에서는 그 행위를 청산하고 버려야 합니다. 우상을 섬기는 일에 회개했으면 우상을 버려야 합니다. (살전 4:3)"하나님의 뜻은 이것이니 너희의 거룩함이라"(It is God's will that you should be sanctified) 했습니다. 죄가 있는 곳에서는 거룩할 수 없기 때문에 죄를 버려야 합니다(벧전1:16).

2) 히스기야 왕은 모든 우상을 깨뜨리고 제거했습니다.

우상주의로 나아갔기 때문에 나라가 위태로웠습니다. 풍전등화와 같이 되었습니다.

① 모세의 놋뱀까지 부숴서 가루로 만들어 뿌리고 제거했습니다.

민수기 21장에 뱀에 물린 자들이 그 놋뱀을 쳐다보면 낫게 되었다는 기록이 있는데, 그 당시까지도 그들은 치유의 원천인 하나님의 능력보다는 눈에 보이는 놋뱀을 섬기고 있었으므로 히스기야는 그 놋뱀을 가루로 만들어 버리고 '느후스단'(놋 조각)에 불과한 것이라고 했습니다. 영적생활에서 모든 우상을 버려야 합니다. 열방의 우상은 아무것도 아닙니다(시 115:4).

② 히스기야 왕은 우상을 모두 타파하고 하나님께 부르짖고 하나님만 의지했습니다.

앗수르 왕이 185,000명 대군을 거느리고 진을 치고 있는데, 히스기야가 한 일은 우상을 타파하고 회개하며 하나님을 의지한 것뿐입니다. (잠 14:34)"공의는 나라를 영화롭게 하고 죄는 백성들을 욕되게 하느니라" 하였는데, 모든 죄를 버리고 회개하여 하나님께 부르짖게 되었습니다. 이것이 개인은 물론이고 국가를 살리는 길이었음을 깨달아야 하겠습니다.

2. 히스기야 왕은 엎드려 기도했습니다.

185,000명 대군을 거느리고 와서 위협하고 협박하는 편지에서 전하는 내용은 항복하라는 것이었습니다.

1) 히스기야는 그 편지를 펴서 성전에 놓고 기도했습니다.

적군이 보낸 위협과 살기가 등등한 항복하라는 편지입니다.

① 성전에 올라가 그 편지를 여호와 앞에 펴놓고 기도했습니다.

(왕하 19:14-)하나님께서 눈을 떠서 그들을 보시고 귀를 열어서 그들이 하는 소리를 들어보시라고 구체적으로 열거하며 기도를 올리고 있습니다. 때때로 기도는 구체적인 기도가 필요합니다. 하나님은 우리의 모든 간구를 모두 보시고 듣고 계시기 때문입니다(시 94:9; 민 14:28). 구름같이 붕 떠 있는 기도가 아니라 구체적인 기도입니다.

② 실제적이고 사실적인 기도입니다.

앗수르 사람들이 이방인으로서 섬기는 신이 아니라 이스라엘의 하나님은 살아계셔서 역사하시는 하나님이십니다. 신관(神觀)은 본질적인 문제요 일입니다. (계 8:3-)그의 백성들이 부르짖어 기도할 때에 응답하시는 하나님께 구체적인 기도는 아주 중요합니다. 지금도 유효하게 역사하시는 말씀이기 때문에 유념해야 합니다. 따라서 어려울 때일수록 기도하고 부르짖어야 합니다(렘 33:1-3).

　2) 이 기도는 간절하고 절박한 부르짖음이었습니다.

　한 국가가 사느냐 죽느냐가 달려있는 절박한 상황의 기도였습니다.

　① 피상적인 기도가 아니라 절박하고 간절한 기도가 요구되었습니다.

　자칫 잘못되면 천 길 낭떠러지로 추락될 수밖에 없는 위기입니다. 이렇게 되면 앗수르의 속국이 되어서 나라가 망하게 되는 위기입니다. 이때의 기도가 소극적이고 피상적인 기도가 될 수 없습니다. 우리의 기도 역시 이런 기도가 필요합니다. (창 21:14-)하갈과 이스마엘의 기도에서 배우게 됩니다.

　② 기도는 위력이 있습니다.

　엘리자베스 영국 여왕이 스코틀랜드의 존 낙스의 기도에 대하여 "10만 대군보다 더 힘이 있다."고 하였다는데, 그의 기도의 위력을 알았기 때문입니다(막 9:29, 10:46; 사 6:1-8). 어려울 때일수록 기도해야 합니다.

3. 하나님은 응답하십니다.

　그의 백성들이 기도할 때 하나님은 듣고만 계시는 것이 아니라 응답해 주십니다. 산에 올라가 소리쳐도 메아리쳐 되돌아오는데, 하나님의 응답은 그런 메아리 소리가 아니라 실제적인 응답을 주십니다.

　1) 위급할 때의 기도는 그 간구에 대해서 응답해 주시겠다고 약속하셨습니다.

　① 예레미야는 옥중에서 부르짖게 되는데 응답하셨습니다(렘 33:2).

　(마 7:7)예수님은 기도하면 주신다고 약속하셨고, (막 11:24)이때의 기도는

믿음의 기도입니다. (약 5:15-17)믿음의 기도에 병도 낫게 되고, 엘리야의 기도와 같이 위력이 있게 됩니다.

② 위급할 때에는 위급한대로 기도해야 합니다.

느긋하게 하는 기도가 아니라 곧 숨넘어갈 듯이 부르짖는 기도입니다. 히스기야가 그렇게 기도했습니다. 다급하게 부르짖는 기도에 하나님이 들으셨습니다.

2) 하나님은 응답하셨습니다.

긴급하고 다급한 기도에 대해 응답해주셨습니다. 이 기도는 (왕상 8:29) 솔로몬이 성전건축하고 헌당예배를 드리는 기도에서 이미 예약된 기도였습니다.

① 히스기야 왕은 응답받았습니다.

당시에 활동한 선지자 이사야가 와서 전해 주었듯이 앗수르 군사 185,000명이 하루 저녁에 모두 송장이 되었습니다. (왕하 20:5-)죽을 병에서도 건지심을 받는 응답을 받게 되었듯이, 우리가 간절히 기도할 때에 하나님은 역사하실 줄 믿습니다.

② 이사야 선지자를 통하여 응답이 왔습니다.

지금도 주의 종이 말씀 전하게 될 때에 그 말씀(레마의 말씀)을 통하여 성령의 감동과 깨달음 속에서 역사해 주실 줄 믿습니다. 듣고 믿게 될 때에 살아계신 말씀(히 4:12)이 역사함으로 놀라운 응답의 현장을 볼 수 있을 것입니다. 히스기야 왕의 놀라운 기적의 현장이 은평교회 성도들의 것이 되시기를 예수님의 이름으로 축원합니다.

결론 : 위기일수록 기도 밖에 없습니다.

〈전도〉
복음의 산 증인들이 되라 | 마 28:18-20

　해가 바뀔 때마다 교회의 표어가 바뀌는데 2019년 표어(標語)는 '복음의 산 증인들이 되라'로 정했습니다. 세상의 모든 학문과 역사들은 선생이 있고 제자가 있어서, 제자에게 계승하여 학문과 역사가 흘러갑니다. 일본에서 유명한 도자기 문화는 우리나라 고려나 조선시대에서 가져간 것으로 세계를 빛내고 있는데, 막상 시발점인 한국에서는 이조백자, 고려청자 같은 화려한 기술과 문화가 단절된 듯하여 아쉬운 점이 있습니다. 당나라 때에 기독교 문화인 경교(물론 이단이지만)가 크게 번성했지만 그 경교 역시 당대에 대가 끊어지게 되는데, 그 이유에 대하여 학자들은 '대를 잇는 교육의 부재'가 아니었겠느냐고 조심스레 말하기도 합니다. 이 땅에 기독교가 정식으로 들어와서 전파 된지 이제 133여년 밖에 되지 않았지만 역사 이후 기독교가 이렇게 부흥한 적은 없었습니다. 하지만 요즈음 걱정해야 할 일이 한두 가지가 아닙니다. 대가 끊어지면 기독교는 역사에서 사라질 것이기 때문입니다.
　오늘 본문뿐 아니라 신구약 여러 곳곳에서 복음을 전해야 하는 이유를 명령형식으로 우리에게 전해주고 있습니다. 예수님의 이 지상명령을 잘 살려서 전하고 교육하고 양육하여 복음의 대가 주님 오실 때까지 성황하도록 힘써야 할 것입니다. 2019년에도 우리는 복음의 산 증인으로서 힘써야 하겠습니다.

1. 전도 명령은 예수님의 지상 명령인 동시에 예수님의 초청장 전달입니다.

그래서 전도하는 일은 초청장을 전달하는 심부름입니다.

1) 왜 초청하셨는지를 알아야 합니다.

왜 초청했는지를 바르게 알아야 하겠습니다.

① 구원해 주시려고 초청해 주셨습니다.

이 사실을 말씀에서 확인할 수 있습니다. (눅 14:22-)어느 임금이 아들의 잔치에 초청장을 보냈지만 모두 이유를 대면서 오지 아니했습니다. 그래서 누구든지 아무에게나 이 잔치에 참여하라고 마지막 부름(last calling)을 하게 되는데, 지금이 바로 이때입니다. 가난한 자들, 몸이 불편한 자들, 맹인, 누구나 이제는 오라고 하는 시대입니다. 영적으로 가난한 사람, 영적 시각장애인, 영적 무능력자들이 이 세상에 많이 있습니다. (눅 16:19-)결국은 부자와 같이 지옥행입니다. 이제 빨리 예수님의 부르심에 대답하고 와야 합니다.

② 복음을 듣고 돌아와야 삽니다.

(요 3:16-17, 36)먼저 믿는 우리는 복음의 빚진 자들입니다. (롬 1:14-)사도 바울은 "복음의 빚진 자라"고 하였는데, 이 복음의 빚은 우리 모두가 지고 있는 채무자들입니다. 채무는 빚을 갚아야 하는 입장입니다. 바울은 순교할 때까지 전도에 힘썼습니다. 영국의 웨일즈 지방의 하노버교회(Hanover Church) 토마스 목사(선교사)는 대동강 변에서 순교했습니다. 언더우드, 아펜젤러 목사가 1885년 부활절 새벽에 조선 땅 제물포 앞바다에 최초로 복음의 발을 디딤으로 인해서 대한민국 교회가 시작되었습니다.

2) 초청장을 배부하고 나눠주는 일은 우리가 해야 합니다.

모든 민족으로 제자를 삼아야 합니다(and make disciples of all nations). 그

결과 모든 나라와 민족과 백성과 방언에서 구원을 얻게 될 것입니다(계 7:9).

① 내가 믿은 예수님을 전달하는 사명을 다해야 하겠습니다.

믿는 성도 누구에게나 맡겨주신 사명입니다. 다른 길로는 절대 구원의 길이 없고 오직 예수 그리스도뿐이기 때문입니다(요 14:6; 행 4:12).

② 가까운 데서부터 먼 데까지 전해야 합니다.

(행 1:8)예루살렘과 온 유대와 사마리아와 땅 끝까지 나가서 전해야 합니다. 이것이 복음 전파의 순서입니다. 땅 끝까지 전파되면 예수님이 이 땅에 재림하시게 될 것입니다. '기쁜 소식', '좋은 소식'(good news)을 전하는 것이 교회의 최우선적 사명입니다.

2. 복음전파는 주님의 특별 명령입니다.

유언과 같은 명령입니다.

1) 유언과 같은 마지막 명령을 우리는 지켜야 합니다.

유언은 마지막이요 바람이기 때문입니다.

① 청개구리 같은 신앙이라도 유언은 생각해야 합니다.

예수 믿고 구원 받은 하나님의 자녀라고 하면서도 나를 구원하신 예수님의 지상 명령을 모르는 체 한다면 청개구리 신앙이 되고 말 것입니다. 예수님의 지상 명령을 우리는 지켜야 합니다. 이것이 전도요, 선교명령이기 때문입니다. 2019년에 은평교회가 더욱 실천해야 할 사명입니다.

② 전도하는 이가 있어야 듣게 되고 돌아오게 됩니다.

전하는 이가 없이는 들을 수 없습니다. 대한민국과 모든 이들의 소망은 전도하는 이들의 사명에 달려 있습니다. (롬 10:14-)"전도하는 발걸음이 가장 아름답다"고 했습니다. 아름다운 소식, 좋은 소식을 전하는데 우리가 힘써야 하겠습니다. 그래야 듣고 돌아와서 구원받기 때문입니다.

2) 지금은 주님의 지상명령이요, 유언을 실천할 마지막 때입니다.

마지막 때입니다. 이 마지막 기회를 놓치면 다시는 기회가 없는데, 예수님께서 재림하실 것이기 때문입니다. 마지막 영혼구원의 기회입니다.

① 본문에서 예수님은 분명히 말씀해주셨습니다.

"너희는 가서 모든 민족을 제자로 삼아 아버지와 아들과 성령의 이름으로 세례를 베풀고 내가 너희에게 분부한 모든 것을 가르쳐 지키게 하라" 하신 것입니다. 전에는 해외로 나갔지만 이제는 해외에서 국내로 취업차 온 각 나라 사람들에게도 관심을 가지고 복음을 전해야 합니다. (롬 1:14)유대인, 헬라인, 야만인 누구든지 차별이 없습니다.

② 천국은 모든 민족의 나라입니다.

그러기 위해서는 국가별, 언어별, 종족별 관계없이 전도해야 합니다. (고전 9:16)복음을 전할지라도 자랑할 것이 없음은 마땅히 해야 할 일이기 때문입니다. 하르낙(Harnack)은 "교회가 반드시 해야 할 일은 복음전파라"고 했습니다.

3. 예수님에 대한 복음전파는 너와 나의 구별이 없습니다.

세상일은 각자의 재능과 기술과 능력에 따라서 하는 것이지만, 전도는 예수 믿는 사람이라면 누구나 해야 할 책무입니다.

1) 예수 믿는 사람은 누구나 해야 할 일입니다.

교회 안에는 직책과 구별된 부서들이 움직이지만 전도하는 일에는 구별이 없습니다.

① 때를 얻든지 못 얻든지 전해야 할 일입니다.

(딤후 4:1-)"너는 말씀을 전파하라 때를 얻든지 못 얻든지 항상 힘쓰라 범사에 오래 참음과 가르침으로 경책하며 권하라" 했습니다. (겔 33:1-)파수꾼으로 비유하여 전하는 것을 말씀해 주셨습니다. 구경꾼이나 방관자는 있을 수 없습니다.

② 우리에게 복음을 전했던 선구자들에게서 배웁니다.

이 땅에 복음 전하러 와서 이 땅에 묻혀 있는 양화진 외국인 묘지에 가 보면 느끼는 것이 많습니다. 이제는 대한민국 교회가 해야 할 사명입니다.

2) 주님이 오실 때까지 쉬지 않고 해야 할 사명입니다.

지상교회의 존재목적이기 때문입니다. 힘써야 할 때입니다.

① 전도의 문을 열고 힘써 행하여야 합니다.

요한 웨슬리는 "세계는 나의 교구다."라고 하였고, 산업혁명으로 인해 영적으로 퇴락되어 가는 영국을 변화시켰습니다. 전도는 세상을 바꾸게 합니다. 개인을 바꾸고, 가정을 바꾸고, 사회를 변화시켜 국가의 풋대가 달라지게 합니다.

② 은평교회의 사명은 주님의 명령에 순종하여 실시해야 합니다.

2019년 은평교회 성도들이여! 다시 한 번 전도, 선교로 일어나는 한 해가 되어야 하겠습니다. 우리는 무능하고 부족하지만 성령께서 역사하실 때에 성령의 능력으로 전도하고 선교하는 교회가 될 것입니다. 이런 축복의 한해가 되시기를 예수님의 이름으로 축원합니다.

결론 : 전도합시다.

〈사명〉
일어나 빛을 발할 때입니다 | 사 60:1-2

선한 것과 악한 것을 빛과 어둠으로 비유해서 상징적으로 말할 때가 많습니다. 사도 바울은 이렇게 전했습니다. (롬 13:12-)"밤이 깊고 낮이 가까웠으니 그러므로 우리가 어둠의 일을 벗고 빛의 갑옷을 입자 낮에와 같이 단정히 행하고 방탕하거나 술 취하지 말며 음란하거나 호색하지 말며 다투거나 시기하지 말고 오직 주 예수 그리스도로 옷 입고 정욕을 위하여 육신의 일을 도모하지 말라" 했습니다. 옛날 아테네에서 '디오게네스'라는 철학자는 대낮에 등불을 켜 들고 왜 이 세상이 어두우냐고 물으며 다녔다고 합니다.

예수님이 재림하실 세상 끝은 노아의 때(마 24:37)와 스돔과 고모라의 때(눅 17:28)로 말씀해 주셨는데, 이것은 그리스도의 재림 때에도 모든 불신자들이 그들의 심판을 깨닫지 못하기 때문이라는 것입니다(주석학자 이상근 박사). 그러나 캄캄한 밤일수록 반딧불이 빛이 나듯이 성도는 이 어두운 세상을 향하여 빛을 비추어야 합니다. 예수님은 (마 5:14)"너희는 세상에 빛이라" 하셨습니다.

본문은 유대 백성들이 갈 바를 모르고 있을 때에 이사야를 통해서 주신 말씀인바 일어나서 빛을 발하라고 하는 명령입니다. 지난 과거 우리 대한민국이 일본에 의해 36년간 온갖 박해 가운데 있을 때에 '푸른 하늘 은 하수 하얀 쪽배엔'로 시작되는 '반달'이라는 동요는 우리의 민족혼을 일깨워 주는 노래였습니다. 오늘 본문에서는 이 세대에 참된 주의 교회와 성도들이 어떻게 빛을 비추일 것인가를 배우게 하는바 여기에서 은혜의 시간이 되시기를 바랍니다.

1. 빛을 발하기 위해서는 '일어나라'고 했습니다.

영적으로 침체된 상태에서 앉아 있다든지 구경만 하는 상태에서 일어나야 합니다.

1) 일어나야 합니다.

일어나지 아니하고 앉아만 있는 상태에서는 빛을 발할 수 없습니다.

① 지금은 영적으로 일어날 때입니다.

영적으로 어두움의 세력들이 세상에 가득하기 때문입니다. 신앙적으로 보면 지금은 영적 위기 속에 처해 있는 때입니다. 그래서 "근신하라 깨어라"(벧전 5:8)고 했습니다. 북쪽 이스라엘과 아람나라가 합세해서 쳐들어오는 때에 히스기야 왕의 기도를 통해 유다를 위기에서 건지는 역사가 일어나게 되었습니다(사 7장, 왕하 18-19장).

② 본문의 시대상에서 볼 때에 우리에게 큰 거울이요 교훈을 줍니다.

주변 국가들이 침략해 오는데 나태한 상태로 정치, 경제, 사회, 문화뿐 아니라 하나님 섭리신앙까지도 혼돈 가운데 있었습니다(사 56:1-12). 안식일 문제(주일성수), 기도하는 집 성전의 관한 문제, 선지자들은 바르게 전하지 못하니 짖지 못하는 벙어리 개라고까지 책망을 받게 되었습니다. 그래도 하나님께서는 그들을 잊지 아니하시는데 젖먹이 아이를 버리지 아니하듯 하고 손바닥에 기록해 놓았다고 하셨습니다(사 49:13-15).

2) 영적으로 잠을 자지 말아야 합니다.

지금은 시대적 환경이 영적으로 잠자는 때라고 할 수 있습니다.

① 세상적으로 더러운 욕심에 빠지면 잠자게 됩니다.

욕심도 거룩한 욕심이 있는가 하면 추하고 더러운 욕심이 있습니다. (약 1:15)이 욕심은 죄를 낳고 결국 사망에 이르게 하기 때문에 버려야 합니다.

② 세속적인 욕심에 끌리다보니 낙심과 실망과 좌절에 빠지든지 교만과 자만에 빠지게 됩니다. 이는 잠을 자는 자들의 특징이기도 한 현상입니다. 이제 우리는 세속적이고 우상적인 어두움의 일을 버리고 빛을 발하는 성도들의 생활로 나가야 합니다. 왜냐하면 주님이 오실 때가 다가오고 있기 때문입니다. 일어나서 등불을 켜야 합니다(마 25:1-).

2. 왜 일어나야 하는지를 깨우쳐 주셨습니다.

지금은 분명히 시대적으로 일어나야 할 때입니다.

1) 시간이 되었기 때문입니다.

계속 누워서 잠투정할 시간이 아닙니다.

① 지금은 깰 때입니다.

(2절)"보라 어둠이 땅을 덮을 것이며 캄캄함이 만민을 가리려니와"(See, darkness covers the earth and thick darkness is over the peoples) 했습니다. "어두움"(darkness)이 땅에 덮을 것이라고 하였는데, 당시의 어두움은 하나님을 떠난 불신앙이 가득해서 우상으로 득실거리고 거기에 따른 사회적 병폐가 난무할 것으로 말씀하셨듯이, 말세 때에도 그러할 것입니다.

② 캄캄함이 만민을 가리게 되는 시대입니다.

소아시아 일곱 교회 중에 마지막 교회인 라오디게아 교회가 책망 받은 내용이 마지막 시대의 교회의 모습이 되지 않게 해야 합니다. (계 3:17)"눈먼 것을 알지 못하도다" 하였는데, 이것은 말세 때의 교회를 비유한 것이라고 신학자들은 이야기해 주고 있습니다. 어두움이 가득한 때에 일어나서 빛을 비추어야 하는 시대임을 깨달아야 하겠습니다.

2) 깨어 일어나야 합니다.

그런데 깨어 일어나는 방법을 알아야 합니다.

① 하나님 말씀으로 가야 합니다.

깨어 일어나는 방법은 오직 하나님께서 주신 말씀 안으로 들어가야 합니다. 하나님 말씀을 벗어난 생활에서 온 문제이기 때문입니다. 거기에서 치유가 일어나는데 (출 15:26)개인적이든 가정이든 국가든 병폐가 치유되고 낫게 되기 때문입니다.

② 성령께서 역사해 주실 것입니다.

성령께서 역사하시면 어두움이 물러나게 되는데, 성령은 하나님의 영이시기 때문에 회개의 역사가 일어나게 됩니다. (행 2:38-)베드로와 요한이 말씀을 전할 때에 회개의 역사가 펼쳐지게 되었듯이 말세 때에도 회개의 역사로 어두움이 물러가고 치유의 현상들이 일어날 것을 믿고 우리는 말씀 안에 들어가야 합니다.

3. 일어나서 빛을 비추어야 합니다.

이곳 안양 덕천마을에 은평교회를 38년 전에 세우시고 여기까지 오게 되었는데 그동안 수많은 영혼들에게 복음을 전하여 왔고 빛을 비추어 주었습니다. 그리고 수많은 영혼들을 구원하였고 천국으로 보내드리기도 했습니다. 이제 더 큰 일들을 위해서 빛을 발할 때입니다.

1) 철저하게 하나님 말씀을 사랑하고 순종해야 합니다.

똑같이 세상을 살아가는데 바쁘고 힘든 세상이지만 힘써야 할 일들이 있습니다.

① 하나님 말씀을 사랑해야 합니다.

하나님 말씀을 사랑하지 않으면 하나님과 상관없이 세상에 있게 되고 말 것이기 때문입니다. 견고하게 하나님 말씀을 붙들어야 합니다. (사 26:3)"주께서 심지가 견고한 자를 평강에 평강으로 지키시리니 이는 그가 주를 신뢰함이니이다" 했습니다.

② 하나님 말씀에 순종해야 합니다.

믿음으로 순종하는 것은 행함입니다. 순종은 곧 행함인데 행하지 아니하면 죽은 믿음이라고 했습니다(약 2:26). 어디에서든지 믿고 행하는 순종이 따를 때에 죄악의 어두움은 물러가게 될 줄 믿습니다.

2) 성령으로 기도해야 합니다.

(막 9:29)어린아이에게 있던 귀신을 쫓아내신 후에 "기도 외에 다른 것으로는 이런 종류가 나갈 수 없느니라" 하셨습니다. 이 싸움은 영적 싸움이기 때문입니다.

① 성령 받고 성령으로 기도해야 합니다.

마음이 있어도 내 힘으로 기도하는 것이 아니라 성령의 도우심이 필요합니다. 예수님은 (행 1:4)성령을 약속하시면서 "예루살렘을 떠나지 말고 기다리라"고 하셨고, 그들이 기다리며 오로지 기도에 힘쓰게 될 때에 성령이 임하셨습니다(행 1:14, 2:1).

② 기도하게 될 때에 성령께서 임하셨고 답답하고 어두웠던 제자들의 상태가 환하게 밝아지게 되었고 전도하게 되었습니다. 지금 시대는 이사야의 시대와 비교되는 시대인바 이 세대에 일어나 빛을 발하기 위해서는 성령의 역사 밖에 다른 방법이 없는 줄 압니다. 우리 모두 말씀 안에 역사하시는 성령의 능력을 받아서 일어나 빛을 발하는 은평교회가 되시기를 예수님의 이름으로 축복합니다.

결론 : 일어나 빛을 발해야 합니다.

〈사명〉
우리를 세상에서 살게 하시는 이유 | 사 6:9-13

　지금 이 시간에도 수많은 생명이 태어나기도 하지만 세상의 삶을 마치고 죽는 사람도 많이 있습니다. 그런데 이 세상에 태어나서 왜 내가 살아가는지를 이유도 모르고 사는 사람들이 많습니다. 사도 바울은 강건하게 살아가는 이유를 "선포된 말씀이 온전히 전파되어 모든 이방인이 듣게 하려 하심이니라"고 했습니다(딤후 4:17). 그래서 순교할 때까지 열심히 그 사명에 충실했습니다. 구약에서 이사야 선지자는 하나님께서 창조하신 이유를 전하였는데, (사 43:21)"이 백성은 내가 나를 위하여 지었나니 나를 찬송하게 하려 함이니라"(the people I formed for myself that they may proclaim my praise)고 했습니다. 따라서 우리는 "우리가 살아도 주를 위하여 살고 죽어도 주를 위하여 죽나니 그러므로 사나 죽으나 우리가 주의 것이로다"(롬 14:8-)라는 자세로 살아야 하겠습니다. 우리 생명의 주인은 하나님입니다. 태어나게 하신 분도 하나님이시며 모든 것을 마치고 죽게 하시는 분도 하나님이십니다. 세상에서는 죽어서는 안 되는 아까운 사람이 있는가 하면 저런 사람은 빨리 죽지 않나 하는 사람도 있습니다. 이것 역시 모두 하나님의 주권아래 있습니다. (잠 16:4)악한 자들도 적당하게 지으셨기 때문입니다. 이스라엘 역사 가운데 유명한 왕들을 통해서도 이런 사실을 보여줍니다.

본문은 남쪽 유다 왕인 웃시야 왕이 죽던 때에 이사야 선지자를 부르시는 장면입니다. 이사야를 부르시게 된 이유가 앞으로 살아가면서 해야 할 사명이 무엇인지를 깨닫게 하시고 그 사명의 길로 가게 하시려는 목적입니다. 여기에서 우리의 생애의 목적을 깨닫게 됩니다.

1. 영적이고 신령한 축복 속에 살게 하시려고 남겨 두셨습니다.

시끄러운 세상에 왜 남겨 두셨는지의 답변입니다.

1) 우리는 남은 백성들입니다.

본문에서 말했듯이 "남아 있을지라도"라는 단어가 두 번 나오는데 "남아 있을지라도", "남아 있는 것 같이"는 말씀입니다(13절).

① 장차 북쪽 이스라엘이나 남쪽 유다가 앗수르와 바벨론에 의해서 모두 망하게 되는 날이 올지라도 하나님은 그 속에서 남은 백성을 두시겠다는 것입니다. 왜 남겨 주었는지의 이유는 남은 축복이 아직도 많이 남았기 때문입니다. 그 남은 축복은 신령한 축복이었습니다. 이 세대의 우리는 남은 축복을 받기 위한 남은 백성으로 살아야 합니다. 우리는 이 세대에 남겨진 백성들입니다. 밤나무나 상수리나무가 베임을 당하여도 그 그루터기는 남겨 있듯이, 우리는 그 거룩한 씨와 같은 존재들입니다. 예수 그리스도 안에서 믿음, 소망, 사랑과 인내 가운데 남겨진 축복 받은 그리스도인들로서 세상을 살아가야 합니다.

② 혹시 잘려지고 베임을 당하였을지라도 다시 움이 돋고 새싹이 나게 됩니다.

이것이 믿는 성도들에게 주시는 축복이요 나아가야 되는 사명입니다. 이 악한 세대에 성도들이 해야 하는 사명이기도 합니다. 이스라엘의 상징은 무화과나무인데 이 나무는 가지를 꺾어서 땅에 심는 식물이기 때문에 심기만 하면 싹이 나고 열매를 맺게 됩니다. 이를 통해서 유다 백성들은 메시야 되시는 예수 그리스도가 오실 것을 보여 주셨습니다(사 7:14; 마 1:23; 눅 15:22). 지금도 임마누엘 되시며 찢기고 상처 난 그대로 아버지에게 올 때에 회복과 축복이 약속되었습니다.

  2) 본문에서 이사야 선지자를 남겨 두신 이유를 밝혀 주셨습니다.

  사회가 혼돈해지고 나라가 망해가도 선지자를 남겨두신 이유는 사명이 있기 때문입니다. 그러하듯이 이 세대에 남겨진 모든 교회와 그리스도인들의 사명은 '선교사명' 그 사명이 있습니다. 이것이 지상교회의 존재목적이기도 합니다.

  ① 구약에서도 선지자를 통해서 그 사명을 주셨습니다.

  이사야 선지자의 사명인 동시에 에스겔 선지자의 사명임을 보여주셨습니다. (겔 37:1-14)죽어서 뼈만 남은 해골들에게 말씀이 전달될 때에 지극히 큰 군대가 되게 하는 사명이 선지자에게 있듯이, 오늘날 죽을 영혼을 살리는 것은 남은 그리스도인들이 해야 할 일입니다.

  ② 대한민국도 복음 때문에 살았듯이 이 소식이 필요한 곳은 많이 있습니다.

  이것이 또한 이 나라 대한민국의 소망이기도 합니다. 부지런히 선교하여 영혼을 구원해 내는 것이 우리의 사명이요 존재목적이라는 사실입니다. 은평교회는 이 땅과 세계를 향하여 이 사명을 다해야 하겠습니다.

2. 마지막 때에 신앙의 후계자를 삼으시기 위해서입니다.

  릴레이 경주에서 달리는 선수가 다음 주자에게 바통을 넘겨줄 때까지 달려가는 것과 같은 원리입니다.

  1) 이 세대에 우리는 영적 후계자들이요 전달자입니다.

  (13절)"밤나무와 상수리나무가 베임을 당하여도 그 그루터기는 남아 있는 것 같이 거룩한 씨가 이 땅의 그루터기니라" 했습니다.

  ① 지금까지 남아서 신앙생활 하는 우리가 그루터기요 후계자들입니

다. 이사야 시대에도, 교회 시대에도 우리가 사는 지금 시대도 여기까지 난관을 이기고 남은 큰 그루터기들이 있습니다. 바알에게 무릎을 꿇지 아니한 칠천 명을 남겨두신 것과 같습니다(왕상 19:18; 롬 11:4).

② 아브라함부터 시작해서 이삭, 야곱, 요셉을 이어서 하나님을 섬기는 신앙이 이어져 왔습니다.

예수님이 오시고 사도들과 교부들과 교회사의 인물들을 통하여 여기까지 복음이 전파되었습니다. 중국에서 공산당 시절에도 성도들을 숨겨두셨고, 지금도 북한 땅에도 성도들을 숨겨두시고 계심을 보게 됩니다. 하나님께서 세계 곳곳에서 일하고 계심을 듣게 됩니다.

2) 하나님의 교회는 무너지지 않습니다.

세상의 나라는 무너질 때가 오겠지만 예수님의 교회는 무너지지 않습니다. 구약교회부터 시작해서 여기까지 교회는 세워져 왔습니다.

① 구약 교회와 종교는 무너지지 않았습니다.

앗수르나 바벨론에 의해서 점령당하는 중에도 하나님을 믿는 종교는 무너지지 아니했습니다. 왜냐하면 하나님께서 그루터기들을 계속 남겨두시고 이어지게 하셨기 때문입니다.

② 신약 시대에도 하나님의 교회는 계속 이어져 왔습니다.

로마시대의 디투스(Titus) 장군이나 17세기의 무신론주의 볼테르(Voltaire) 같은 사람이나 《벤허》의 저작자인 루 월리스(Lew Wallace) 등등, 그러나 이들의 어리석음이 만 천하에 드러나게 되었고 오히려 그렇게 강했던 로마도 주후 313년에 콘스탄틴 황제에 의해서 기독교가 공인되게 됩니다. 기독교 복음이 바람 앞에 촛불과 같은 때에도 하나님은 그루터기를 통해서 역사하셨습니다. 이 세대의 모든 교회와 성도들은 복음전파를 위한 남은 그루터기들이 되어야 하겠습니다.

3. 말씀에 붙잡혀서 살게 하시는 하나님의 섭리가 있기 때문입니다.

하나님을 경외하는 신앙의 줄기요, 이어온 믿음의 선지자들은 한결같은 말씀에 붙잡혀 살아왔습니다.

1) 믿음의 후계자들은 말씀을 붙잡고 살아왔습니다.

거기에 하나님의 뜻이 나타나고 역사하기 때문입니다.

① 믿음의 조상들에게서 배우게 됩니다.

아브라함을 예를 들면 그는 하나님의 말씀에 적극적으로 순종하며 살았는데 갈대아 우르에서 떠나는 일도(창 12:1-), 이스마엘과 하갈을 추방하는 일도(창 21:14) 이삭을 드리는 일도(창 22:1-) 모두 믿고 따르고 순종했습니다. 하나님 말씀이기에 적극적으로 믿고 순종해 나아갔던 발자취입니다.

② 말씀의 사람들은 언제나 말씀 따라서 주변 정리가 잘 되어야 합니다.

이 세대에 모든 그리스도인들은 말씀 순종자가 되어서 말씀을 따라가기 위해서는 말씀을 믿고 따라가는 모습을 보여야 합니다. 이사야 선지자는 지금 그 일을 위해서 부르심을 얻게 되었고 끝까지 잘 따라간 선지자였습니다. 이것이 남은 그루터기들의 삶입니다.

2) 이제 우리는 마지막까지 주님의 명령을 따라야 합니다.

이것이 이 세대에 남겨진 이유입니다.

① 이사야 선지자는 마지막까지 일하다가 순교했습니다.

히스기야 왕의 아들 므낫세에 의해 톱으로 순교 당했다고 전해집니다. (히 11:37)"돌로 치는 것과 톱으로 켜는 것과" 했는데, 순교도 마다하지 않고 복음 위해서 일했던 사람입니다.

② 우리는 이 세상이 어떻게 변할지라도 끝까지 남은 자들이 되어야 합니다.

역사상에서 위대하게 이름을 남긴 사람들을 본받아서 그루터기로 살아야 하겠습니다. 인생 종말과 죽음은 누구에게나 오는 것이지만 우리는 이 세대에 남겨진 그루터기로 살다가 승리해야 합니다. 은평교회 모든 성도들은 모두 이 세대에 남겨진 그루터기가 되시기를 예수님의 이름으로 축원합니다.

결론 : 우리는 그루터기들입니다.

〈교회〉
부흥하는 초대교회의 모습 | 행 2:37-47

　모든 생명체는 태어나는 과정이 있고 태어났으면 성장하는 기간이 있어서 그 기간에 성장해야 합니다. 여기에는 모든 인간은 물론 동식물의 세계도 포함되는 이치입니다. 그런데 성장할 때에 환경과 조건들에 의해 더 성장하고 덜 성장하는 것은 조건과 환경에 따라서 달라지게 됩니다. 문제는 인간이든 동식물이든지 성장해야 할 시기에 성장하지 못하게 되면 수명이 다할 때까지 문제가 된다는 것입니다. 일반적인 수목들은 대체적으로 속성수로 자라는 반면에 레바논의 백향목(a cedar of Lebanon)은 성장 속도가 느리지만 귀중한 나무로서 솔로몬의 성전에, 또 고관들이 집을 지을 때에 주 재목으로 사용되었습니다. 우리의 신앙 역시 비록 느릴지라도 꾸준하고 지속적으로 성장해서 귀하게 쓰임 받아야 하겠습니다. (엡 4:13-)사도 바울은 우리의 영적 신앙의 모습이 그리스도의 분량으로 충만할 때까지 성장해야 한다고 했는데, 여기에서 우리가 어떻게 성장해야 할 것인가를 배우게 됩니다. 초대교회 사도행전의 교회는 모진 박해의 시대였지만 어디에 복음이 전파되든지 퇴보해 가는 것이 아니라 점점 부흥 성장해 가는 모습을 보였습니다. 본문을 통해서 초대교회의 성장해 가는 모습을 배우며 38주년을 맞이하는 은평교회가 초대교회와 같이 성장해 가기 바랍니다.

1. 사도행전 교회는 기도로 부흥 성장했습니다.

그 박해시대에도 핍박을 견디며 교회가 부흥 성장할 수 있었던 비결은 기도하는 교회였다는 것입니다.

1) 예수님이 약속하신 보혜사 성령(παράκλητος)께서 오실 때에도 기도하는 곳에 오셨습니다(요 14:16; 행 1:4).

기도하는 곳에 오셔서 능력을 주셨습니다.

① 120문도가 모여서 기도에 오로지 힘쓰게 되었습니다.

예수님은 십자가와 부활 사건 이후에 40일간 같이 계시다가 승천하셨고 약속하신 성령께서 오실 때까지 120문도는 열심히 기도했습니다(행 1:14). 오백여 무리가 부활과 승천을 보았지만 380명은 어디로 가고 120문도만 남아 기도하게 되었습니다(고전 15:6). 이곳에 성령이 임하셨습니다. 따라서 기도 밖에는 다른 길이 없습니다(막 9:29; 출 32:32; 삼상 7:1-14; 왕상 17-18장 엘리야의 기도, 왕하 18-20장 히스기야의 기도 등).

② 기도하는 개인은 신앙이 성장하게 됩니다.

신앙 성장의 필수 과정이 기도생활입니다. 예수님은 재림 종말을 말씀하실 때에 "그러므로 깨어있으라"(마 24:42; 살전 5:6) 하셨는데 깨어있다는 것 중에 큰 부분이 기도가 차지하게 됩니다. (42절)"기도하기를 힘쓰니라"고 했는데 이 부분에 대하여 메이어(Meyer)라는 신학자는 "외적 수에 이어 내적인 발전이 따르는데 그 이유를 사도들의 가르침(말씀) 교제, 떡을 떼는 교제, 기도라"고 했습니다. 기도로 성장해야 할 때입니다.

2) 기도로 부흥한 역사적 교회를 보게 됩니다.

지상교회의 역사적 성장이나 질적 내면적인 성장에는 기도라는 요소가 언제나 따르게 됨을 보게 됩니다.

① 미국 교회의 부흥사였던 무디(D. L Moody)의 경우 지금도 미국 시카고(Chicago)에 가면 그가 세운 대형교회가 있습니다. 그는 구두 방 직공에서 출발하여 위대한 부흥사로서 교회를 부흥시켰는데 그 원동력은 한마디

로 기도라고 했습니다.

② 한국교회 역시 대형 교회로 부흥한 교회들을 보게 됩니다.

여러 가지 요소들이 있지만 그 중에 교회 부흥의 큰 요인을 차지하는 부분이 기도하는 교회라는 것입니다. 이름만 말해도 알 수 있는 교회들은 기도의 열심이 살아 있는 교회라는 것은 익히 알고 있는 바입니다. 그런데 현대교회는 기도가 줄어들어 가고 있습니다(이상근 박사). 은평교회는 기도가 살아 역사하는 교회가 되어야 하겠습니다.

2. 사도행전 교회는 신앙생활에 모범을 보이며 부흥했습니다.

사도행전 교회는 그냥 부흥한 것이 아니라 성령의 역사하심과 함께 주님의 말씀을 따라가는 모범을 보인 교회였습니다. 이른바 본이 되는 교회의 모습이라 할 것입니다.

1) 본문에서 보면 어떻게 무엇이 모범적이었는지를 보여주는바, 교회는 세상과 판이하게 다름을 보여주었습니다.

① 전체 교회성도들이 성령 충만을 받았습니다.

(행 2:4)"그들이 다 성령의 충만함을 받고"(All of them were filled with the Holy Spirit) 했습니다. 박해시대에 교회가 부흥되고 개인 신앙이 성장하는 것은 성령의 역사하심이었습니다. 말세 때에 죄악이 가득하고 종말적 사건이 많은 때에 교회 부흥과 개인의 신앙성장은 성령의 역사로만 가능한 일입니다.

② 전 교회 성도들이 기도에 전력을 다했습니다.

(42절)"기도하기를 힘쓰니라"(and to prayer) 했습니다. 벌통에 벌들이 어느 것 할 것 없이 우글거리듯이 교회의 성도들은 자기 역할 속에서 기도로 항상 웅성웅성 거려야 합니다. 기도할 때에 역사가 나타나게 됩니다.

③ 전 교회 모든 성도들이 총력적인 전도에 힘썼습니다.

지상교회의 사명은 전도요 선교입니다. 전도하지 아니하고 선교하지 않는다면 지상교회의 존재목적을 상실하게 될 것입니다. 이는 예수님의 지상명령이요 마지막 유언입니다(마 28:18-). 본문 40절에 "너희가 이 패역한 세대에서 구원을 받으라" 했습니다. (행 16:31)"주 예수를 믿으라 그리하면 너와 네 집이 구원을 받으리라" 하였고, 옥중에서 빌립보교회가 탄생하게 되었습니다. 기도로 성령 충만하여 전도할 때에 교회는 부흥되고 성장합니다.

2) 초대교회는 성도들의 교제가 이루어진 교회였습니다.

초대교회는 박해시대였기 때문에 동질적인 마음으로 신앙생활을 유지했습니다.

① 이 세대의 그리스도인들은 같은 교회 안에서 동질적인 마음을 가져야 합니다. 초대교회와 같이 박해받는 시대가 아닐지라도 지금과 같은 살벌한 시대에 '오직 신앙'이라는 매개체로 예수 믿는 믿음생활이 동질적이어야 합니다. 서로 측은히 여기며 안쓰러운 마음을 가지고 위로하며 천국까지 같이 가야 할 성도들입니다.

② 서로 교제하며 떡을 떼며 사랑이 오고가는 교회였습니다.

(46절-)"날마다 마음을 같이하여 성전에 모이기를 힘쓰고 집에서 떡을 떼며 기쁨과 순전한 마음으로 음식을 먹고 하나님을 찬미하며 또 온 백성에게 칭송을 받으니 주께서 구원 받는 사람을 날마다 더하게 하시니라" 하였는데 이런 부흥과 성장이 바로 초대교회의 모습입니다.

3. 신약성경에 모범적인 교회로 부흥한 교회가 있습니다.

초대교회의 수많은 교회들이 있는 가운데 몇 교회를 보게 됩니다. 예루살렘에서 이방지역으로 흩어지면서 이방교회도 부흥하게 되었습니다.

1) 이방지역에서 대표적으로 성장한 교회들이 있습니다.

① 안디옥 교회입니다.

(행 13:1-3)안디옥 교회는 성령 안에서 하나로 연결된 교회였습니다. 축

복과 저주가 말씀대로 이루어지는 교회였습니다. 예루살렘 교회가 최초로 바나바와 바울을 안디옥으로 보내었습니다.

② 계시록에 나타난 서머나 교회입니다.

(계 2:8-11)주님께 칭찬 받은 교회입니다. 영적으로 부유한 교회입니다. 반대로 라오디게아 교회는 육적 부유함은 있었지만 영적으로 빈곤한 교회로 책망 받았습니다. 순교자가 태어난 교회시대에 미지근하여 뜨겁지도 차지도 아니함으로 내 입에서 너를 토하여 버리겠다는 책망을 받았습니다. 초대교회의 모습을 보면서 이 세대의 우리가 나아갈 지표로 삼아야 하겠습니다.

2) 38년 된 은평교회가 이렇게 되어야 합니다.

세상 집단과 같은 생각에서의 성장이 아닙니다.

① 성경이 뭐라고 하는지를 살피고 말씀에 따라 나아가는 교회가 되어야 합니다.

사데 교회가 되지 말고 말씀 붙잡고 말씀을 따라가야 합니다. 개인도 교회도 오직 성경만이 우리가 따를 가치요 지침입니다.

② 지상교회는 천상교회로 옮겨갈 날이 있습니다.

개인종말도 있습니다. 주님의 재림도 있습니다. 이 세상에서의 신앙으로 끝나는 것이 아니라 영원한 천국으로 옮겨갈 때가 있습니다. 은평교회 모든 성도들은 사도행전의 초대교회와 같이 성장하고 성숙된 모습으로 나아가게 되시기를 예수님의 이름으로 축복합니다.

결론 : 교회는 주님의 몸입니다.

〈교회〉
알곡으로 가득한 교회 | 마 13:24-30

  농부들이 농사짓는 것은 수확을 얻기 위함입니다. 학생이 공부를 열심히 하는 것도 거기에 따른 분명한 목적이 있습니다. 장사를 하는 것은 이윤을 남기고자 하는 목적이 있습니다. 막대한 국방비를 들여서 군대를 유지하는 것도 국가의 국방을 튼튼히 해서 국민의 생명과 재산을 보호하기 위한 목적이 있습니다. 이 땅에 교회가 존재하는 목적은 교회를 통하여 예수 그리스도의 십자가와 부활의 복음을 전해서 죄로 인하여 멸망으로 가는 영혼들을 구원하기 위함입니다. 왜냐하면 예수 그리스도 밖에는 구원 받는 다른 길이 없기 때문입니다(요 1:12, 14:6; 행 4:12). 농부가 농사를 지을 때 인내하며 끝까지 참고 기다리는 것은 열매가 있기 때문입니다(약 5:7-11). 우리 모두 천국에 들어가 알곡이 되어야 하는데 그럼에도 불구하고 이 세상에는 천국에 들어갈 수 없는 쭉정이 인생들이 너무나 많다는 사실입니다. (눅 16:19-)부자는 세상에서 성공했는지 모르나 그의 영혼은 지옥 불에서 괴로워하게 되었습니다.

  지상의 모든 교회가 해야 할 일은 뭇 사람들에게 예수님을 전해서 알곡과 같은 천국백성을 만드는 것입니다. 예수님보다 먼저 와서 구속의 길을 예비해온 세례 요한은 (마 3:12-)회개의 복음을 전하면서 "손에 키를 들고 자기의 타작마당을 정하게 하사 알곡은 모아 곳간에 들이고 쭉정이는 꺼지지 않는 불에 태우시리라" 했습니다. 마태복음 13장은 이른바 천국의 비유장인데 천국에 관한 비유로서 알곡과 쭉정이를 말씀하셨습니다. 여기에서 우리는 다시 한 번 올 한 해의 신앙생활이 알곡 신앙으로서 천국 백성으로 준비되어야 하겠습니다.

1. 천국은 마치 밭과 같다고 비유하셨습니다.

이 밭은 마음 밭으로 우리가 소유하고 있는 밭입니다.

1) 우선 마음 밭이 중요합니다.

각양각색의 종자의 씨(seed)가 있는데, 먼저 밭이 좋아야 합니다.

① 마음 밭이 좋아야 합니다.

그래서 네 가지 밭에 관하여 비유해 주셨습니다(3-23절). 이 밭은 마음 밭을 말하는데 하나님 말씀을 받아들이는 사람의 자세와 자세적 상황을 보여 주셨습니다. 엘더샤임(Eldersheim)에 의하면 중동지역에는 씨를 뿌릴 때에 두 가지 방법이 있는데 "사람이 손으로 일하는 방법과 자루에 곡식을 넣어서 구멍을 뚫어서 짐승에게 실려서 움직일 때마다 씨앗이 떨어지게 하는 방법이 있다."고 했습니다. 어떤 방법이든지간에 마음 밭이 좋아야 합니다.

② 예수님은 네 가지 밭이 있다고 했습니다.

씨를 뿌리는데 길 가에 떨어지고, 돌밭에 떨어지고, 가시떨기 위에 떨어지고, 잘 가꾸어진 옥토 밭(good soil field)에 떨어지게 되는데, 오직 옥토 밭에서만 결실하게 된다고 했습니다. 결실하게 될 때에 30배, 60배, 100배의 결실이 이루어집니다.

2) 옥토 밭이 되기 위해서는 해야 할 영적 원리가 있습니다.

영적 문제는 영적 원리에 의해서만 가능합니다.

① 마음 밭이 바뀌어야 합니다.

마음 밭이 바뀌는 비결은 물과 성령으로 거듭나서 새롭게 변화 받는 길

밖에 없습니다. 타락 이후에 마음 밭이 죄로 가득하게 되었고 가인의 후예들이 되었습니다(창 4:9). 하나님이 부르시는 데도 회개가 없습니다. (창 3:7)핑계대고 회개가 없는 완악한 마음이 되어 버렸습니다.

② 성령과 말씀의 역사로만 가능합니다.

성령께서 말씀을 듣는 심령 속에 역사하사 마음을 바뀌게 하십니다. (행 19:1-)"믿을 때에 성령을 받았느냐" 묻고 계십니다. (행 2:1-)오순절에 약속하신 성령께서 임재하였고 역사하셨습니다. (행 2:38-)하나님 말씀을 들을 때에 우리가 어찌 할꼬 하면서 가슴을 치며 회개하는 역사가 나타나게 되었습니다. 마음 밭이 바뀌게 될 때에 알곡을 거두게 됩니다. 지금과 같은 초과학시대라도 이 영적 원리는 변하지 않습니다. 말씀과 성령으로 우리 모두 옥토 밭이 되어야 하겠습니다.

2. 알곡을 추수하는 밭이 되기 위해서는 가라지를 조심해야 합니다.

이때의 일을 주석가 랑게(Lange)는 "그에게 뿌려진 하나님의 씨앗의 운명이 바로 그 운명이었다."라고 했습니다.

1) 밭에 좋은 씨앗을 뿌렸습니다.

그런데 씨앗이 날 때 보니 비슷한 가라지도 있었습니다.

① 원수가 이렇게 하였다고 예수님이 해석해 주셨습니다.

원수는 마귀입니다. 원수 마귀는 헷갈리게 만들고 비 진리도 진리처럼 흔들리게 만듭니다. 논에 못자리판을 설치하고 좋은 벼만 뿌렸는데 날 때에는 벼와 비슷한 피(가라지)도 함께 나오게 됩니다. 헷갈리게 만드는 현장이 있듯이 영적 세계에도 그러합니다.

② 가라지 중에서 제일 지독한 것은 비 진리요 이단에 속한 것들이라고 할 수 있습니다.

마치 곡식의 벼인 양 피(가라지)가 비슷하게 나듯이 신앙생활 중에도 이

단들이 만연한 세상이 되었습니다. 그래서 예수님은 종말 때에 첫 번째 징조가 사람들의 유혹을 조심하라고 하셨습니다(마 24:4). 미혹되기 쉽기 때문입니다. 이는 기독교 역사 가운데에서 언제나 있었던 일로서 성경을 기록할 때에도 있었습니다. 사도 요한이 요한 서신을 기록할 때에도 그노시스즘(Gnocism) 영지주의자들이 일어나서 예수님의 육신을 부인하는 혼란에 빠지게 했습니다. 요한2서 10절에서 보면 그들에게 "인사도 하지 말라"고 경고하며 주의를 주고 있습니다.

2) 밭과 관계가 잘 되어야 합니다.

예부터 곡식은 농부의 손과 발이 몇 번 갔느냐에 따라서 달라지게 된다고 했습니다.

① 마음 밭에는 늘 신경을 써야 합니다.

왜냐하면 원수 마귀가 늘 노리고 있기 때문입니다. 악한 생각이나 그릇된 사상을 덧뿌리고 가기 때문입니다. 마치 갈라디아 교회에 행하듯이 그렇게 갈리게 합니다(갈 1:6).

② 졸지 말고 깨어 있어야 합니다.

(마 26:40)깨어 있어라. (행 20:9)유두고와 같이 창문에 걸터앉아서 졸면 3층에서 떨어지게 되는데, 오늘 본문에서 보면 사람들이 잘 때에 원수가 와서 덧뿌리고 갔다고 했습니다. 영적으로 졸지 말고 늘 깨어서 조심해야 합니다.

3. 알곡과 가라지는 심판 때에 판결나게 됩니다.

종들이 주인에게 말하기를 우리가 뽑을까요 할 때에 주인은 말했습니다. "심판 때까지(추수 때) 가만두어라" 했습니다.

1) 평상시에는 어떻게 할 수 없습니다.

지금은 곡식도 가라지도 자라는 때입니다.

① 곡식도 자라지만 가라지도 자라게 됩니다.

가라지는 이단들이나 그릇된 비성경적 사고를 가진 자들로서 이들이 세상에서 판을 치고 있습니다. 종교법이라는 테두리에서 함께 공존합니다.

② 가라지인 줄 알지만 뽑을 수가 없습니다.

잘못 뽑다가는 알곡까지도 뽑히는 큰 피해가 닥치기 때문입니다. 그래서 뽑을 수가 없는 것은 가리지를 보호하기 위해서가 아니라 알곡을 보호하기 위해서입니다. 우리 자신이 가라지가 되지 않도록 주의해야 합니다.

2) 추수 때에는 완전히 알곡과 쭉정이로 판결나게 됩니다.

은평교회 성도들 모두는 알곡들이 되시기를 축복합니다.

① 가라지나 쭉정이는 불에 태우게 됩니다.

(30절)"가라지는 먼저 거두어 불사르게 단으로 묶고"(First collect the weeds and tie them in bundles to be burned) 했습니다. 분명히 가라지나 쭉정이는 불구덩이에 던지게 됩니다. 지옥 형벌의 심판을 예고해 주는 것입니다.

② 알곡을 창고에 들이게 됩니다.

이 알곡은 예수님의 피로 죄 씻음 받게 되었고, 천국백성으로서 영원한 하나님 나라의 시민권자 된 사람들을 가리킵니다(빌 3:20). 은평교회 모든 성도들은 올해에도 모두 알곡으로서 승리하게 되시기를 예수님의 이름으로 축원합니다.

결론 : 지금은 알곡과 쭉정이 그리고 가라지로 나뉠 때입니다.

〈교회〉
빌라델비아교회 성도들이 받은 축복 | 계 3:7-8

　매년 초에는 성도들의 영혼이 잘되고 형통한 축복이 임하기를 기도하며 말씀을 전합니다. 금년 역시 하나님의 예비하신 축복이 성도들에게 임하시기를 기도합니다. 똑같은 하루 24시간을 살면서 축복 받는 장소에 사는 사람이 있는가 하면 저주의 장소에 사는 사람들도 있습니다. 또 영원히 천국 백성으로 사는 사람이 있는가 하면 지옥 가는 백성으로 사는 사람도 있습니다. 흔히 말하기를 군대에서나 사회에서나 줄을 잘 서야 한다고 하는데, 나는 어느 줄에 있는지를 살펴야 합니다. 이스라엘 백성들이 출애굽 할 때에도 순수한 이스라엘 백성들이 아닌 다른 잡족도 섞여서 함께 이동했습니다(출 12:38, 24:10-11; 민 11:4, 13:3). 그들에 의해서 일어나는 문제도 많이 있었지만 그들에게는 이스라엘 백성들의 줄에 서 있었다는 것 자체가 복이었을 것입니다.

　요한계시록 2-3장에는 소아시아 일곱 교회에 관한 말씀이 기록되어 있습니다. 일곱 교회에 대한 말씀에서 세 가지로 분류되는데 칭찬과 책망이 함께 있는 교회와 칭찬만 들은 교회 그리고 칭찬은 없고 책망과 권면만 들은 교회로 구분하게 됩니다. 그 중에 빌라델비아 교회는 서머나 교회와 함께 칭찬 받은 교회로서 우리에게 주시는 교훈이 큽니다. 2019년은 은평교회 성도들이 모두 칭찬 받고 축복 받는 영적인 교회가 되기 위해서 여기 말씀 속에서 몇 가지 은혜를 나누게 됩니다.

1. 빌라델비아 교회는 칭찬받는 교회였습니다.

교회라고 하는 것은 건물이나 시설물이 아닙니다. 그 곳에 모여 있는 하나님 백성으로서 하나님께 칭찬 받는 것은 회중 모두의 신앙을 말합니다.

1) 은평교회 성도들이 하나님 앞에 칭찬 듣는 줄에 서 있는 모습을 보아야 합니다.

주님께 칭찬 듣는 신앙생활의 모습입니다.

① 물과 성령으로 거듭난 사람들이 모인 교회 신령한 '에클레시아'(ἐκκλησία)입니다. 그래서 개개인 모두가 주님을 모신 성전입니다(고전 3:16). 신학적으로 볼 때에 가시적 교회가 아니라 불가시적 교회로서 예수님께 속한 무리입니다. 쭉정이가 아니라 알곡 벼와 같은 존재입니다. (요 3:3-)산헤드린 공회원이었던 니고데모는 이런 사실을 몰랐습니다. 우리는 영적으로 예수님 줄에 서 있는지 빨리 깨달아야 할 때입니다.

② 소아시아 일곱 교회에 편지를 주신 분은 예수님이십니다.

(엡 1:22)교회는 주님의 몸이기 때문입니다. (계 1:20)일곱 금 촛대는 일곱 교회요 일곱 별은 일곱 교회의 사자인데, 예수님이 금 촛대 사이에 다니시며 일곱 별을 붙잡고 계십니다. 일곱 교회에 나타내 보이신 예수님의 모습도 제각기 다른 각도에서 보여주셨습니다(계 2:1, 8, 12, 18, 3:1, 7, 14). 우리는 주님 앞에 어떤 모습일지 생각하며 칭찬 듣는 신앙생활의 줄에 서 있어야 하겠습니다.

2) 일곱 교회에 주신 말씀에 귀를 기울여야 하겠습니다.

하나님 말씀인 성경은 시간과 공간을 초월해서 지금도 계속하여 말씀하고 있음을 생각해야 합니다.

① 축복 받을 사람이 있는 교회는 축복 받을 말씀으로 주십니다.

칭찬 받는 교회입니다. 빌라델비아 교회는 거룩하신 분이요, 진실하신 분이요, 다윗의 열쇠를 가지신 예수 그리스도로 보여 주셨습니다. 이 열쇠는 구원의 열쇠요, 축복의 열쇠며 모든 막히고 닫힌 것을 여는 열쇠입니다. 이상근 박사는 그의 주석에서 "그리스도의 절대주권을 가리킨다."고 하였는데 (히 3:8)그의 집에서, 즉 천지(마 28:18)와, 만물(엡 1:22), 교회(마 16:18)와 음부(계 1:8) 위에 절대적 주권자가 되십니다.

② 인생의 생사화복이 그 주님 손에 있을 뿐 아니라 그 성도들이 속한 개별적 교회의 왕권자(王權者)이신 주님께 속해 있습니다.

라오디게아 교회나 사데 교회는 부유한 재정적 분위기와는 달리 책망만 받은 교회였습니다. 우리는 불꽃같은 눈으로 보시는 주님의 시야에 있음을 늘 생각해야 하겠습니다.

2. 빌라델비아 교회는 열쇠를 받은 교회였습니다.

한 번 닫으면 열 사람이 없고, 열면 닫을 사람이 없는 다윗의 열쇠를 가지신 분입니다. 사람이 주는 것이 아니라 주님이 주시는 축복이요 영광의 최고봉입니다.

1) 열린 문을 주셨는데 닫을 사람이 없습니다.

다윗의 열쇠로서 만왕의 왕이요 만유의 주가 되시는 분의 열쇠입니다.

① 이 축복의 문을 누구도 닫을 수 없습니다.

예수님께서 그 열쇠의 주인이시기 때문입니다. 예수님이 축복하시면 누구도 방해하거나 막아 설 수 없습니다. 부흥과 축복의 역사를 그 누구도 막을 수 없습니다.

② 역사상 누구도 복음의 문을 막을 수가 없었습니다.

로마시대의 티투스(Titus)는 "기독교가 50년도 못되어 없어질 것이다." 장담했지만, 313년에 콘스탄티누스 황제에 의하여 기독교가 공인되었습니다. 17세기 볼테르(Voltaire)는 성경을 없애려고 했으나 1778년 그가 죽은 후에 그의 집은 인쇄소가 되어 성경을 계속 찍어내는 곳이 되었습니다. 미국의 남북전쟁의 영웅이라 불리는 류 웰레이스(Lew Wallace)는 성경을 없이 하려고 그 허구성을 증명해보이려 애썼지만 성경을 읽고 몇 페이지를 써내려가지 못하고 예수 그리스도를 시인하며, 《벤허》(Ben Hur)라는 유명한 작품을 쓰게 되었습니다. 그 누구도 교회를 허물 수 없습니다.

2) 열린 문을 주셨습니다.

문이 열려야 합니다. 믿음의 문도 열려야 하고 축복과 생활의 문도 열려야 합니다.

① 열린 문의 축복 속에 살아야 하겠습니다.

(시 81:10)입을 크게 열 때 하나님께서 채우십니다. (행 14:27)이방인에게도 믿음의 문이 열리게 되었습니다. 영적 믿음의 문이 열리게 될 때에 축복이 임하게 됩니다.

② 교회는 부흥의 문이 열려야 합니다.

사업에는 산업의 문이 열려야 하고 직장에는 진급의 문이 열려야 합니다. 그러하듯이 교회는 전도의 문, 믿음의 문, 축복의 문, 부흥의 문이 열려야 합니다. 마펫(Moffett)은 이그나티우스(Ignatius)에게 편지하면서 "그리스도가 이 문이시다"(요 10:7) 하였는데 은평교회 성도들은 모두 주님의 양(羊)으로서 이 문에 있게 되시기를 축복합니다.

3. 열린 문이 주어진 교회의 성도들의 신앙상태가 중요합니다.

일곱 교회 모두 상태가 달랐는데 빌라델비아 교회는 신앙의 상태가 좋았습니다.

1) 빌라델비아 교회의 신앙상태입니다.

"내가 네 행위를 아노니"(I know that …) 했습니다. 불꽃같은 눈으로 보시는 주님이십니다.

① "작은 능력을 가지고서도 내 말을 지키며"라고 하셨습니다.

빌라델비아 교회는 "작은 능력"(little strength)을 가지고도 주님의 말씀을 배반치 않고 지켜 나가게 되었습니다. 이것이 칭찬과 축복의 길이었습니다. 열린 문을 주신 배경입니다.

② 받은 은혜와 직분 생활이 작은 문제 앞에서 잘 배반하고 넘어진다면 축복은 없습니다.

거기에는 다른 기적이 나타날 수 없습니다. 신앙이 허약체질이 아니라 강한 체질, 건강한 체질로 바뀌어 나가야 하겠습니다. 빌라델비아 교회는 축복 받을 만한 신앙의 체질이었습니다.

③ 인내의 말씀을 지킨 교회 성도들이었습니다.

말씀을 끝까지 붙들고 지켜 나아가는 교회요 생활의 모습입니다. (살전 2:13)칭찬 받은 데살로니가 교회와, (행 17:11)베뢰아 교회의 모습에서 이를 보게 됩니다. 마지막 말세의 교회로서 분명하게 배워야 할 교회의 모습입니다.

2) 결과적으로 약속된 축복의 교회였습니다.

주께서 약속한 축복과 은혜의 교회입니다.

① "시험의 때를 면하게 하리라" 하셨습니다.

시험이 문제가 아니라 이기고 통과하게 됩니다.

② 하나님의 성전에 기둥이 되게 하십니다.

교회의 기둥이요, 천국의 기둥이 됩니다.

③ 천국에서 이름이 지워지지 않게 됩니다.

새 이름을 그 위에 기록하는데 받은 자 밖에는 알 수가 없습니다. 영광입니다.

④ "네 면류관을 빼앗기지 말라" 하셨습니다(2:25).

좋은 것은 도둑맞기 쉬운데 이 세상에서 은평교회 모든 성도들은 빌라델비아 교회와 같이 이 영적 축복 속에 승리하게 되시기를 예수님의 이름으로 축원합니다.

결론 : 이 말씀이 성도들에게 임하기를 바랍니다.

〈예배〉
예배의 성공자가 된 아벨처럼 | 창 4:1-8

　무엇을 하든지 그 일에 성공자가 되고자 하는 것이 사람들의 심리요 소망입니다. 그래서 사람들은 자기의 목표를 세우고 공부도 하고 연구도 합니다. 에디슨 같은 사람은 '발명왕'이라 불리게 되었고, 지금까지 그 명성이 계속 이어져 옵니다. 워렌 버핏(Warren Buffet)은 "왜! 성공하고, 왜! 실패하는가?"라는 질문에 "자기가 좋아하는 일을 하라. 그리하면 성공하게 될 것이다."라고 답했습니다. 미국의 한 연구소에서 아이비리그 대학 졸업생 1,500명을 대상으로 20년 동안 '직업과 부의 상관관계'를 연구하였는데, 결과적으로 성공한 사람들은 자기가 좋아하는 일을 하였을 때 성공했다는 것입니다.

　사도 바울은 예수님을 안 다음부터 모든 것을 배설물과 같이 버리고(빌 3:8), 예수님을 따르고 전하였는데, 오늘날 바울을 실패자라고 하는 사람은 없습니다. 우리는 예수 믿고 신앙생활 하는 모든 일에 기쁘고 즐거움이 있어야 합니다. 더욱이 예배생활은 신앙생활의 꽃이요 중심인데, 예배생활에 성공자가 되어야 하겠습니다. 예수님은 나 때문에 십자가에서 죽으시고 부활하셨습니다(롬 4:25). 지금도 하나님 보좌 우편에 앉아계시면서 나를 위해 기도하고 계십니다(롬 8:26, 34). 그리고 멀지 않아서 다시 재림하시게 될 것입니다(계 22:20-Yes, I am coming soon). 그 예수님을 믿는 성도들은 많은 성공자 중에 예배의 성공자들이 되어야 합니다.

본문에서 가인과 아벨을 보면서 특별히 예배의 성공자가 되기 위해서 말씀을 통해 은혜를 받고자 합니다.

1. 아벨은 예배가 성공적이었습니다.

무엇보다 신앙생활에서 예배에 성공자가 되어야 합니다. 신앙생활의 기본은 예배이기 때문입니다. 또한 구원 받은 백성의 첫 사명이요 행위이기 때문입니다(롬 12:1).

1) 아벨은 하나님께서 받으시는 예배자였습니다.

아벨과 그 제물은 받으셨으나 가인의 제물은 받지 않으셨습니다.

① 제물이 문제가 아닙니다.

자기 자신을 하나님이 받으시는 예배로 드리게 될 때에 그 제물도 받으시게 됩니다. 영적인 예배(spiritual worship)입니다. 이는 예수님이 말씀하신 부분입니다(요 4:24). 신학자 웨스트코트(Westcort)는 성육신하신 그리스도에게 인류는 비로소 영과 진리의 예배를 드릴 수 있게 되었다고 했습니다. 벵겔(Bengel)은 여기에서 '영'은 "성령"이라고 했습니다. 따라서 우리는 성령과 더불어 영으로 드리는 예배가 되어야 합니다(롬 8:16). 하나님의 자녀로서의 예배자입니다. '성령'께서 도와주십니다(요 14:26). 성령께서 회개의 역사도 일으키십니다(행 2:38).

② 영적인 것은 영적으로라야 분별됩니다.

"영적인 일은 영적인 것으로 분별하느니라" 했습니다(고전 2:13-14). "살리는 것은 영이니 육은 무익하니라" 했습니다(요 6:63). 예배뿐 아니라 신앙생활 전체를 성령으로 해야 합니다. 예배 역시 성령으로 드려야 합니다. 육에 속한 사람은 성령이 없다고 했습니다(유 1:19).

2) 아벨의 예배는 믿음으로 드려진 예배입니다.

성령께서 오셔서 믿음도 주시게 됩니다. 그리고 그 믿음으로 예배를 드리게 하십니다.

① 아벨의 예배에 대하여 여러 가지 말들이 있지만 중요한 것은 성경의 그 답입니다.

(히 11:4)믿음으로 드려진 예배가 아벨의 예배였습니다. 빈센트(Vincent)라는 신학자는 "현대에도 믿음의 예배에 대하여 성도들에게 말하여 주고 있다."고 했습니다. 믿음으로 드려지는 예배가 중요한 관건입니다.

② 제물이 동물이든 식물이든 그것이 문제가 아니라 믿음이 관건입니다.

우리의 예배생활이 무엇을 드리든지 간에 믿음이 없이 드리는 것은 하나님께서 열납하실 수 없습니다. 그리고 그 속에 감사가 있느냐 하는 것입니다. (골 4:2)감사는 늘 항상 해야 합니다. 오늘날 우리 예배 가운데 성령으로 드리되 믿음이 있고 감사가 있느냐를 생각해 봐야 하겠습니다. 만약에 감사와 믿음이 없다면 빨리 회복하여서 예배생활이 성공적이어야 하겠습니다. 이것은 축복 중의 축복입니다.

2. 하나님께서 기뻐하시는 것은 형식적인 예배가 아닙니다.

극히 형식적이고 육신적인 예배는 하나님께서 기뻐하시지 않습니다.

1) 가인의 경우에서 찾아보겠습니다.

성령도, 믿음도, 감사도 없고 형식만 남은 예배였습니다.

① 예배 실패 후에 더욱 악해지게 되었습니다.

'가인'이라는 말은 히브리어로 '얻음'을 뜻하는데 가인은 예배를 드릴 때 믿음이 아니고 탐욕으로 드렸다는 것입니다. 또 주석학자 이상근 박사는 "가인의 예배는 탐욕스러운 인간의 노력으로 땅에서 억지로 취한 것"이라고 했습니다. (약 3:15)이러한 지혜는 위로부터 내려온 것이 아니요 세상적이고 정욕적이고 마귀적입니다.

② 가인은 최초의 살인자가 되었습니다.

잘못된 생각으로 제사 드렸던 예물을 하나님께서 받으시지 않자 안색이 변하고 급기야 동생을 죽이게 됩니다. (창 4:5)"가인이 몹시 분하여 안색이 변하니"(So Cain was very angry, and his face was downcast). 회개하기는커녕 안색이 변하면서 살인자가 되었는데 이것이 가인의 모습인바 이런 예배는 곤란합니다.

2) 예배에는 회개가 따라야 합니다.

예배의 요소 중에 중요한 것이 회개입니다.

① 성령은 오셔서 회개를 촉구하십니다.

회개하고 돌아오면 용서해주시고 다시 축복하십니다. (마 4:17)예수님도 첫 음성이 "회개하라 천국이 가까이 왔느니라"(Repent, for the kingdom of heaven is near)였습니다. (약 5:15-16)회개할 때에 병도 낫고 역사가 일어나게 된다고 했습니다. 따라서 회개하는 예배가 있을 때에 영혼이 사는 역사가 있게 됩니다.

② 회개하지 않고 가인과 같이 오히려 얼굴색이 변하면 망하게 됩니다.

(마 3:10-)세례 요한은 회개를 외치면서 "이미 도끼가 나무뿌리에 놓였으니 회개가 없으면 찍혀 불에 던져지리라" 했습니다. (눅 13:10)회개하지 않으면 이와 같이 망한다고 하셨습니다. (요일 1:8-9)회개하면 사하여 주신다고 했습니다. 그러므로 우리는 가인과 같이 완악한 마음을 버리고 회개가 성립되는 예배가 될 수 있도록 힘써야 할 줄 믿습니다.

3. 아벨은 믿음으로 순교적인 희생적 예배를 드렸습니다.

모든 일에는 희생이 따라야 하는바 그 희생이 없으면 그에 따르는 열매도 없습니다.

1) 영적인 일에는 언제나 희생이 각오되어야 합니다.

희생은 아프지만 열매도 가득하게 됩니다.

① 아벨은 양을 잡아 희생제물을 드렸습니다.

하나님께서 받으시는 제사의 모습은 피의 제사인데, 예수님이 이 땅에 오셔서 십자가에 죽으신 것에 대한 희생의 예표요 그림자였습니다. (히 9:22)피 흘림이 없으면 사함도 없습니다. (요 12:24)예수님은 한 알의 밀알로서 희생되셨고 많은 열매를 맺으셨습니다.

② 아벨은 죽었지만 그것이 지금까지도 교훈으로써 살아있습니다.

(히 11:4)"그가 죽었으나 그 믿음으로써 지금도 말하느니라" 했습니다. 그래서 지금까지도 아벨의 이야기를 하면서 믿음이 성장하고 예배에 큰 교훈을 얻게 됩니다. 순교적 희생예배는 큰 열매가 있게 됩니다.

2) 예배를 비롯해서 모든 영적인 일에는 자원하는 믿음이 있어야 합니다.

믿음으로 드렸다는 것은 또 다른 뜻이 있는데 자원하는 마음입니다(행 4:36-37; 고후 9:6-7; 출 25:1-).

① 누가 하니까 나도 한다는 것은 믿음이 아닙니다.

(행 5:1-)그 모습을 보고 아나니아와 삽비라도 드리는데, 동기는 좋았지만 하나님께 모두 드리지 아니하고 거짓말을 함으로 부부가 즉사하는 사건이 일어나게 되었습니다. 헬라어로 '메노사피사토스'(μένοσφίσατός)라는 이 낱말은 '떼어먹다'는 뜻입니다. 믿음이 없을 때에 하나님의 것을 도적질하고 떼어먹게 되는데 하나님이 기뻐하시지 않는 행위로서 영혼이 잘될 수가 없습니다.

② 즐겨내는 자를 사랑하십니다.

예배의 모든 행위에는 각기 요소들이 있는데 시간을 드림으로부터 예물을 드리는 일까지 모두 즐겁게 드려야 합니다. (고후 9:7)"하나님은 즐겨 내는 자를 사랑하시느니라" 했습니다. 소요리문답 제1문에 사람의 제일 되는(주된) 목적이 무엇입니까? 답변 역시 "인생의 제일 되는 목적은 하나님을 영화롭게 하는 것과 그를 영원토록 즐거워하는 것"이라고 하였는데 믿음으로 즐겁게 드려지는 예배에서 영광을 받으시게 됩니다.

은평교회 모든 성도들은 예배의 성공자들이 모두 되시기를 예수님의 이름으로 축원합니다.

결론 : 예배의 성공 자는 신앙생활에서도 성공합니다.

〈기쁨〉
주 안에서 항상 기뻐하는 사람들 | 빌 4:4-9

　세상을 살아가면서 항상 좋은 봄 날씨와 같은 날만 있는 것은 아닙니다. 일기예보를 들을 때마다 평범하게 직장을 다니는 사람들은 별로 차이가 없겠지만, 자영업이나 다른 일에 종사하는 사람들은 큰 차이가 있게 됩니다. 우산장사와 짚신장사를 하는 이야기에서도 볼 수 있습니다. 비가 오면 우산장수는 웃겠지만, 짚신장수는 울고 가야 합니다. 평생을 두고 신앙생활을 하지만 언제나 맑은 날도 아니고 언제나 비 오는 날도 아닙니다. (신 29:29)"감추어진 일은 우리 하나님 여호와께 속하였거니와 나타난 일은 영원히 우리와 우리 자손에게 속하였나니 이는 우리에게 이 율법의 모든 말씀을 행하게 하심이니라" 했습니다. 따라서 언제나 하나님을 믿는 믿음 가운데서 순간순간을 보람되고 의미가 있게 살아야 합니다. 세상의 안락은 마치 바닷물을 마시듯 잠깐은 좋지만 영혼을 더욱 피폐해지게 만들 뿐입니다. 영적인 일은 영적으로 해결해야 합니다.

　본문에서 사도 바울은 기쁨에 대해서 권면하고 있습니다. 상황적으로 볼 때에 옥에 갇혀 있는데 밖에 있는 성도들에게 "기뻐하라"고 외치고 있는 것입니다. '항상 기뻐하는 생활'을 하라고 외치고 있습니다. 참된 기쁨(χαρά)의 생활은 외면적인 조건이 아니라 내면적인 조건이요, 예수 그리스도 안에 있는 것을 보여줍니다. 지금과 같이 산업이 발달하고 외면적으로 화려하게 보이지만 내면은 궁핍하여 마치 '외화내허병'(外華內虛病)에 걸린 시대에 믿음의 성도들이 어떻게 행할 것을 분명히 배우게 됩니다. 본문에서 은혜를 받게 됩니다.

1. 참된 기쁨은 예수 그리스도 안에 있을 때 주어지게 됩니다.

'예수 그리스도 안에서'(ἐν τὸ Χριστός)입니다. 세상에서 제아무리 화려한 것도 이 '기쁨'과는 비교할 수 없게 됩니다.

1) 그리스도 안에 살아가기를 힘써야 하겠습니다.

예수님이 주시는 평안이 있기 때문입니다.

① 예수 안에서의 기쁨은 세상적인 차원과 다릅니다.

"주 안에서 항상 기뻐하라 내가 다시 말하노니 기뻐하라"(Rejoice in the Lord always. I will say it again: Rejoice!) 했습니다. 지금과 같이 어려운 시대에 그리스도인들이 소유해야 할 영적 상태입니다. 아이들도 새로운 장난감을 가지고 놀다가는 금세 싫증을 내듯이 세상의 것이 모두 그러한 것이 사실입니다. 마음속 깊이를 세상 것으로 채울 수가 없습니다. (전 1:1-)헛되고 헛되며 모든 것이 헛된 것이 세상의 것입니다.

② 세상의 것 가지고는 마음을 진정으로 채울 수가 없습니다.

독일의 심리학자 에리히 프롬(Erich Fromm)은 그의 책 《소유냐 존재냐》에서 "진정한 행복은 무엇인가 소유하는 것(Having)이 아니라, 사람다운 사람이 되는 것(Being)이라" 했습니다. 성경에서 복을 4가지로 열거 해 주고 있습니다. 첫째는 하나님의 성품과 하나님 자신이 우리에게 주시는 복입니다. 둘째는 성경에서의 복은 하나님께 바친다는 것을 뜻합니다. 영어에서 '복'(Bless)은 '피'(Blood)를 나타내는 데에서 왔는데, 구약시대의 제사는 언제나 피가 따라왔습니다. 셋째는 다른 사람의 삶을 도와주시는 데서 옵니다. (막 10:45)예수님도 섬기려 오셨습니다. 넷째는 사막 한가운데 흐르는 오아시스를 뜻합니다. 예수님이 생명수가 되십니다(요 4:14; 사 58:11). 에리히 프롬의 말에도 참 교감이 갑니다.

 2) 그리스도인은 아는 것을 행할 때에 기쁨이 옵니다.

 사도 바울은 평생토록 복음 전하며 이 일을 행했습니다.

 ① 그리스도인은 성경적으로 살 때 기쁨이 있습니다.

 바울을 통해 보여주는 기쁜 인생의 표본입니다. 인생의 측정을 예수 그리스도를 바라보면서 살아가는 곳에 기쁨이 옵니다. 미국의 흑인 여성인 오프라 윈프리(Oprah Winfrey)는 2015년 포브스 잡지사가 선정한 세계영향력 있는 100명 중 하나로 뽑힌 여성인데 이런 사상을 깊이 그의 생애에서 이야기하고 있습니다.

 ② 그리스도인은 어디에서나 간증거리를 만들며 살아야 합니다.

 내가 주 안에서 어떠한 변화와 기쁨이 있었는지 이야기할 수 있어야 합니다.

2. 참된 기쁨은 타인에게 관용을 베풀 때 찾아옵니다.

 예수 믿으면 비웃음 받고 각종 조롱과 박해를 당하는 것이 그 당시의 사회였습니다. 세상은 교회가 싹틀 때부터 그랬습니다. 그러나 그리스도인들은 용서와 관용 속에 살게 된 흔적들을 보게 됩니다.

 1) 용서하게 될 때 오히려 기쁨이 찾아옵니다.

 기독교는 용서의 종교입니다. 우리가 죄로 말미암아 지옥 가게 되었을 때에 주님이 용서해 주시고 구원을 베풀어 주셨습니다.

 ① 사도 바울의 예에서 봅니다.

 (5절) "너희 관용을 모든 사람에게 알게 하라 주께서 가까우시니라"(Let your gentleness be evident to all. The Lord is near) 했습니다. (행 7:56)스데반 집사도 용서하며, 순교당했습니다. 손양원 목사님도 용서하며, 원수까지 품게 되었습니다.

② 예수님은 용서에 관하여 말씀해 주셨습니다.

(마 6:7)주기도문에서 배우게 됩니다. (마 18:21-36)일만 달란트를 탕감 받은 사람의 이야기에서 배우게 됩니다. 용서는 상대방도 상대방이지만 우선 내가 사는 길이 용서입니다.

2) 용서와 관용은 나 자신을 위하여 해야 할 일입니다.

용서하지 못하고 계속 품고 있으면 그것이 독이 되어서 결국에는 자신이 그 독에 질식되고 맙니다.

① 불과 같은 뜨거운 일이 되기 때문에 버려야 합니다.

불덩어리와 같은 독을 마음에 품으면 자기 자신이 그 뜨거움에 상하게 되기 때문입니다. (엡 4:26-)"분을 내어도 죄를 짓지 말며 해가 지도록 분을 품지 말고 마귀에게 틈을 주지 말라" 했습니다.

② 용서하고 관용하는 사람이 결국 이기게 됩니다.

무슨 일이 있든지 끝까지 물고 넘어지는 것은 성경적 신앙도 아니며 자기 자신에게 큰 피해를 주는 독과 같습니다. 용서하고 관용하는 곳에 기쁨이 있고 평화가 있게 됩니다. 우리 모두 이 시간에 바울이 전하는 이 축복을 받게 되시기를 소망합니다.

3. 참된 기쁨은 염려하지 말고 주께 맡기는 것입니다.

세상을 살아가는데 왜 염려와 걱정이 없겠습니까마는 이 모든 것을 주께 맡기고 살아가는 것이 신앙이요 주님이 주신 믿음입니다. (6절)"아무 것도 염려하지 말고 다만 모든 일에 기도와 간구로, 너희 구할 것을 감사함으로 하나님께 아뢰라 그리하면 모든 지각에 뛰어난 하나님의 평강이 그리스도 예수 안에서 너희 마음과 생각을 지키시리라" 했습니다.

1) 내가 할 수 있는 것은 염려가 아니라 기도입니다.

물론 기도하는 것 역시 성령 하나님께서 도와주셔야 합니다(롬 8:26).

① 예수님은 창조주이시며 하나님의 본체이시지만(빌 2:6) 육신으로 계실

때에 기도로 본을 보여주셨습니다. (마 4:1)금식기도, (막 1:35)새벽기도, (마 14:23)한적한 곳에서의 기도, (마 26:39)밤새도록 십자가를 앞에 두고 하시던 기도, (요 17:1-)제자들을 위한 기도, (히 5:7)눈물과 통곡으로 기도하시던 예수님에게서 배우게 됩니다.

② 기도 없이 무슨 일이든 할 수 있다고 착각하면 곤란합니다.

기도 없이 기쁨이 있고, 기도 없이 모든 일이 잘 풀려나간다고 생각하는 것은 영적으로 정상이 아닙니다. 교만하게 만드는 함정에 빠지기 쉬운 일입니다. 참된 기쁨은 기도응답에서 옵니다.

2) 염려하지 말고 맡겨야 합니다.

내 인생 내가 사는 것이지만 내 마음대로 되는 길은 없습니다. 하나님이 도와주셔야 하기 때문에 그 분에게 맡기는 생활이 아주 중요합니다.

① 어떤 일이든지 하나님께 맡기라고 했습니다.

(시 37:4-)"여호와께 맡기라 그리하면 정오의 빛 같이 하시리로다" 했습니다. 베드로 사도 역시 이렇게 전했습니다. (벧전 5:7)"너희 염려를 다 주께 맡기라 이는 그가 너희를 돌보심이라" 했습니다. 주께 맡기고 살아갈 때에 기쁨과 평강이 넘치게 될 줄 믿습니다.

② 주님은 이 시간에 말씀을 통하여 우리에게 손짓하십니다.

(마 11:28)"수고하고 무거운 짐 진 자들아 다 내게로 오라" 하셨습니다. 어떤 시에 보면 "한숨이 몰려와 바람이 되고 눈물이 모여 바다가 되었다"는 구절이 있는데 예수 믿는 사람들은 그럴 필요가 없습니다. 주님께서 우리의 모든 것을 책임져 주시기 때문입니다. 이 세대 가운데 은평교회 모든 성도들에게는 이 기쁨이 언제나 시냇물과 같이 솟아오르게 되시기를 예수님의 이름으로 축원합니다.

결론 : 주 안에서 기뻐해야 합니다.

〈치유〉
우울증을 치료하는 길 | 빌 4:4-7

　현대사회를 일컬어서 철학자들은 이렇게 이야기합니다. "홍수 속에 목마름이요, 군중 속의 고독"이라는 것입니다. 역사상 가장 번창하고 과학문명이 번영된 시대에 살고 있지만 마음은 심층적 고독이 자리 잡고 있기 때문입니다. 그래서 고독이 지나쳐서 우울증 환자들이 급증하는 시대가 되었는데, 그에 따라 많은 문제들이 발생하고 있습니다. 예수님은 수가성 여인과의 대화에서 (요 4:14)"이 물을 마시는 자마다 다시 목마르려니와 내가 주는 물을 마시는 자는 영원히 목마르지 아니하리니 내가 주는 물은 그 속에서 영생하도록 솟아나는 샘물이 되리라"(the water I give him will become in him a spring of water welling up to eternal life) 하셨습니다. 세상 물은 마시면 다시 목마르지만 예수님이 주시는 물은 영원히 목마르지 아니합니다. 목마르다고 해서 바닷물을 마실 수는 없습니다.

　사회적으로 국민총생산(G.N.P)이 높아갈수록 우울증 환자가 더욱 많아지는 추세입니다. 성 어거스틴(St. Augustine)은 말하기를 "하나님께서 창조하실 때에 하나님만이 채우실 수 있는 공간(hall)을 만드셨기 때문에 그 공간은 하나님께로 돌아올 때만 채워지게 된다."고 역설했습니다. 어리석은 자는 하나님이 없다고 하게 됩니다(시 53:1).

　독일의 실천철학자 니체(Nietzsche, Friedrich Wilhelm)는 "신은 죽었다"고 했

지만, 정작 본인은 정신병 미치광이가 되어 죽고 말았습니다. 프랑스 사상가이자 작가인 볼테르(Voltaire, Francois Marie Arouet) 역시 무신론을 주장하다가 죽고 말았습니다. 대한민국이 어느새 경제적으로 이렇게 급성장하게 되었지만, 또한 정신적으로 피폐해지고 자살률이 높은 국가가 되었습니다.

본문에서 바울은 옥중에 갇혀 있지만 '기뻐하라'고 했는데 성령께서는 기쁨을 주시는 분이신바 여기에서 은혜의 시간이 되시기를 바랍니다.

1. 모든 불안을 이기는 비결은 범사에 감사와 찬양에 있습니다.

인생사 모든 일 속에서 하는 감사와 찬양이 우울한 고독을 이기게 됩니다.

1) 예수님은 우리에게 평안을 약속해 주셨습니다.

(요 14:27)세상이 주는 평안이 아니라고 하셨습니다.

① 바울 사도는 성경에서 이렇게 전해주고 있습니다.

로마서에서부터 빌레몬서까지 13서신에서 볼 때에 "우리 하나님 아버지와 주 예수 그리스도 안에서 은혜와 평강"(Grace and peace)이라는 축복의 말씀이 계속 나옵니다.

② 우울증이라는 외로운 마음은 성령께서 주시는 마음이 아닙니다.

과거의 나쁜 것들, 현재의 나쁜 것들, 미래의 것까지 미리 염려하면서 스스로 우울하게 살아가지 말아야 합니다. 현재의 고난은 장차 나타날 영광과 비교할 수 없습니다(롬 8:18). 주님께서는 환난을 당해도 담대하라고 하셨습니다(요 16:33). 예수님 안에서는 모두 이겨나가게 됩니다.

2) 사도 바울은 모든 것을 이겼습니다.

바울은 옥중에서 이 말씀을 전했습니다.

① 끔찍한 환난 가운데 있었습니다.

바울만큼 고난 중에 있었던 사람이 또 있었을까 할 정도의 고난이었습니다(고후 11:23-). 그것은 고사하고 교회를 위해서 고난이 자기 몸에 채워지게 되었다고 고백했습니다(골 1:24).

② 옥중에서도 찬송하였고 감사했습니다.

이것이 사도 바울의 평상시 삶의 일대기였기 때문입니다. (행 16:25)빌립보 감옥에서 찬송하고 기도하며 감사할 때에 옥중 문이 열리고 옥사장이 구원 받게 되었으며 빌립보 교회가 세워지는 기적도 일어나게 되었습니다.

2. 모든 불안과 우울증을 이기는 비결은 예수 안에서 삶의 목표가 분명해야 합니다.

현대인의 삶의 목표, 생활의 목적을 어디에 두는지를 잘 알아야 합니다. 공부해야 하고 돈 벌고 출세해야 하는지의 그 목적이나 목표가 세속적이고 인간적인 불안 요소에 두고 있기 때문입니다.

1) 세상 사람들은 그 목표가 극히 세속적이고 세상적인 것이 대부분입니다.

① 극히 세상적입니다.

철학 용어에서 비유한다면 '형이상학적'(形而上學的) 차원이 아니고, '형이하학적'(形而下學的)에서 찾으려고 합니다. 그러다보니 학교에서 1등 하던 학생이 2등으로 떨어지면 심리적 중압감에 극단적인 행동도 하게 됩니다. 비극입니다. 생각의 전환이 필요합니다.

② 그 길은 파멸의 길입니다.

성공했다고 성공이 아니며 언제나 불안 속에 살아가는 인생이 되고 말았기 때문입니다. 서로 망하게 될 수밖에 없는 싸움의 피투성이가 됩니다. 이 길은 서로 망하게 되는 길입니다(갈 5:15).

2) 예수 믿는 성도들은 목표가 확실합니다.

생의 목표요 삶의 목적이 예수 안에 있기 때문입니다.

① '나'라는 존재는 '예수님의 것'입니다.

나의 존재 개념부터 바르게 깨달아야 합니다.

사도 바울은 이렇게 고백했고 전했습니다. (롬 14:7-) "우리 중에 누구든지 자기를 위하여 사는 자가 없고 자기를 위하여 죽는 자도 없도다 우리가 살아도 주를 위하여 살고 죽어도 주를 위하여 죽나니 그러므로 사나 죽으나 우리가 주의 것이로다" 했습니다. 우리의 살아가는 목적은 주님을 위해서 사는 것입니다.

② 따라서 삶의 목표가 분명해야 합니다.

똑같이 사는 것 같지만 목표와 목적에 따라서 살아가는 방식도 달라지게 됩니다. (고전 10:31) "그런즉 너희가 먹든지 마시든지 무엇을 하든지 다 하나님의 영광을 위하여 하라" 했습니다. 이와 같은 목표와 목적이 성령 안에서 분명하게 될 때에 우울증, 근심이나 걱정들을 극복하게 되는데 성령께서 역사하시기 때문입니다. 다만 영적인 기근이 있을 뿐입니다(고후 7:10).

3. 인생의 모든 불안과 우울증을 극복하기 위해서는 인생을 양적으로 살려고 하지 말고 영적으로 살려고 해야 합니다.

현대인들은 보다 높은 것, 보다 많은 것, 보다 제일 등 모두 양적인 가치에 두며 세상적인 성공을 바라고 살아갑니다.

1) 바울은 세상적으로 볼 때 성공자라고 말할 수 있겠습니까?

그렇게 고생하였고 마지막은 단두대에서 순교의 제물이 되었습니다.

① 바울의 삶을 세상적인 개념으로 볼 때에 바라보고 쳐다볼 사람은 없을 것입니다.

경제적으로 성공했나요? 높은 자리에서 천하를 호령하는 '영웅호걸'이었나요? 세상적으로는 내세울 것이 없지만 그는 분명하게 지난 2천년동안 모든 교회에서 수도 없이 지금까지도 말해왔고 천국에서 받을 상도 클 것입니다. 그의 복음적 가치를 계속해서 알게 될 것입니다.

② 바울은 양적 개념이 아니라 영적이고 질적 개념에 두었습니다.

복음이 전파되는 곳에 교회가 세워지고 수많은 사람들이 하나님께 돌아오게 되었고, 지옥 갈 사람이 천국 가는 백성이 되었습니다. 바울이 쓴 13서신의 성경책이 지난 2천년 동안 모든 그리스도인들의 신앙의 교과서가 되었습니다. 주님이 오실 때까지 계속 이어지는 역사입니다. 이는 영적으로 분석해야 할 질적인 성공자라고 할 수 있습니다.

2) 세상은 빠르게 지나갑니다.

그래서 안개와 같고, 꿈과 같고, 그림자와 같다고 말합니다.

① 바울은 천국에서 큰 상급의 주인공으로 살았습니다.

(딤후 4:6-8)사도 바울 자신이 이와 같은 사실을 전하며 고백했습니다. 의의 면류관이요(살전 2:19), 영광의 면류관이요(고전 9:24-25), 썩지 않는 면류관의 주인공이라고 했습니다. 잠깐 있다가 없어지고야 마는 세상에 인생을 걸고 사는 것이 아닙니다. 천국에 있어야 합니다.

② 우울증이나 그릇된 상념을 버려야 합니다.

현실을 감사 속에서 찬송하고 성령과 말씀 속에서 나가게 될 때에 사탄의 부정적 생각은 버리게 되고 기쁨과 보람의 시간이 될 줄 믿습니다.

은평교회 성도들이여! 은혜와 평강 가운데 승리하시기를 예수님의 이름으로 축복합니다.

결론 : 예수님 안에서 불안정한 마음을 이기세요.

〈성경〉
성경만이 살 길입니다 | 요 20:30-31

　모든 생명은 태어나서부터 자기의 살 길이 어느 곳인가를 찾아서 분주하게 움직입니다. 아파트 베란다에 놓여있는 화분의 꽃들도 햇빛이 비치는 방향으로 향하게 되는 현상이나, 바위가 많은 산 비탈길에서 자라나는 소나무도 흙을 찾아서 뿌리가 뻗어 있음을 보게 되는데, 이는 생존 능력을 엿볼 수 있는 현상입니다. 인심이 사납고 죄악이 가득한 악한 세상에서 마치 제동장치(brake)가 고장 난 듯한 풍토 속에 살아가면서 신앙인들은 내가 살 곳이 어디인가를 마땅히 살펴야 할 것입니다. 지금은 예수님의 재림이 가까운 말세입니다(눅 21:29-). 지금이야말로 온 세상에 덫과 같이 임할 재앙의 때라는 것을 성경에서 보면서 우리는 성경말씀만이 우리의 살 길이요 나아가야 할 길임을 깨닫고 오직 말씀에 귀를 기울여야 할 것입니다. 다윗도 고백했습니다. (시 16:1-2)"하나님이여 나를 지켜 주소서 내가 주께 피하나이다" 했고, (시 73:25)"하늘에서는 주 외에 누가 내게 있으리요 땅에서는 주 밖에 내가 사모할 이 없나이다" 했습니다. 기록된 성경밖에는 우리가 바라보고 믿고 나아가야 할 말씀이 없음을 깨닫고 성경에 귀를 기울이며 성경을 배우며 성경을 습득하고 성경으로 돌아가야 하겠습니다.

1. 기록된 성경으로 돌아가야 합니다.

하나님께서 인간과 말씀하시는 통로가 성경입니다. 그래서 성경을 '하나님의 편지'라고 말하기도 합니다. 성경에 무슨 말씀이 기록되었는지를 잘 살펴서 따라가야 합니다.

1) 기록된 책 66권을 우리에게 주셨습니다.

따라서 기록해서 주신 책 성경을 바로 알아야 합니다. 마틴 루터는 "하나님께서 주신 축복 중의 하나는 하나님 말씀을 인간이 읽을 수 있도록 성문화(成文化)시켜 주신 것이다."라고 했습니다.

① 인간이 하나님께 대하여 아는 길은 성경입니다.

하나님은 우리를 창조하신 창조주가 되십니다. 모든 천지만물을 창조하셨고 통치하시며 운행하시는 하나님이십니다. 머리털까지 세시며(마 10:29), 우는 까마귀 새끼에게 먹이를 주시는 분이십니다(욥 38:41; 시 147:9; 눅 12:24). 조직신학에서 성경의 필요성, 명료성, 충족성, 무오성을 주장하는 것이 개혁주의 장로교 신학의 원리입니다(벌코프 조직신학). 성경은 성경 자체가 해석이라고 했습니다. 또한 자연을 통해서도 하나님을 알 수 있도록 계시해 주시는데 이를 자연계시라고 합니다(롬 1:19).

② 성경은 우리에게 주신 특별계시입니다.

성경에서 말하는 예수님이 특별계시가 되셔서 우리에게 하나님을 보여 주셨습니다(요 1:1-14; 롬 10:9). 따라서 우리는 하나님에 대하여 성경 계시 안에서 살게 되고 믿게 됩니다. 이것 역시 성경으로 돌아가야 합니다.

2) 이제 성경이 우리에게 말하는바 하나님, 예수 그리스도, 성령님을 믿어야 합니다.

일컬어서 성 삼위일체 하나님(三位一體)을 믿습니다. 계획하시고 창조하시고 통치하시며 구속하시고 우리를 구원으로 인도하시는 하나님이십니다.

① 어리석은 자는 그 마음에 하나님이 없다고 합니다(시 · 4:1).

타락된 양심으로 더욱 죄를 지어 무신론에 이르고 그릇된 인간과 만물의 시원(始原)을 말하는 다른 범죄에 빠진 자가 되었습니다. 이제 성경으로 돌아가야 합니다.

② 창조주 하나님, 구세주 예수 그리스도, 성령께서는 지금도 살아 계셔서 역사하십니다.

인간이 구원 받아 영원히 살 길은 오직 하나님께 있습니다. 따라서 성경이 우리에게 말하는 하나님께로 돌아와야 합니다. 신학자 어거스틴(St. Augustine)은 하나님께서 창조하실 때에 인간의 마음에 오직 하나님께서만이 채우실 수 있는 공간(hall)을 만드셨기 때문에, 하나님께로 돌아올 때만 그 안에 기쁨이 있고 만족이 있고 채울 수 있다고 했습니다. 성경만이 우리의 살 길입니다.

2. 물과 성령으로 거듭난 양심으로 돌아가야 합니다.

독일의 철학자 임마누엘 칸트(Immanuel Kant)는 말하기를 "저 하늘에는 반짝이는 별이 있고 내 마음에는 반짝이는 양심이 있다."고 하였는데 문제는 그 양심이 어떤 양심인가 하는 것입니다.

1) 죄악으로 인하여 우리 양심은 죽은 양심이 되었습니다.

① 도둑들이 도둑질한 물건을 서로 나누는데, 졸병이 보니까 대장이 자기 앞에는 좋은 것만 가져다 놓고, 자기들에게는 값싼 것만 갖다 놓는 것을 보고는 대장에게 하는 말이 "야! 이 도둑놈아 양심을 지켜라" 했다는데 이건 무슨 양심입니까?

② 마귀가 불도장 찍어놓은 화인 맞은 양심이 있습니다.

(딤전 4:1-) "자기 양심이 화인을 맞아서 외식함으로 거짓말하는 자들이라"(whose consciences have been seared as with a hot iron) 했습니다. 마귀가 찍어놓은 화인 맞은 양심이 세상에 가득한 때입니다. 이는 지옥 가는 자의 양심입니다.

2) 성도가 맞아야 할 인(印)은 성령의 인(印)인데, 물과 성령으로 거듭난 사람입니다.

성령과 말씀으로 거듭난 양심을 이야기하고 있는 것입니다.

① 거듭난 최초의 마음을 잊지 말아야 하겠습니다.

성경을 우리에게 주신 목적은 우리의 구원입니다. 그래서 물과 성령으로 거듭나게 하시고 죄 씻음을 받아 정결케 하셨습니다. 이 양심이 청결한 양심이요 선한 양심(딤전 1:5)입니다. 디모데 마음속에 간직했던 청결한 양심(딤후 1:3-)입니다. 그 양심으로 돌아가야 합니다.

② 성령께서 인(印)쳐 주셨습니다.

불신자는 마귀가 인을 쳐 놓은 상태입니다. 화인 맞은 양심입니다. 그러나 우리는 (엡 4:30)"그 안에서 너희가 구원의 날까지 인치심을 받았느니라" 했습니다. (고전 3:16)그리고 그 마음에 성전 삼으시고 내주해 계시는 마음의 성전입니다. 지금은 빨리 그 양심으로 돌아가야 할 때입니다.

3. 성령의 인도함을 받는 사람의 자리로 돌아와야 합니다.

물과 성령으로 거듭난 사람은 믿음을 알아 가는데 그 원위치로 돌아가서 믿음을 지켜야 할 것입니다.

1) 마귀 사탄의 역사는 대적하고 성령의 역사를 따라가야 합니다.

마귀는 택한 백성까지도 유혹하고 범죄하게 만들기 때문입니다(벧전 5:8).

① 사탄 마귀의 일들은 대적하고 물리쳐야 합니다.

(엡 6:10-11)마귀와 영적 싸움을 이기기 위해서는 하나님의 전신갑주를 입고 싸워야 합니다. 마귀는 아담과 하와를 넘어지게 하였고(창 3:1-), 베드로까지도 흔들어서 예수님을 부인하게 했습니다(마 26:36-70). 금식하신 예수님까지 시험했습니다(마 4:1-). 그러나 예수님은 이 모든 시험을 이기셨습니다. (골 2:15)십자가로 이기시고 승리하셨습니다.

② 성령께서 오셔서 우리를 이기게 하십니다.

그래서 성령 '보혜사'(παράκλητος)께서 오셨고, 우리를 도와주시는 바 그 성령의 역사하시는 자리에 있어야 합니다. (행 16:7-)바울은 전도하는 일까지도 성령의 순종자로서 승리했습니다.

2) 우리의 모든 신앙생활과 인생여정이 성경에 예약되어 있습니다.

이제 말씀으로 돌아가 말씀에 순종할 때에 소망이 있습니다.

① 말씀과 성령으로 거듭난 양심은 성령의 인도하심에 귀 기울이게 됩니다.

요한 칼빈(J. Calvin)은 "성경은 우리의 학교요 성경은 우리의 가정교사다."라고 하였고, 루터(Martin Luther)는 "성경은 그리스도가 누워 계신 요람이다."라고 했습니다. 따라서 우리가 사는 길은 성경으로 돌아가는 길밖에 없습니다.

② 성경 속에서 하나님은 말씀으로 만나주십니다.

하나님을 인격적으로 만나야 합니다. 그 만남은 말씀 속에서 성령으로 인도해 주실 때 만나게 되는데, 은평교회 모든 성도들은 성경말씀을 들을 때에 성령으로 말미암아 주님과 만나는 역사가 있으시기를 예수님의 이름으로 축원합니다.

결론 : 성경으로 돌아갈 때 살 길이 있습니다.

〈성경〉
성경은 나에게 무엇인가? | 마 4:4-

　어떤 일을 생각하거나 접하게 될 때에 나와 그것이 무슨 관계가 있으며 어떤 관계 속에 있는지를 계산하게 됩니다. 그래서 반드시 필요할 때에는 초월적 관심을 가지게 되지만, 관계가 덜할수록 관심 역시 떨어집니다. 우리가 세상에서 예수 믿는 일이 얼마나 중요한 일이며 영원한 생명과 직접적인 관계가 있음을 확실하게 인식한다면 신앙생활이 달라질 것입니다. 세상에서 기껏 살아야 100년 전후인데 천국과 지옥은 영원한 세계이거늘 사람들의 관심이 덜하다는 것은 안타까운 현실입니다. (요 6:63)"살리는 것은 영이니 육은 무익하니라 내가 너희에게 이른 말은 영이요 생명이라" 했습니다. 그런데도 많은 사람들은 생명 되시는 예수님도 멀리하게 되고 믿는다는 사람들도 적극적이지 않고 소극적인 자세로 신앙생활 하는 경우들을 많이 보게 됩니다. (갈 6:7-)하나님은 속지 않으십니다. (롬 8:5-)육신을 따르는 자와 영생을 따르는 사람이 분명하게 다른 것은 영원한 생명과 영원한 멸망으로 나누어지게 된다는 사실 때문입니다. 따라서 우리는 성경을 하나님 말씀으로 믿어야 합니다(딤후 3:14-; 벧후 1:21). 본문에서 예수님이 40일 금식 기도 후에 마귀를 이기신 말씀이 나와 어떤 관계인가를 살피고 성경과의 바른 관계 속에 축복 받는 역사가 있어야 하겠습니다.

1. 성경은 나와 무슨 관계인지를 알아야 합니다.

성경이 세상에서 지금까지 가장 많이 팔렸고 가장 많이 읽히는 책이요, 예배시간에 읽히는 책이라고 일반적 통념으로만 생각한다면 큰 오산입니다.

1) 성경은 하나님 말씀으로 우리에게 주셨습니다.

성경은 우리의 영혼을 살리는 능력의 책인 이유는 하나님 말씀이기 때문입니다.

① 성경은 하나님 말씀입니다.

성경을 보는 시각이 보수주의 신학과 자유주의 신학이 다른 것은 분명합니다. "성경은 하나님 말씀이다." "성경에는 하나님 말씀이 들어있다.", "성경은 하나님 말씀일 수 있다."라는 이 세 가지 명제 앞에 여러분은 어떤 입장입니까? 여기에 따라서 보수주의와 자유주의 성경관이 달라집니다. 성경은 헬라어로 그라페(γραφή)라고 하는데, 영어에서 스크립쳐(Scripture)라고 사용하는 것이 보수주의의 성경적 용어입니다. 비블리온(βιβλιον) 영어로 바이블(Bible)이라고 하는 말은 보수주의 신학의 입장이 아닙니다. 그리고 성경을 없이해 보겠다는 사람들도 수없이 많았지만 모두 실패로 돌아갔습니다.

② 성경은 하나님께서 사람들에게 하나님의 편지로 주셨습니다.

그래서 성경은 하나님의 거룩하신 말씀이요 뜻입니다. (고후 3:3)"오직 살아 계신 하나님의 영으로 쓴 것이며"(written not with ink but with the Spirit of the living God)했습니다. 따라서 (계 1:3)읽는 자와 듣는 자와 기록된 말씀을 지키는 자들이 복이 있습니다.

2) 하나님 말씀인 성경은 하나님 말씀이기 때문에 모두 전합니다.

우리를 구원하시기에 완전한 책으로 주셨습니다.

① 성경은 완전합니다.

하나님의 영이신 성령으로 기록된 책이기 때문입니다. 1,600년에 걸쳐서 40여명의 기록자들에 의해서 성령의 감동으로 기록된 책입니다. 구약성경은 메시야 되시는 예수 그리스도의 오실 것과 죄인들을 구원하실 것의 예표요 그림자이며 예언이고, 신약성경은 예언된 대로 오신 예수 그리스도와 우리의 구원 문제와 영원한 천국의 복음과 심판에 대한 내용입니다. 보수주의 신학자 비비 워필드(B. B. Warfield)는 "성경은 완전하다"고 했습니다.

② 우리는 성경을 읽고 듣고 따라가는 믿음의 사람들입니다.

세상의 유익을 주는 책이 아니라 영원한 생명을 주는 책입니다. 성경이 우리의 길입니다(시 119:105, 10). 성경 속에 생명과 복이 약속되었습니다.

2. 성경은 예수 그리스도에 대하여 중심적으로 전했습니다.

성경은 창조부터 시작하여 타락, 종말, 심판에 이르기까지 모든 것이 기록되었는데, 예수 그리스도가 우리 구세주로서 중심에 계십니다.

1) 성경의 중심은 예수 그리스도이십니다.

타락하여 죄에 빠진 인간이 구원 받는 책이 성경입니다. 구원과 천국까지 모두 성경에서 배우게 됩니다.

① 우리 구세주는 예수님이십니다.

구원의 역사는 성부, 성자, 성령 삼위일체 하나님의 역사인데, 그 중심이 성자 예수 그리스도입니다. 구약이 메시아 되시는 예수님을 예언하셨듯이 예언 대로 오셔서 구세주가 되셨습니다. (요 5:39-)"너희가 성경에서 영생을 얻는 줄 생각하고 성경을 연구하거니와 이 성경이 곧 내게 대하여 증언하는 것이니라 그러나 너희가 영생을 얻기 위하여 내게 오기를 원하지 아니하는도다" 했습니다.

② 성경 중심적 신앙은 우리의 것이 되어야 합니다.

우리의 신앙은 언제나 성경이어야 합니다. (마 4:4)영적 양식입니다. (엡 6:10-17)영적 싸움의 무기입니다. (시 119:11-)죄를 멀리하게 합니다. (딤후

3:16-)구원 얻는 지혜를 얻게 합니다. 따라서 구원 얻은 성도는 늘 성경말씀을 가까이 하고 읽고, 듣고, 지키면서 영적 승리를 얻게 됩니다.

  2) 성경은 우리에게 구원의 길을 확실하게 합니다.

  인간이 죄인인 것과 그 죄에서 구원 얻는 길은 무엇인가를, 또 창조주 하나님의 역사와 함께 영원한 천국의 세계에 이르기까지 확실히 전하여 줍니다.

  ① 성경에 기록된 말씀은 우리 구원의 표준(標準)입니다.

  우리가 창조주 하나님을 거역하고 타락한 것과 그 죄 값은 사망(롬 6:23)이요, 믿음은 구원임을 확실하게 전합니다. 모두 기록된다면 이 세상이라도 그 기록된 책을 두기에 모자랄 것입니다(요 21:25). 다만 우리 구원 문제에 관한 것이 그 중심적 말씀입니다.

  ② 예수 그리스도를 제시하고 믿으면 구원이지만 불신은 곧 지옥이요 멸망입니다(요 3:36).

  (요일 5:11-)하나님을 믿는 자에게 영생이 있다는 확신을 주는 것이 성경의 기록 목적이요 우리의 신앙입니다. 그러므로 구원 문제만큼은 확실해야 합니다(요 5:24).

3. 성경은 나에게 무엇인가? 입니다.

  그 유명한 성경이 나에게는 무엇이라고 생각하십니까? 아무리 중요하고 가치 있는 것이라 할지라도 나와 상관이 없다면 아무 소용이 없을 것입니다.

  1) 구약과 신약은 영원히 내가 사는 생명약입니다.

  귀하게 여겨야 합니다. 그리고 이 약을 늘 먹어야 합니다. 암(cancer)에 특효약이 있다면 병원마다 문전성시를 이룰 것입니다. 그런데 성경은 우리를 영원한 사망의 지옥 가는 병에서 구원받게 하는 책(약)입니다.

  ① 세상에 어떤 것보다도 그 말씀을 귀하게 여겨야 합니다.

내가 영원히 사는 생명의 길이 됩니다. 어떤 길도 다른 길은 없습니다(요 14:6; 행 4:12; 히 9:27-28).

② 그런데 많은 사람들은 성경 말씀을 그렇게 귀하게 여기지 않습니다.

이것은 예수를 믿지 않는 사람들만의 문제가 아니라 이 말씀을 통하여 구원 얻었다고 하는 사람들에게서도 볼 수 있는 안타까운 현상입니다. 성경을 읽고, 듣고, 배우고 말씀 따라 사는 길이 영원히 행복한 길임을 잊지 말아야 하겠습니다.

2) 성경 외에는 다른 길이 없습니다.

성경으로 돌아가서 성경을 통하여 살아야 합니다.

① 성경만이 살 길입니다.

생명의 양식은 오직 성경뿐이기 때문입니다. 요한 칼빈(John Calvin)은 "성경은 우리의 학교요, 성경은 우리의 가정교사이다."라고 했습니다. 이제 우리는 생명의 양식되는 성경으로 돌아가야 합니다. 지금도 성경 속에서 하나님은 말씀으로 만나주시기를 원하십니다.

② 성경은 그대로 이루어집니다.

성경이 하나님 말씀이요 진리인 것은 성경대로 반드시 이루어지기 때문입니다. 축복의 말씀도 저주의 말씀도 그대로 이루어집니다. 천국과 지옥에 관한 말씀도 이루어집니다. (계10:7)"일곱째 천사가 소리 내는 날 그의 나팔을 불려고 할 때에 하나님이 그의 종 선지자들에게 전하신 복음과 같이 하나님의 그 비밀이 이루어지리라" 했습니다. 성경을 하나님 말씀으로 믿고 영원히 사는 복된 성도들이 되시기를 예수님의 이름으로 축원합니다.

결론 : 성경은 나와 어떤 관계가 있습니까?

〈고난〉
고난 중에 고백한 욥의 신앙고백 | 욥 23:8-10

《바람과 함께 사라지다》라는 소설이 있는데, 2차 세계대전이 끝나고 전 세계에 선풍적인 인기를 끌었습니다. 영화로도 만들어져 흥행했습니다. 저자인 마거릿 미첼은 의학도였으나 어머니가 돌아가시고 신문사에 다니다 다리에 문제가 생겨 두문불출(杜門不出) 하면서 10년 동안 소설만 쓰게 되었습니다. 27세 때에 10년 만에 탈고한 1,037페이지나 되는 원고를 들고 출판사에 찾아가 출판을 부탁했지만 반기는 데가 없었습니다. 어느 날 미국 조지아주 애틀랜타 지방 신문에 "뉴욕에서 제일 큰 출판사 사장이 왔다가 기차로 되돌아간다."는 기사를 읽고 그녀는 원고를 들고 기차역으로 달려갔습니다. 기차역에 도착했을 때 맥밀란 출판사의 레이슨 사장이 막 기차에 올라타려던 중이었습니다. 그녀는 큰소리로 그를 불러 세웠습니다. "사장님, 제가 쓴 소설입니다. 꼭 한번 읽어주세요." 그는 마지못해 원고뭉치를 들고 기차에 올랐습니다. 그러나 그는 원고 뭉치를 선반 위에 올려놓고는 거들떠보지 않았습니다. 그가 그러는 동안 그녀는 재빨리 기차역을 빠져나가 우체국으로 달려갔습니다. 그리고 사장에게 긴급 전보를 보냈습니다. 전보의 내용은 "한번만 읽어주세요." 그러기를 무려 세 번째 전보가 배달되었고, "한번만 읽어주세요."라는 전보에 그때서야 그는 그녀의 끈질김에 혀를 내두르며 원고를 집어 들었습니다. 기차가 목적지에 도착해 승객들이 짐을 챙기는 동안에도 사장은 그 원고에 푹 빠져 있었습니다. 그렇게 해서 출판된 소설이 《바람과 함께 사라지다》이고 그 이후에 27개 국어로 번역되어서 전 세계적으로 1,600만 부가 팔리게 되는 베스트셀러가 되었습니다.

오늘 본문에 나오는 욥은 신앙생활의 본이요 모델이 되는데 수많은 고통과 진통이 지나간 이후에 나온 간증입니다. 의인이라는 욥에게도 이런 고통의 이야기가 있었다는 사실은 오늘날 우리에게 찾아오는 모든 문제 앞에서도 소망을 주시는 말씀인바 여기에서 은혜의 시간이 되시기를 바랍니다.

1. 사람에 대한 하나님의 절대적인 주권과 섭리를 생각하게 됩니다.

태어남부터 살아가는 일과 죽고 사는 일들이 모두 하나님의 섭리 가운데 있습니다.

1) 태어나서 살아가는 자체가 하나님의 뜻과 섭리 안에 있습니다.

① 생사화복의 문제의 주권이 하나님께 있습니다.

(잠 16:9)사람의 걸음을 하나님께서 인도하심을 읽을 수 있게 됩니다. (삼상 2:6-)여호와는 죽이기도 하시고 살리기도 하십니다.

② 성경에서 사울 왕과 다윗의 경우에서 보게 됩니다.

사울은 이스라엘 12지파 중에서 제일 연약한 베냐민 지파의 첫 번째 왕이 되었지만 하나님의 눈 밖에 났을 때에 폐위되고 이새의 막내아들인 다윗을 왕위에 오르게 했습니다(행 13:22; 삼상 13:12-13, 15:23-24).

2) 사람이 걸어가는 길이 하나님께 있습니다.

(10절)"내가 가는 길을 그가 아시나니 그가 나를 단련하신 후에는 내가 순금 같이 되어 나오리라"

① 욥의 신앙고백이지만 우리의 신앙고백입니다.

욥은 본문에서 하나님의 절대 주권과 섭리에서 자신의 위치를 확인하며 고백하게 되었습니다. 내가 서 있는 위치(position)와 정체성(identity)입니다. 성도는 언제나 자기 자신을 깨달아야 합니다. 그래서 신앙은 변하지 않는 금으로 비유했습니다(벧전 1:7).

② 하나님의 절대 주권을 믿기 때문에 원망하지 아니했습니다.

(욥 1:21)"내가 모태에서 알몸으로 나왔사온즉 또한 알몸이 그리로 돌아가올지라 주신 이도 여호와시오 거두신 이도 여호와시오니 여호와의 이름이 찬송을 받으실지니이다" 했습니다. 하나님 백성들은 하나님의 뜻을 깨닫고 믿음으로 승리해야 하겠습니다. 여기에 욥과 같은 인내의 믿음이 중요합니다(약 5:10-11).

2. 사람들에게 고난 속에 숨겨진 가치를 생각하게 합니다.

고난에는 가치가 있고 겨울 찬바람 속에도 봄을 기다리는 유연함이 있듯이, 우리의 신앙생활은 언제나 고난 속에서도 그 가치를 깨달아야 합니다.

1) 고난 속에 가치를 보아야 합니다.

고난 속에서도 가치를 볼 수 있는 눈이 필요합니다. 영적인 눈이 열려야 합니다.

① 고난 속에도 눈이 떠있는 사람은 기도하게 됩니다.

욥은 기도의 사람이었습니다. "나를 단련하신 후에는"(when he has tested me)이라는 말씀은 기도입니다. (왕하 20:1-5)히스기야는 죽을병 앞에서도 기도했습니다. (욘 2:1-)요나는 물고기 뱃속에서 기도했습니다. (마 26:39-)예수님은 십자가 고난을 앞에 놓고 기도하셨습니다.

② 왜 기도하는지를 알아야 합니다.

원망하고 불평해도 시원치 않을 텐데 왜! 기도해야 합니까? 기도 외에는 다른 길이 없기 때문입니다. 오직 기도입니다(막 9:29). 문제의 열쇠를 하나님께서 가지고 계시기 때문입니다. 그래서 과거의 성도들을 보면 문제가 있을 때에 더욱 많이 기도했습니다.

2) 고난이 없으면 견고한 신앙이 될 수가 없습니다.

신앙이 더욱 견고해지기 위한 시련과 훈련이기 때문입니다. 이 시련을 이겨야 합니다. 욥은 이 시련을 이기고 일어나서 승리한 주인공이 되었습니다.

① 고난이 오는 것은 더욱 큰 축복이 되기 위해서입니다.

이미 주신 축복은 더욱 단단해지고 그 위에 더 큰 축복이 넘치게 되는 길목이 되었습니다. (신 32:9-12)하나님께서 이스라엘 백성들을 광야에서도 홀로 버려두지 아니하고 지켜주셨던 역사에서도 보게 됩니다.

② 고난을 통해서 모든 불순물들이 제거됩니다.

용광로에 들어간 광물질들이 뜨거운 불속에서 모든 찌꺼기들이 제거되고 순수한 금속이 나오는 것 같은 원리입니다. 고난을 통해서 기도 가운데 모든 불순물들이 제거됩니다. (창 22:1)아브라함도 시험을 이기고 축복받게 되었습니다(Some time later God tested Abraham). 태풍이 자연에게 유익하게 되는 원리와 같은 것이 시험의 원리입니다. (약 1:12)생명의 면류관이 준비되었습니다.

3. 신앙의 사람들에게 영광과 결과를 생각하게 합니다.

시험이나 시련, 이것들이 찾아오면 그대로 주저앉는 것이 아니라 반드시 좋은 결과가 있음을 생각해야 합니다. 믿음이 골짜기나 계곡 같은 곳으로 간다면 허우적거리지만 그 시련을 이기고 나면 사망의 음침한 골짜기에서도(시 23:4), 눈물 골짜기에서도(시 84:6), 브라가 골짜기에서도(대하 20:26), 해골 골짜기에서도(겔 37:1-), 도벳이나 힌놈의 골짜기에서도(렘 19:6), 승리와 축복의 골짜기로 변하게 될 것입니다.

1) 골짜기가 변합니다.

축복과 영광과 생명의 골짜기로 변합니다.

① 골짜기라도 두려움이 없습니다.

사망의 골짜기에서도 함께 하시고, 눈물 골짜기에서도 이른 비가 은택을 입히고, 브라가 골짜기가 전쟁을 승리케 하고, 해골 골짜기에서 생명이 살아나 군대가 되고 살육의 골짜기가 장차 이스라엘에게 소망을 주시기 때문입니다. 욥이 당한 환난의 골짜기는 영광과 축복의 골짜기로 끝이 나게 하셨습니다.

② 정금과 같이 나아오게 됩니다.

정금은 시대와 국경을 초월해서 누구나가 좋아 하는 금속입니다. 금이 가지고 있는 특수한 영광 때문입니다. 정금과 같은 신앙이 그러합니다. 우리 모두 정금 같은 신앙으로 전진해야 하겠습니다.

2) 욥은 하나님이 역사하시는 현장을 체험했습니다.

이론적인 신앙이 아니라 체험적인 신앙이 되었습니다.

① 욥의 고백에서 보시기 바랍니다.

(42:5)"내가 주께 대하여 귀로 듣기만 하였사오나 이제는 눈으로 주를 뵈옵나이다" 했습니다. (42:10) 욥에게 이전 모든 소유보다 갑절의 복을 받게 하셨습니다. 놀라우신 하나님의 역사요 주권적 섭리 속에 있었던 욥이였듯이 우리 역시 마찬가지로 신앙 위에 있어야 합니다.

② 은평교회 성도들도 체험적 신앙이 되시기를 바랍니다.

이론적으로 아는 것으로만 발목 붙잡힌 상태가 아니라 실제적으로 하나님의 주권하심에 사로잡히는 실제적인 신앙이 되어야 합니다. (롬 8:18)"생각하건대 현재의 고난은 장차 우리에게 나타날 영광과 비교할 수 없도다" 하였는데 욥과 같은 신앙으로 이 세대뿐 아니라 영원한 천국에까지 축복의 모델들이 다 되시기를 예수님의 이름으로 축원합니다.

결론 : 고난은 결코 헛된 것이 아닙니다.

〈고난〉
육체의 남은 때를 | 벧전 4:1-11

　세상의 모든 일에는 시작이 있으면 그 종말과 끝이 있습니다. 그래서 성경은 이렇게 말합니다. (전 3:1-)"범사에 기한이 있고 천하 만사가 다 때가 있나니 날 때가 있고 죽을 때가 있으며 심을 때가 있고 심은 것을 뽑을 때가 있으며"라고 하였고, 11절에는 "하나님이 하시는 일의 시종을 사람으로 측량할 수 없게 하셨도다"(yet they cannot fathom what God has done from beginning to end)라고 했습니다. 모든 것이 하나님의 섭리 가운데 있다는 말씀입니다. 그런데 사람은 외모를 중요하게 여기지만 하나님은 그 중심을 보신다고 했습니다(삼상 16:7-). 그래서 이새의 막내아들 다윗으로 왕이 되게 하셨습니다(행 13:22).
　이제 우리는 여기에서 그 해답을 찾으면서 남은여생을 어떻게 살아야 하는지를 다시 한 번 생각하고 발견하고 깨닫게 되시기를 바랍니다. 세월의 흐름에 따라서 그냥 허송세월이 아니라 무엇인가를 깨닫고 바르게 살아야 합니다.

1. 사람이 살아가면서 육체적 고통도 있음을 깨달아야 합니다.

　바로 육체적 고통이 따르는 삶인데, 이는 죄 값에서 오는 현상입니다(창

3:17-19).

1) 우선 육체적 고통을 보겠습니다.

육신을 입은 모든 이들에게 오는 현상입니다.

① 질병이 있게 됩니다.

육신의 고통 중에 빼놓을 수 없는 것이 질병의 고통입니다. 육신의 가장 큰 축복은 육신의 건강함을 받는 것입니다. 지금도 병원에 가보면 끔찍한 질병들이 많습니다. 그런데 하나님은 우리를 치료해 주시는 분이십니다(출 15:26; 사 53:4; 말 4:2). 예수 그리스도 안에서 우리에게 치료의 복을 주시는 하나님이심을 믿어야 하겠습니다.

② 가난입니다.

살아가면서 빈곤하게 사는 것 역시 고통입니다. 옛 속담에 "가난은 임금도 못 막는다." 하였는데 세계 70억 인구 가운데 거의 대부분의 사람들이 가난 속에 살아간다는 통계가 있습니다. 선진국들도 부자들만 있는 것이 아니고, 가난한 사람들도 많습니다. 미국의 백악관 뒷골목에도 노숙자들이 모여 식은 빵만 나누어 주지 말고 따뜻한 빵을 달라고 데모한다고 합니다.

③ 전쟁입니다.

전쟁의 고통은 자의에서가 아니라 타의에 의해서 오지만 전쟁의 고통 역시 비참함 그 자체입니다. 따라서 우리는 이 땅에 피 흘리는 전쟁이 없도록 기도해야 합니다. 우리의 남은 인생 가운데 이런 참사가 일어나지 않도록 기도해야 합니다.

2) 정신적인 고통이 있습니다.

육신적인 고통만이 아니라 정신적 고통이 따르게 됩니다.

① 마음고생입니다.

세상에는 전쟁도 없고 물질도 있고 건강하기도 한데 정신적 고통을 당하는 사람들이 많습니다. 부자라고 지위가 높다고 문제가 생기지 않는 것이 아닙니다. 오히려 빈곤층보다 더 정신적 고통에 시달리는 것을 보게 됩니다. 부부간의 고통, 직장에서의 고통, 그리고 수많은 정신적 고통 속에 살아가고 있습니다.

② 사회 공동체들의 고통입니다.

국가적 인재나 재난이나 사건 사고들에서 오는 고통을 비롯해서, 대한민국은 북한 공산주의자들의 위협과 남침의 야욕으로 인해 그 고통이 심각한 상태입니다. 지금은 미사일의 위협, 핵무기 공포로 대한민국뿐 아니라 동북아와 전 세계를 어렵게 만들고 있습니다. 이와 같은 위기와 고통 속에서 어떻게 살아야 하는지를 모두 깨달아야 하겠습니다.

2. 왜 이와 같은 육체적 정신적 고통이 오는가를 바로 알아야 하겠습니다.

왜 이런 고통 속에 살아야 하는지 그 원인(origin)을 알아야 하겠습니다. 성경이 밝혀줍니다.

1) 고통의 원인입니다.

사도 바울은 디모데후서 3장 1절 이하에서 말세 때에 오는 고통 18가지를 지적해주고 있습니다.

① 죄 값으로 생기는 일들입니다.

하나님께서 최초로 창조하실 때에는 복을 명하셨습니다. 생육하고 번성하며 축복을 명하셨습니다(창 1:28-). 그러나 범죄함으로 하나님의 형상을 잃게 되었으며 에덴동산에서 추방되어 온갖 고난의 시작이 되었습니다. 농사를 짓지만 많은 병충해와 풀들로 고통의 땅이 되어버렸습니다(창 3:18-).

② 약해서 고통이 되는 경우도 있습니다.

약해서 질병이 찾아오는 경우도 있습니다. 육신적인 약함 때문에 질병이 침투하거나 정신적인 약함 때문에 범죄에 빠지게 되는 경우도 있습니다. 예컨대 그 유명한 다윗 역시 범죄에 빠지게 되고 어려움을 겪게 되었습니다(삼하 11:1-). 7계명과 6계명을 범하게 되었습니다.

③ 애매하게 오는 고난도 있습니다.

(벧전 2:19)하나님 앞에 아름다운 고난을 겪게 될 때에는 감사하며 견고하게 서 있어야 합니다. 세상에는 애매하게 찾아오는 고난도 있기 때문입니다.

2) 모든 고난을 참고 이겨야 합니다.

참고 이기면서 밝은 날이 올 것을 소망해야 합니다. (롬 15:13)소망의 하나님이 되시고 평강의 하나님이 되시기 때문입니다(롬 15:33).

① 고난 받는 것은 하나님의 본래의 뜻은 아닙니다.

(렘애 3:33)"주께서 인생으로 고생하게 하시며 근심하게 하심은 본심이 아니시로다" 하였고, (요일 5:4-)믿음은 세상을 이긴다고 했습니다. 예수님은 세상을 이기라고 하셨습니다(요 16:33). 모든 일에 이기는 자가 되어야 합니다.

② 어떤 역경과 고난에도 하나님이 함께 계심을 믿어야 합니다.

이것을 확실히 믿고 남은 여생동안 모든 고난과 역경을 이기고 승리하는 성도들이 되시기를 축복합니다.

3. 모든 고난을 이기는 비결을 알아야 합니다.

고난에도 이기는 비결이 있고 해결책이 있습니다.

1) 영적으로 살아야 합니다.

육적으로 살면 계속해서 고난이 겹치게 됩니다. (행 26:14)사울을 부르실 때에 "네가 어찌하여 나를 박해하느냐 가시채를 뒷발질하기가 네게 고생이니라" 했습니다.

① 영적으로 살아야 할 사람이 육적으로 살면 고생이 찾아옵니다.

우리의 남은 육체의 시간에 음란, 우상숭배, 정욕, 술 취함, 방탕, 쾌락

등 이방인이 가는 길로 가지 말고, 하나님 말씀을 따라서 살아야 합니다. 예수님은 평안을 약속해 주셨습니다(요 14:27).

② 영적인 사람은 영적으로 살아야 합니다.

하나님 나라는 먹고 마시는 데 있지 아니합니다. (고후 7:1-)약속을 가진 하나님의 백성은 자신을 깨끗케 해야 한다고 했습니다. 육체의 남은 때를 경건하게 살아야 하겠습니다.

2) 언제나 인생이 마지막이라고 생각해야 합니다.

(7절)"만물의 마지막이 가까이 왔으니 그러므로 너희는 정신을 차리고 근신하여 기도하라" 했습니다. 날마다 종말의 개념으로 살아가는 것입니다.

① 기도생활입니다.

영적 생활에서 기도생활은 중요한 요소입니다. 주님과 동행하는 생활이기 때문입니다. 주님과 대화의 생활이기 때문입니다.

② 사랑해야 합니다.

위로 하나님 사랑하고 이웃을 사랑하며, 형제를 사랑해야 합니다. 기독교의 최고 윤리는 사랑입니다. (마 24:12)불법이 성하므로 많은 사람의 사랑이 식어지는 때입니다.

③ 주님 주신 은사와 직분과 사명을 잘 감당하며 살아야 합니다.

선한 청지기가 되어 봉사, 헌신, 충성해야 합니다. 천국의 상급이 약속되어 있습니다. 육체의 남은 때를 하나님 앞에서 복되게 살게 되시기를 예수님의 이름으로 축복합니다.

결론 : 세상은 길지 않고 짧게 지나갑니다.

〈고난〉
절망을 극복하는 것은 신앙입니다 | 욥 1:13-22

　철학자 키르케고르(Kierkegaard)는 "절망은 죽음에 이르는 병"이라 하였는바, 살아가면서 오는 절망은 우울하게 만들고 낙심하게 하며 결국 죽음에 이르게 합니다. 세상을 살아가면서 문제가 없는 사람이 누가 있으며 거기에 따른 고난이 없는 사람이 누가 있겠습니까마는 문제가 왔을 때 어떠한 자세로 살아가느냐 하는 것이 관건일 것입니다. 70-80세를 살고 백세를 살아도 슬픔이요 고난이 왔을 때에 극복하는 지혜가 중요합니다. (시 90:10-12) "지혜로운 마음을 얻게 하소서"(that we may gain a heart of wisdom) 했습니다. 오히려 고난이 오므로 그 고난을 통하여 주의 율례들을 배우게 되었다고 고백했습니다(시 119:71-).

　바울은 선교하는 길목에서 수많은 고난과 역경이 오는데(고후 11:23-), 오히려 옥중에서도 기뻐하였고 찬송을 부르게 되었습니다(행 16:25; 빌 4:4). 말세는 환난의 때이겠지만 주님의 재림을 기다리는 성도가 되어야 합니다(마 24:21-). 오늘 본문은 그 유명한 욥에 대한 말씀인데, 욥은 어려운 시험을 통과한 후 처음 복보다 갑절의 축복을 받게 된 산 증인이 되었는바, 이 시간 우리는 절망적인 상태에 있어도 낙심하지 말고 극복하는 법을 배우게 됩니다.

1. 모든 인생에게는 절망할 만한 고난이 올 때가 있습니다.

고난의 크기에 따라 절망이냐 낙심이냐의 갈래 길이 됩니다. 세계적인 학술단체의 보고에 의하면 세계의 인구문제, 식량문제, 질병문제, 도덕적인 타락 문제, 가난과 기아선상에서의 문제 등이 다가오고 있고, 기후문제로 인한 여러 가지 재난도 기다리고 있는 때입니다. 마치 소돔과 고모라의 때와 같은 도덕불감증 시대인바 사도 바울은 말세 때의 고통 원인을 말씀했습니다(딤후 3:1-).

1) 왜 절망하고 고난을 겪게 되는지를 알아야 합니다.

하나님께서 처음 창조하셨을 때에는 하나님 보시기에 좋은 세상이었습니다(창 1:31). 문제는 죄 때문입니다.

① 사람들의 절망은 인간 존재의 유한성 때문에 옵니다.

매사에 모든 것을 잘 할 것 같지만 사실은 유한한 존재입니다. 어느 위치나 학문이나 어떤 것 가지고도 해결할 수 없는 일이기도 합니다.

② 죽음이라는 최종적인 고독에서 해방될 수 없는 무능한 존재가 인간입니다.

이 절망에서 고독이 찾아오는 것이 대부분입니다. 그리고 그 이후에는 심판이 기다리고 있습니다(히 9:27). 하나님 안에서 평안을 찾기 전에는 그 누구도 해방될 수 없는 고독이 찾아옵니다(요 14:27).

2) 왜 절망이 찾아오고 고독하게 되었는지를 본질적으로 알아야 합니다.

거기에는 이유가 있습니다.

① 죄 때문입니다.

하나님을 떠나게 되었고 하나님께서 주신 행복의 길을 저버리게 되었기 때문입니다. 하나님께는 불순종자가 되었고 반대로 마귀에게는 순종자로 살게 되었습니다. 그리고 에덴동산에서 추방되었고 죄 아래 살게 되었습니다(롬 3:10, 23; 요일 1:8-9). 그리고 그 후에는 심판이요 지옥입니다(롬

6:23). 본질적으로 문제가 해결되어야 합니다. 그 길은 오직 예수 그리스도 안에 있습니다.

② 사람은 영적 존재이기 때문에 육적인 조건을 가지고는 고독과 불안과 절망을 해결할 수 없습니다. 토마스 호퍼스(Thomas Hopus)는 철학적으로 이렇게 말했습니다. "사람은 사람에 대하여 머리와의 관계요 만인은 만인에 대하여 전쟁과 관계이다."라고 했습니다. 병든 문화의 현대인의 가련한 모습의 현 주소입니다. 사도 바울은 "오호라 나는 곤고한 사람이로다 이 사망의 몸에서 누가 나를 건져내랴"(롬 7:24-) 하였지만, 예수님 안에서 그 해결의 고백을 하게 되었습니다(롬 8:1-). 죄 때문에 고독한 세상을 살아가는 모든 사람들에게 해결의 길이 여기에 있습니다.

2. 절망과 고독 속에서 극복하는 길은 한 길 밖에 없습니다.

사람은 자의로 태어나서 사는 것이 아니라 타의에 의해서 살아가게 되듯이, 이 길은 해방 받는 문제요 내 힘이 아니라 누군가가 도와주어야 되는 문제입니다.

1) 하나님께서 해결책을 주셨습니다.

다른 길이 아니라 오직 하나님의 사랑을 받는 길입니다. 하나님의 사랑을 공급받아야 합니다.

① 하나님께서 구원해 주시려고 사랑의 표시로 독생자 예수 그리스도를 보내주셨습니다.

(요 3:16)하나님이 세상을 이처럼 사랑하사 독생자를 주셨습니다. (롬 5:8)"우리가 아직 죄인 되었을 때에 그리스도께서 우리를 위하여 죽으심으로 하나님께서 우리에 대한 자기의 사랑을 확증하셨느니라" 했습니다. 그러므로 죽은 자 같은 고독과 불안 가운데 살아가는 우리에게 예수님은 모든 것을 해결해 주는 분이십니다.

② 하나님의 사랑을 받는다는 것은 예수님을 믿는 것입니다.

죽음과 영원한 지옥 문제까지도 예수 안에 하나님의 사랑 안에 있을 때에 해결됩니다. 인간의 유한성을 초월할 수 있는 유일한 길은 예수 그리스도를 믿는 것입니다. (요 11:25)나사로의 무덤 앞에서 말씀해 주셨습니다. "나는 부활이요 생명이니 나를 믿는 자는 죽어도 살겠고 무릇 살아서 나를 믿는 자는 영원히 죽지 아니하리니 이것을 네가 믿느냐"라고 했습니다. 생명 되시는 예수님을 믿어야 해결됩니다.

2) 하나님의 절대 주권을 시인하고 믿어야 합니다.

본문에서 욥은 고백했습니다. (21절)"주신 이도 여호와시요 거두신 이도 여호와시오니"라고 고백할 때에 인간의 모든 주권이 하나님이심을 고백하는 현장이 되었습니다. 이것이 우리의 신앙이 되어야 합니다.

① 인간의 절대 주권은 하나님께 있습니다.

모든 것을 창조하시고 통치하시며 인도해 주시는 하나님이십니다. 우리는 무슨 일이 있든지 실망하거나 낙심할 일이 아닙니다. 감사하면서 하나님 안에 있어야 합니다. (욥 2:9)"그의 아내가 그에게 이르되 당신이 그래도 자기의 온전함을 굳게 지키느냐 하나님을 욕하고 죽으라"고 어리석은 말을 했습니다.

② 생명까지도 그 주권이 하나님께 있습니다.

내 것이 아니고 하나님의 것이요 생명의 주인은 하나님이 되어야 합니다. 사도 바울은 이렇게 전했습니다. (롬 14:7-) "우리가 살아도 주를 위하여 살고 죽어도 주를 위하여 죽나니 그러므로 사나 죽으나 우리가 주의 것이로다." 이 세대를 살아가는 우리 생명의 주인도 하나님이심을 믿어야 합니다.

3. 하나님의 사랑은 변하지 않고 역사하심을 믿어야 합니다.

욥이 그 모진 고통 중에 있을 때에도 하나님의 사랑은 불변했습니다.

1) 이스라엘 유다에서도 변치 않는 하나님의 관심과 사랑이 나타났습

니다.

① 유다 백성을 향하신 말씀에서 보게 됩니다.

유다 백성들이 여러 가지로 고통이 왔을 때 주신 말씀입니다. (사 45:13-)"하늘이여 노래하라 땅이여 기뻐하라 산들이여 즐거이 노래하라 여호와께서 그의 백성을 위로하셨은즉 그의 고난당한 자를 긍휼히 여기실 것임이라 오직 시온이 이르기를 여호와께서 나를 버리시며 주께서 나를 잊으셨다 하였거니와 여인이 어찌 그 젖 먹는 자식을 잊겠으며 자기 태에서 난 아들을 긍휼히 여기지 않겠느냐 그들은 혹시 잊을지라도 나는 너를 잊지 아니할 것이라 내가 너를 내 손바닥에 새겼고 너의 성벽이 항상 내 앞에 있나니" 했습니다. 세월이 변해도 하나님의 사랑은 변함이 없음을 믿어야 합니다.

② 신약에 와서 하나님의 백성들에게 같은 원리로 말씀해 주셨습니다.

구원 받은 백성들에 대한 관심과 사랑의 화답이 됩니다. (롬 12:35-)"누가 우리를 그리스도의 사랑에서 끊으리요 환난이나 곤고나 박해나 기근이나 적신이나 위험이나 칼이랴 … 다른 어떤 피조물이라도 우리를 우리 주 그리스도 예수 안에 있는 하나님의 사랑에서 끊을 수 없으리라" 하였으니 이 말씀 안에 있어야 합니다.

2) 하나님의 이와 같은 불변의 사랑 때문에 모든 것을 이기고 승리할 수 있게 됩니다.

욥이 고난 중에도 이긴 비결은 하나님께서 역사해 주셨기 때문입니다.

① 현대인들은 더욱 고독과 불안에 싸여있습니다.

물질문명과 과학이 하늘을 찌르는 듯한 세상에 살지만 과속으로 달려가는 자동차처럼 사람들의 마음에 파고드는 고독으로 인해 사랑이 식어지고(마 24:12) 오직 나만의 세상을 찾다보니 혼자 무엇을 하겠다고 혼술, 혼잠, 혼밥 등의 혼자만이 외롭게 사는 이기주의 용어가 생겨나게 되었습니다.

② 하나님의 자녀들은 혼자가 결코 아닙니다.

하나님께서 내 안에 성전 삼으시고 계심을 믿어야 합니다(고전 3:16). 그리고 신앙생활하다가 영원한 천국까지 가는 참 성도들과 참 교회가 이 땅에 있습니다. 지금과 같이 이기주의 시대에 살아가지만 은평교회의 모든 성도들은 사랑 안에서 하나님의 사랑을 받아 세상을 이기고 승리하게 되시기를 예수님의 이름으로 축복합니다.

결론 : 욥의 승리가 나의 승리가 되게 해야 합니다.

〈심판〉
인생의 결산할 때가 옵니다 | 눅 19:16-27

　세상이 돌아가는 모든 이치에는 어떤 일이든지 그 일의 열매와 결과에 대하여 정산할 때가 반드시 있습니다. 식물은 열매를 결산하고, 동물은 후대와 하는 일의 결산을 하고, 사업에는 투자에 비례한 이익 산출의 결산이 있습니다. 그러나 사람은 하나님께서 확실하게 결산하실 때가 있습니다. 하나님께서 주신 환경과 재능과 일들을 가지고 어떻게 살았느냐에 대한 결산입니다. 모든 주인은 하나님이시기 때문입니다. 사도 바울은 (롬 14:7-)"우리가 살아도 주를 위하여 살고 죽어도 주를 위하여 죽나니 그러므로 사나 죽으나 우리가 주의 것이로다" 했습니다.

　유대인들의 글에 이런 말이 있습니다. "무덤이 너의 피난처라(죽으면 그만이라) 생각지 말라 너는 필연적으로 배태되었고 필연적으로 출생하였으며 필연적으로 살고 필연적으로 죽으며 필연적으로 왕들의 왕이시오 유일의 거룩하신 자요 축복 받을 자 앞에서 심판을 받게 될 것이다." 사도 바울은 (고후 5:10)반드시 그리스도의 심판대 앞에 서게 된다고 했습니다. '심판대'는 불신자의 것이 있고(계 20:1), 신자의 것이 있는데(고후 5:10), 믿는 자는 신자의 심판대 앞에서 결산하게 될 것입니다. (요 3:18)믿는 자는 심판을 받지 아니하기 때문입니다. 달력의 숫자와 연수가 지나면서 우리는 세월을 아끼고(엡 5:6), 신속히 날아가는(시 90:10) 세월을 잘 활용해야 하겠습니다. 본문에서 주시는 주님의 말씀을 귀담아 듣고 은혜 받고 준비하는 시간이 되어야 하겠습니다.

1. 주님 앞에 서게 될 결산대는 냉혹한 현실이 될 것입니다.

대충 넘어가는 것이 아니라 정확하게 심판이 올 것이라는 의미입니다. 이런 현실이 우리 앞에 다가오고 있습니다.

1) 본문에 나오는 귀인은 예수 그리스도요 종들은 모두 주의 백성이라 할 것입니다.

귀인은 아무에게나 '므나'를 맡기고 가지 아니했습니다. '므나'는 그의 종들이요 신하된 백성들에게 맡겨주신 것입니다.

① 예수 믿지 않는 불신자들은 여기에 끼지도 못합니다.

예수 믿지 아니하면 천국과는 관계가 없고 심판의 지옥뿐입니다. 다행히 우리는 예수를 믿고 구원 받았습니다. 그래서 예수 믿고 구원 받는 것이 축복 중의 복이 되는 것입니다(눅 23:43; 계 14:13; 마 16:27; 고전 15:58). 따라서 신자들이 해야 할 일은 주의 일에 힘써 장사하는 일입니다.

② 칭찬 받을 자들이 있고 책망 받을 자들이 있습니다.

(마 25:19-)달란트 비유에서도 유사하게 말씀했습니다. (히 9:27)죽음은 정해진 것이요 그 후에는 심판대 앞에 서게 되는 것이 인생길이기에 예수를 믿어야 합니다. 그리고 주의 일에 힘써야 합니다.

2) 칭찬 받을 사람과 책망 받을 사람은 원인과 이유가 있습니다.

그것을 알아야 합니다.

① 책망 받은 사람은 전혀 일할 생각을 하지 않았습니다.

그래서 "악하고 게으른 종아"(You wicked, lazy servant)라고 책망을 받게 되었습니다(마 25:26). 주의 일에 힘써야 합니다.

② 칭찬받은 사람은 그 원인이 분명합니다.

본문에 나오는 '므나' 비유에서나 달란트 비유에서나 그 공통점은 즉시 가서 장사를 하였다는 것입니다. 이것이 부지런하여 게으르지 말고 열심을 품고 주를 섬겨야 할 이유입니다(롬 12:11). 충성하게 되면 칭찬과 면류관이 반드시 준비되어 있습니다(계 22:12, 2:10; 벧전 5:4-; 딤후 4:7; 고전 9:25; 마 16:27; 고전 15:58). 우리는 인생의 결산 때 반드시 칭찬 듣는 장소에 있어야 합니다.

2. 잘 달려간 경주자에게 상이 있는 것과 같습니다.

우리 신앙생활은 경주자(racer)로 비유했기 때문에 최선을 다하여 달려가야 하겠습니다.

1) 바울의 경주와 같습니다.

신앙생활은 경주자요 전투하는 군사와 같습니다.

① 선한 싸움을 싸우고 달려 갈 길을 마치고 믿음을 지켰다고 했습니다.

그리고 "의로우신 재판장이 의의 면류관을 그 날에 내게 주실 것이며"(the crown of righteousness)라고 했습니다. 사도 바울은 (고전 4:11-)온갖 어려움을 모두 겪게 되는데 헐벗고 굶주리고 목마르고 매를 맞고 핍박받고 비방을 받고 온갖 어려움을 겪으면서도 온 사방에 다니며 주의 복음을 전했습니다. 마지막에는 순교의 제물이 되었습니다.

② 바울이 달려가는 푯대는 오직 예수 그리스도였습니다.

(빌 3:14)"푯대를 향하여 그리스도 예수 안에서 하나님이 위에서 부르신 부름의 상을 위하여 달려가노라" 했습니다. 유명한 철학자 에머슨(Emerson)은 "청년들이여 너희들은 인생의 수레바퀴를 저 하늘의 별에다 붙들어 달라"고 외쳤습니다. 바울은 예수님께 푯대를 두고 달렸습니다.

2) 면류관과 상급이 바울의 것으로만 끝나는 것이 아닙니다.

그래서 바울은 "의의 면류관이 내게만 아니라 주의 나타나심을 사모하는 모든 자에게도니라" 했습니다.

① 바울과 같은 마음과 신앙정신으로 달려가는 자에게 약속해 주셨습니다.

주를 믿는 모든 성도는 언제나 주를 바라보면서 면류관 상급의 주인공으로 세상을 달려야 합니다. 혹시라도 시험을 이겨야 합니다(약 1:12).

② 이 세대의 신앙생활은 내가 합니다.

성경에서 어느 인물이 나타나서 해주거나 역사상 누구도 나를 대신할 수 없습니다. 이 세대에 맡겨주신 '달란트'와 '므나'를 맡은 자는 바로 나 자신임을 늘 잊지 말아야 합니다. 이것이 교회생활에서도 맡은바 사명에 충실해야 할 이유입니다. 그 결과는 칭찬으로 올 것입니다. 이는 부활장에서도 분명히 증언해 주신바와 같습니다(고전 15:58).

3. 우리의 신앙생활은 미래가 확실해야 합니다.

지나온 과거의 시간도 그러하지만 다가올 미래의 시간도 확실해야 합니다. 그리고 준비해야 하는데 이것이 믿음입니다.

1) 충실하지 못했고 불충분한 모든 것을 회개하여 이제라도 미래의 그 시간을 준비해야 합니다.

① 미래의 그 시간은 주님 앞에 서는 순간이요, '소망'(hope)이 있고 '희망'(vision)이 있습니다.

주님 앞에 서게 될 때에 상급과 함께 칭찬 듣는 그 시간입니다. 그 시간은 지금부터라도 준비해 나가야 합니다.

② 멀지 않은 미래에 주님 앞에 서야 되는 자신의 모습을 생각해야 합니다.

그 결정은 그때 나는 것이 아니고 지금 살아가는 모습에서 나게 됩니다. 주님 앞에 설 때에는 때가 모두 지난 후이므로 늦게 됩니다.

2) 충성하는 곳에는 많은 시련과 역경도 있게 됩니다.

장사하여 남기는 곳에 시련도 있게 됩니다.

① 착하고 충성된 종이라는 칭찬은 그냥 오는 것이 아닙니다.

'므나 비유'에서 보여주시듯이 그렇게 남기는 일은 쉽게 되는 것이 아닙니다. 신앙생활은 열심히 뛰는 길 밖에 없습니다.

② 은평교회 성도들이여 우리에게는 반드시 주님을 만나야 하는 시간이 옵니다.

빠른 세월을 낭비하지 말고 영적인 일에 최선으로 준비하여 칭찬 듣는 성도들이 모두 되시기를 예수님의 이름으로 축복합니다.

결론 : 주님 앞에 칭찬 받는 곳이 되게 해야 합니다.

〈심판〉

말세 때에 소돔성이 주는 교훈 | 창 19:1-11

역사는 언제나 반복된다는 말이 있습니다. 이 세상 역사도 그냥 이루어지는 것이 아니고 성경의 예언대로 되기 때문에 우리는 성경과 시대의 흐름을 잘 파악하여 신앙생활을 해야 합니다. 모든 것이 급변하는 지금 시대에는 예수님께서 말씀하셨고 성경에 예언된 대로 흘러가고 있습니다. (단 12:1-)"개국 이래로 그 때까지 없던 환난일 것이며" 하였고, 마태복음에는 (마 24:20-22)"창세로부터 지금까지 이런 환난이 없었고 후에도 없으리라" 하였고, 베드로후서에는 (벧후 3:7-)노아 홍수를 전하면서 "이제 하늘과 땅은 그 동일한 말씀으로(by the same word) 불사르기 위하여 보호하신 바 되어 경건하지 아니한 사람들의 심판과 멸망의 날까지 보존하여 두신 것 이니라 … 그러나 주의 날이 도둑 같이 오리니 그 날에는 하늘이 큰 소리로 떠나가고 물질이 뜨거운 불에 풀어지고 땅과 그 중에 있는 모든 일이 드러나리로다" 하였고, (마 24:37)"노아의 때와 같이 인자의 임함도 그러하리라 홍수전에 노아가 방주에 들어가던 날까지 깨닫지 못하였으니(and they knew nothing about what would happen until the flood came) 인자의 임함도 이와 같으리라" 했습니다. 지금 역시 세계 곳곳에서 일어나는 지진을 비롯한 자연재해들이 그냥 지나가는 것이 아니라 하나님께서 보내시는 경고임을 잊지 말아야 합니다. (눅 17:28-30)사람들은 바쁘게 살면서 깨닫지를 못합니다.

본문에서 소돔과 고모라의 심판을 보면서 그 심판은 우리에게 주님의 재림을 예고하는 마지막 때의 경고라는 것을 깨닫고 바르게 서서 준비해야 할 것입니다.

1. 소돔성의 죄악이 가득하였듯이 말세 때에도 죄악이 가득한 세상입니다.

하나님께서 창조하실 때에 그렇게 아름다운 세상과 인간이(창 1:31) 이제는 죄악으로 하나님이 한탄하는 세상이 되었습니다(창 6:6-).

1) 소돔과 말세 때의 죄악 세상이 비교됩니다.

비교하면서 우리 자신의 영적 상태를 점검해야 합니다.

① 생명의 귀중성을 모르는 시대입니다.

소돔과 고모라는 생명의 귀중성을 깨닫지 못했습니다. 강간과 테러와 동성연애자(homo)들이 득실한 세상이 되었습니다. 하나님의 심부름으로 그곳에 조사하러 간 천사들까지 범하려 했던 사람들의 작태를 보게 되는데, 지금 세상이 이에 버금가는 악한 시대라서 심지어 아이를 낳아서 화장실에 버리는 끔찍한 죄악도 보도됩니다. (딤후 3:1-)말세 때에 고통의 원인들이 예언되었으니 유념해야 합니다.

② 오직 돈이 최고의 시대입니다.

상업이 발달하면서 사람들은 돈을 사랑하는데 하나님보다 더 돈을 귀하게 여기고 있습니다. 주일성수하며 예배드리는 영적 생활보다 돈을 더 좋아하는 세상이요 쾌락주의의 시대입니다. 이런 때에 주의 백성들인 참 성도들은 깨어서 주를 바라보고 영적 생활에 힘써야 할 시대가 되었음을 알아야 합니다.

2) 말세 때에나 소돔 시대의 공통점은 사치와 음란이 가득하다는 것입니다.

로마가 멸망할 때에도 그러했습니다.

① 사치가 난무한 시대입니다.

말세 때의 성도는 외적인 사치로 치장하는 것이 아니라 영적이고 내적인 것에 힘써야 합니다. (벧전 3:3-)머리를 꾸미고 아름다운 옷을 입는 것이 아니라 영적인 단장이 중요합니다. (롬 13:12)어두움의 일을 벗고 빛의 갑옷을 입어야 할 때입니다.

② 음란한 시대였는데, 말세 때 역시 음란으로 가는 시대입니다. 나라가 망할 때에는 타락문화가 판을 치게 됩니다. (단 5:-)바벨론의 시대가 그러했습니다. (계 18:1-)말세 때에도 그러할 것이 예언되었는데, 지금 세상은 예언된 대로 흘러가고 있습니다. 지금 시대는 하비 콕스(Harvey Cox)가 쓴 《세속도시》(Secular City)에서처럼 죄악의 시대요, 하나님의 심판을 기다리는 시대가 되었는데, 성도들은 정신 차리고 신앙으로 살아야 할 것입니다.

2. 신앙적 수준이 기준에 미달된 시대였습니다.

아브라함은 조카 롯이 살고 있는 소돔성에 의인 50명에서 시작하여 10명까지 낮추어가며 간절하게 기도하였으나 의인 10명이 없는 소돔성이었기에(창 18:32) 창세기 19장에서 보는 대로 불 심판을 면할 수 없게 되었습니다.

1) 의인이 없던 도시였습니다.

그렇게 많은 사람들 중에 의인 10명이 없었고, 아브라함의 기도는 끝이 났습니다.

① 의인은 롯 하나뿐이었습니다.

그러니 롯이 그 죄악 세상에서 당하는 고통은 형용하기 힘든 것이었습니다. (벧후 2:5)사도 베드로는 소돔성에서 고통당하는 롯에 관해 전했습니다. 의인 롯은 그 죄악 세상에서 마음이 상하며 살았습니다. 때때로 지금 역시 세상에 대하여 믿음의 사람들이 그러합니다.

② 악한 세상에서 의롭고 경건하게 살고자 하면 핍박과 조롱을 당합니다.

(창 19:9)천사들조차 범하려 하던 소돔성 사람들을 만류할 때에 그들이 롯에 대하여 한 말이 있습니다. "그들이 이르되 너는 물러나라 또 이르되 이 자가 들어와서 거류하면서 우리의 법관이 되려 하는도다" 하면서 핍박했습니다. (딤후 3:12)"무릇 그리스도 예수 안에서 경건하게 살고자 하는 자는 박해를 받으리라" 하였는데 그래도 성도는 끝까지 경건하며 기도해야 합니다.

2) 의인이 없고 세상이 악하다는 것은 끝이 되었다는 것입니다.

왜 세상이 조용할 날이 없이 끝에 이르겠습니까. 의인이 사라지고 악이 득세하기 때문입니다.

① 세상이 망하는 징조는 의인이 사라지는 때입니다.

바벨론 70년을 시작할 즈음에 유다 예루살렘이 그리했습니다. (렘 5:1-)"너희는 예루살렘 거리로 빨리 다니며 그 넓은 거리에서 찾아보고 알라 너희가 만일 정의를 행하며 진리를 구하는 자를 한 사람이라도 찾으면 내가 이 성읍을 용서하리라" 하였고 그들의 죄악이 드러나게 됩니다(렘 5:18-19, 22:20-22, 5:23, 30-31).

② 성경으로 돌아가야 합니다.

이제 세상 끝이 되어 가는 세태 가운데 우리가 살고 있습니다. 이제는 성경으로 돌아가서 바른 믿음으로 경건해지는 모습들이 교회 안에서부터 시작되어야 하겠습니다.

3. 영적으로 감각이 무뎌지는 시대입니다.

육체는 신경조직, 감각조직이 있어서 유지됩니다. 그런데 이 신경조직이 무감각해지는 병이 나병(한센병)인바 무서운 병입니다. 지금은 영적으로 수치심이나 부끄러움을 모르는 영적 나병시대라 할 것입니다. 수치스러운 것도 오히려 떳떳하게 자랑으로 여기는 요상한 세상입니다.

1) 죄를 짓고도 수치심이나 부끄러운 모습이 없습니다.

양심이나 도덕이 무감각합니다.

① 소돔성 사람들이 그러했습니다.

(창 19:14-)롯이 사위들에게 가서 이야기했지만 농담(joke)으로 여겼습니다. 죄악으로 무뎌져 있었기 때문입니다.

② 지금 세상도 죄를 짓고도 그것이 죄인 줄 모르는 시대가 되었습니다.

아이를 낳아서 자기 손으로 죽이고도 뻔뻔스러운 얼굴을 합니다. 음란과 음행이 판을 치고 남을 해롭게 하고도 태연스럽게 살아갑니다. (렘 3:3) 수치를 모르는 백성이 되었습니다. (렘 6:15)부끄러움을 잊어버린 백성이라 결국은 망하게 되었습니다. (습 2:1) 수치를 모르는 백성들이 되었습니다.

2) 하나님의 구원 받은 백성들은 영적 감각이 살아있어야 합니다.

가벼운 심령이 되면 곤란합니다.

① 그리스도인들은 신앙의 감각이 살아서 예민해야 합니다.

주일성수를 비롯해서 하나님 섬기는 일에 게으르면 틀림없이 세상의 악한 물결이 스며들게 됩니다. 깨달아야 할 시대입니다.

② 영적으로 예민해야 합니다.

그래야 범죄를 예방하고 깨어있게 됩니다. (계 18:4-)망할 세상에서 나오라고 지금도 외치시는 말씀에 귀를 기울여야 할 때입니다. 은평교회 모든 성도들이여! 영적으로 깨어 일어나 심판을 받는 자리에 서지 않게 되시기를 예수님의 이름으로 축원합니다.

결론 : 성탄의 계절에 지금은 재림준비 할 때입니다.

〈위로〉
영원히 위로 받을 사람들 | 눅 16:19-25

　이 세상을 살아가는 동안에 누구든지 나름대로의 희로애락이 공존하게 되는데, 기쁘고 좋을 때는 잔치를 열어서 즐거워 하지만 슬프고 어려울 때에는 위로와 격려가 필요합니다. 120세를 살았던 모세는 "우리의 연수가 칠십이요 강건하면 팔십이라도 그 연수의 자랑은 수고와 슬픔뿐이요 신속히 가니 우리가 날아가나이다" 했습니다(시 90:10). 이스라엘의 지도자로서 애굽에서 노예로 있던 백성들을 하나님의 역사하심으로 인도해서 광야 40년을 지도자로서 살아가던 모세는 창세기부터 신명기까지 오경(五經)을 기록하여 구약성경의 기초를 펼쳐 보이기도 하였는데 하나님께서 역사하심을 따라 살다가 부르심을 받아 영적으로 위대하게 쓰임을 받으며 하나님께 충성스럽게 일했던 사환이었습니다. 그가 그렇게 쓰임 받을 수 있었던 것은 날마다 하나님께서 힘주시고 위로해 주시는 힘으로 그 험난한 사명의 길을 걷게 되었습니다. (사 40:1-)이사야는 유다 백성들을 향하여 복음을 전하면서 "너희의 하나님이 이르시되 너희는 위로하라 내 백성을 위로하라" 했습니다.
　본문 말씀은 부자와 나사로의 이야기입니다. 부자가 지옥 불 못에서 끔찍한 고통을 당할 때에 나사로는 (25절)"이제 그는 여기서 위로를 받고 너는 괴로움을 받느니라"(but now he is comforted here and you are in agony) 하였는바, 이 말씀에 은혜의 시간이 되시기 바랍니다.

1. 모든 사람은 위로가 필요합니다.

이 세상에 태어나서 살아가는 모든 사람들은 세상의 근심, 걱정, 불안, 초조 등 많은 일들에 눌려 있기 때문에 위로가 필요합니다.

1) 위로의 대상은 누구에게나 해당됩니다.

부자, 가난한 자, 높고 낮은 신분을 떠나서 모두에게 필요합니다.

① 시련과 고통의 생애요 세상이기 때문입니다.

(시 90:10)수고와 슬픔뿐인 이 세상입니다(yet their span is but trouble and sorrow). 길에 지나가는 사람들을 아무나 상대하여 이야기 해본다면 누구든지 위로를 받아야 할 대상자임을 알 수 있습니다. 더욱이 현대인들은 모든 생활과 삶에 지쳐 있음을 보게 됩니다.

(눅 19:1-10)삭개오는 부자요 세리장이면서 예수님을 만나게 될 때에 진정한 위로를 받게 됨을 보게 됩니다. (마 11:28-)"수고하고 무거운 짐 진 자들아 다 내게로 오라 내가 너희를 쉬게 하리라" 했습니다.

② 하나님의 교회는 위로받고 위로해 주는 곳이 되어야 합니다.

심리학자에 의하면 "지금 현대인들은 하나같이 고독하고 불안정한 삶을 산다."고 합니다. 초대교회는 예수 믿는 이유 때문에 핍박을 당하고 생애가 위협받는 시대였으나 교회 안에서 서로 위로해 주었습니다. 사자굴속에 있으면서 위로해주는 가운데 순교당했다고 전해줍니다. (고후 1:3-6)사도 바울 역시 환난 중에서 위로 받고 위로해주는 사도였음을 증언했습니다. (요 14:27)예수님은 세상이 주는 평안이 아니라 주님이 주시는 평안을 전했습니다.

2) 예수님께서 주시는 평안은 무엇으로도 측량할 수 없는 위로가 됩니다.

잠시 잠깐 있다가 없어지는 것이 아니었습니다.

① 내면적으로 주시는 위로가 되기 때문입니다.

세상적인 위로는 모두 거짓이요, 가시적인 것에 불과합니다. 그러나 주님이 주시는 위로는 내적이요 영적인 위로가 됩니다. (요 4:10-)수가성 여인은 남편이 다섯이나 있었지만 예수님을 만나서 진정한 위로를 찾게 되었습니다. 예수님은 말씀하시기를 "이 물을 마시는 자마다 다시 목마르려니와 내가 주는 물을 마시는 자는 영생하도록 솟아나는 샘물이 되리라" 했습니다.

② 세상의 위로는 가시적이고 눈에 보이는 것에 불과합니다.

그래서 차별이 생기게 되는데 물질의 유무와 상황적인 일로 좌우됩니다. 그러나 주님이 주시는 위로는 누구도 빼앗아 갈 수 없습니다. 그래서 옥중에서도 찬송과 감사가 나오게 되고 기뻐하라고 외칠 수 있었습니다 (행 16:25; 빌 4:4). 험난한 세상이지만 주님이 주시는 위로가 늘 넘치는 성도들이 되어야 하겠습니다.

2. 이 위로는 영원한 천국에서 계속 됩니다.

이 위로는 세상에 잠시 동안 있다가 없어지는 유한된 위로가 절대 아닙니다. 주님의 위로는 천국에까지 계속 이어지는 축복입니다.

1) 나사로는 천국에서 영원한 위로를 받게 되었습니다.

비록 세상에서는 거지로 살기 때문에 개들이 나와 위로하였지만 천국에서는 영원한 위로가 시작되었습니다.

① 성경에 나타난 천국의 위로를 보세요.

요한계시록에서 나타난 위로에서 보게 되는데, 세상에서 예수님 때문에 오는 모든 고난을 이기고 승리했던 영혼들에게 주님이 주시는 위로입니다. (계 7:13-17)흰옷을 입은 자들이 나오는데 큰 환난에서 나오는 자들이라 어린 양의 피에 씻어 희게 되었고 주리지도 아니하며 목마르지도 않는 곳에서 예수님이 목자가 되셔서 그 눈에서 모든 눈물을 씻어주시는 위로입니다.

② 이 위로는 영원한 위로입니다.

세상에서의 위로는 시간이 지나면 없어지는 것이지만 천국에서의 위로는 영원한 위로가 됩니다. 은평교회 성도들이여! 예수 믿는 일로 인하여 어렵습니까? 주님의 교회 일을 한다고 힘드십니까? 영원한 천국에서 누리는 주님의 위로를 기다리며 주의 일에 힘써야 합니다. (고전 15:58)주의 일은 헛되지 않습니다. 그래서 더욱 힘쓰는 자들이 되라그 했습니다. 용기를 내시고 위로 받으세요.

2) 세상적 위로와 성경적 위로는 다릅니다.

① 세상적 위로는 한시적이고 말초신경을 자극하여 감정과 감각들을 감지하여 느끼는 것에 불과하기 때문에 영원한 위로가 될 수 없습니다. 목마르다고 하여 바닷물을 마시면 살 수 없듯이 어렵고 힘들다고 해서 그릇 된 곳에 위로를 기다려 나아가게 되면 더 큰 불행이 찾아오게 될 것입니다.

② 성경적 위로는 개념 자체가 확실히 다릅니다.

예수님께서 하늘 보좌를 버리시고 이 땅에 오셔서 나 때문에 십자가에 대속의 죽음을 당하셨고 나를 구원해 주셨습니다. 이른바 십자가 복음을 통해서 나사로가 간 그 천국에 함께 가는 영원한 위로가 준비되었습니다. (롬 4:25)예수는 우리가 범죄한 것 때문에 내줌이 되셨고 우리를 의롭다 하시기 위해서 부활하셨는데, 이제 죄로부터 오는 모든 근심걱정 불안한 것들이 본질적으로 사라지고 영원한 천국의 위로가 기다리고 있습니다. 은평교회 성도들에게 예수 그리스도 안에서 이 행복이 늘 충만케 되시기 바랍니다.

3. 천국의 영원한 위로하심과 지옥의 영원한 형벌은 이 세상을 살아가는 동안에 이미 판결이 나게 됩니다.

육체와 영이 분리 되는 죽음이라는 문을 나서게 된 이후에 결정되는 것이 아니라 이 세상에서 이미 결판이 나게 됩니다.

1) 본문 말씀은 예수님께서 방대한 스케일(차원)로 말씀하셨습니다.

마치 방대한 영화나 한 편의 드라마와 비교되는 말씀입니다.

① 부자는 날마다 호화롭게 큰소리치며 살았지만 그곳은 하나님이 없이 살아가는 인생의 현 주소입니다.

보이는 물질세계가 전부인 줄 생각하지만 착각입니다. 지금도 부자의 입장에서 인생을 사는 사람들이 많이 있는데 거기에는 예수님이 주시는 영원한 위로가 없습니다.

② 세상에서 날마다 호화롭게 살았지만 그곳에는 하나님도 없고 천국도 없고 하늘에 대한 소망도 없습니다.

따라서 우리는 세상에서 성공하였다 하더라도 교만하지 말고 겸손히 하나님 안에 있어야 합니다. (엡 2:12)소망도 없고 하나님도 없는 자가 되면 불쌍한 자입니다. 히틀러에 의해서 학살 현장으로 가던 기차가 터널을 지나가는데 아이가 웁니다. 엄마가 달래기를 "애야 조금만 있으면 밝은 곳이 나타난단다.", "울지 말라."고 하였다고 전하는데 이 사람은 하나님을 믿는 사람이었음을 알 수 있습니다.

2) 이 세상에 똑같이 사는 것 같지만 하나님의 위로가 있는 사람이 있고, 없는 사람이 있다는 것입니다.

① 지옥은 영원한 위로가 없는 곳입니다.

그 흔하디흔한 물 한 방울이 없어서 혀를 서늘하게 할 수 없는 곳이 지옥입니다. 거기에는 구더기도 죽지 않으며(막 9:48), 사람마다 불로써 소금 치듯 함을 받는 괴로운 곳입니다. (계 20:15)생명책에 기록되지 못한 자들이 가는 지옥 불인데 절대 가지 마시기를 예수님의 이름으로 이렇게 부탁

합니다.

② 천국은 영원한 위로가 있는 곳입니다.

"이제 그는 여기서 위로를 받고 너는 괴로움을 받느니라" 했습니다(25절). 위로가 없는 곳이 지옥인데 절대로 가지 마십시오. 천국 가고 지옥 안 가는 길은 오직 예수 믿는 길밖에 없습니다(요 14:6; 행 4:12; 요 1:12). 여러분 모두 천국의 위로 받을 때에 함께 볼 수 있게 되시기를 예수님의 이름으로 축원합니다.

결론 : 세상 누구를 만나서 위로를 받으시나요?